U1016247

中共中央宣传部2018年主题出版重点出版物选题

十九大与新时代中国司法的理念、政策与机制丛书 4

行政审判的理念、政策与机制

Administrative Trials: Idea, Policy and Mechanism

江必新 著

人民法院出版社

图书在版编目（CIP）数据

行政审判的理念、政策与机制 / 江必新著. — 北京：人民法院出版社，2019.3
（十九大与新时代中国司法的理念、政策与机制丛书）
ISBN 978-7-5109-2401-9

Ⅰ.①行… Ⅱ.①江… Ⅲ.①行政诉讼—审判—研究—中国 Ⅳ.①D925.318.24

中国版本图书馆CIP数据核字（2018）第299445号

行政审判的理念、政策与机制

江必新 著

责任编辑 林志农 兰丽专
执行编辑 杨佳瑞
出版发行 人民法院出版社
地　　址 北京市东城区东交民巷27号（100745）
电　　话 （010）67550638（责任编辑） 67550558（发行部查询）
65223677（读者服务部）
客服QQ 2092078039
网　　址 http://www. courtbook. com. cn
E – mail courtpress@ sohu . com
印　　刷 北京奇良海德印刷股份有限公司
经　　销 新华书店

开　　本 787 × 1092毫米 1/16
字　　数 246千字
印　　张 20.5
版　　次 2019年3月第1版 2019年3月第1次印刷
书　　号 ISBN 978-7-5109-2401-9
定　　价 78. 00元

版权所有 侵权必究

总序

余自1985年到最高人民法院工作始，至目前从事司法审判工作已有30余年。其中大部分时间从事审判庭或法院的审判管理工作，除了知识产权审判未分管过以外，其余审判工作都直接或间接分管过。尤其是在湖南省高级人民法院担任党组书记和院长期间，几乎对所有部门工作都作过一定程度的研究和探索。这对于一个司法工作者来说，既是一种不幸——总是使自己生活在一种能力不足和本领恐慌之中，但也是一种幸运——它让我从不同的角度去认识司法审判这座庐山的真面目，从更广阔的视野去体悟法治和司法审判的真谛！

在此过程中，我深切体悟到，作为一名法官，在审判案件的时候，自己所抱定的法治和司法审判理念，总是在自觉或不自觉地支配自己的审判行为。在制作裁判时，必须考虑司法政策因素。要最终达至合法、公正、可接受的裁判，必须有一定的由多项制度所形成的机制的保障。作为一名审判管理者，其间总是在不断地思考如何坚持、转变或更新审判理念，选择理性的、与时俱进的、与审判规律相协调的政策，建构低成本、高效率而又切实管用的审判机制，以确保司法审判的公正高效，实现司法正义和法律正义，促进社会文明和进步，进而实现国家治理体系和治理能力的现代化。

几十年的审判经验告诉我，不同的审判专业具有不同的审判理念、政策和机制，不可以圆枘方凿；同时，不同时期同一审判专业也有不同的审判理念、政策和机制，不可以刻舟求剑。但是，司法审判理念、政策和机制，又有灵活易变与相对稳定之分；与司法审判之基本特质紧密相联之理念与政策，比较稳定而持久；而与时事境遇相联系之理念与政策，比较灵活而易变。是故，司法审判的理念、政策与机制，变中有不变，不变之中亦有变。

这套丛书既是作者30余年司法审判工作经历的记录，也是中国司法审判在这个时期的缩影；既是作者对司法审判工作的感悟，又包含了作者对司法审判规律的探索；既是作者对人民法院诞生70年来司法审判工作的检视，也是作者对未来司法审判的寄托与期盼。

本丛书在写作的过程中，王展飞、周伦军、汪军、孙祥壮、邵长茂、刘小飞、贾清林、毛宜全、何君、梁清、杨科雄、吴爽、龙兴盛、邓江源、蒋蔚、乔宇、叶阳、刘慧慧、刘牧晗、徐阳、徐庭祥、曹凤国、薛圣海、王赫、张华等同志作了大量的整理、完善以及拾遗补缺的工作；人民法院出版社的林志农、兰丽专、赵作栋、陈晓璇、吴朔桦、马倩、杨佳瑞等同志作了卓有成效的编审工作；中宣部还将这套丛书纳入2018年主题出版重点出版物。在此，一并表示诚挚的谢意！

在这部丛书即将付梓之际，作者也即将告别司法审判生涯，告别最高人民法院的工作。但司法审判工作永远在路上，法律人对司法的理念、政策与机制的思考和探索永远不会终结。但愿后来者在这方面的思考和探索，能够与时俱进，并更加深刻、更加宽阔、更加精彩！

目录

第一章 新时代的行政审判工作[①]

党的十九大是在全面建成小康社会决胜阶段、中国特色社会主义进入新时代的关键时期召开的一次非常重要的大会。习近平总书记代表第十八届中央委员会向大会所作的报告，高屋建瓴、统揽全局、气势磅礴，站在历史和时代的高度，全面阐述了习近平新时代中国特色社会主义思想，深刻回答了新时代坚持和发展中国特色社会主义的一系列重大理论和实践问题，具有很强的思想性、战略性、前瞻性与指导性，是新时代夺取中国特色社会主义伟大胜利的政治宣言和行动纲领。党的十九大作出的多项重大决策部署，都与行政审判工作密切相关。行政审判旨在解决行政争议、保护当事人合法权益、监督行政机关依法行使职权。全国法院和广大行政审判干警必须深入学习贯彻党

① 根据江必新同志 2017 年 11 月 16 日在最高人民法院第三巡回法庭巡回区第二次行政审判工作座谈会上的讲话整理。

的十九大精神，进一步做好新时代的行政审判工作，充分发挥行政审判的职能作用，为中国特色社会主义在新时代实现新发展提供更加有力的司法服务和保障。

一、推进行政审判工作转型升级

2017 年 11 月 1 日，中共中央下发《关于认真学习宣传贯彻党的十九大精神的决定》，强调要全面准确学习领会十九大精神，认真做好学习宣传工作，切实提高解决问题、推动发展的能力。学习宣传贯彻党的十九大精神，是一项长期的系统性工作。具体到人民法院行政审判工作，需要紧密结合行政审判实际，找准贯彻落实的结合点、着力点，努力推进行政审判工作在新时代实现转型升级。

（一）通过学习宣传贯彻十九大精神，准确把握党和国家工作大局

行政审判的被告一方始终是行政机关，由此也决定了行政审判与党和国家工作大局的关系十分密切。准确把握党和国家工作大局，是做好行政审判工作的根本前提。要坚持读原著、学原文、悟原理，深入领会十九大的精神实质和思想精髓，深刻把握党的十八大以来我国社会发生的历史性变革，深刻把握中国特色社会主义进入了新时代，深刻把握我国社会主要矛盾变化，深刻把握新时代中国共产党的历史使命，深刻把握实现“两个一百年”的奋斗目标，深刻把握社会主义经济建设、政治建设、文化建设、社会建设、生态文明建设以及国防和军队建设、港澳台工作、外交工作的重大部署。在行政审判工作中，只有全面领会、准确把握上述党和国家工作大局，才能有效确保

正确的工作方向，才能更好地实现裁判的政治效果、法律效果和社会效果的有机统一。

（二）通过学习宣传贯彻十九大精神，进一步明确新时代行政审判的职能定位和历史使命

中国特色社会主义已经进入新时代。处在新时代中的行政审判工作，必须在找准职能定位、明确历史使命的基础上，通过精准发力、有效施策，为全面建成小康社会、建设社会主义现代化强国提供司法服务和保障；为坚持和完善中国特色社会主义制度，实现国家治理体系和治理能力现代化提供司法服务和保障；为推进法治国家、法治政府、法治社会建设，确保如期实现建设目标提供司法服务和保障；为加强人权法治保障、维护社会和谐稳定提供司法服务和保障。

（三）通过学习宣传贯彻十九大精神，进一步明确新时代对行政审判提出的新要求

第一，我国社会主要矛盾已经发生变化，人民群众不仅对物质文化生活提出了更高要求，而且在民主、法治、公平、正义、安全、环境等方面的要求日益增长，行政审判必须通过更加平衡和充分的发展来努力满足人民群众的多元司法需求。第二，十九大报告深刻阐释了习近平新时代中国特色社会主义思想，“八个明确”和“十四条基本方略”是全党全国人民为实现中华民族伟大复兴而奋斗的行动指南。各级法院要始终坚持以习近平新时代中国特色社会主义思想指导行政审判工作，进一步明确行政审判的发展方向和奋斗目标，确保将习近平新时代中国特色社会主义思想贯彻落实到行政审判工作的各方面面。第三，十九大报告从经济、政治、文化、社会、生态文明、国防

军队、港澳台、外交和党的建设等多方面作出一系列重大战略部署，诸如科教兴国战略、人才强国战略、创新驱动发展战略、乡村振兴战略、区域协调发展战略、可持续发展战略、军民融合发展战略等。实现新时代的宏伟目标，完成各项重大战略部署，要求行政审判工作必须进一步发挥职能作用，努力为经济社会各方面的持续健康发展保驾护航。

（四）通过学习宣传贯彻十九大精神，进一步明确推进行政审判工作的新思路、新举措

十九大报告立足中国特色社会主义实际，提出了一系列新的思路，部署了诸多新的举措。诸如深化司法体制综合配套改革，全面落实司法责任制；深化机构和行政体制改革；深化农村土地制度改革和农村集体产权制度改革；加强人权法治保障，保证人民依法享有广泛的权利和自由；提高社会治理社会化、法治化、智能化、专业化水平等。广大行政审判干警要学深悟透新思路，紧密结合行政审判工作实际，不断分解细化各项新举措，努力开创全新的工作局面。

（五）通过学习宣传贯彻十九大精神，进一步创造行政审判的良好外部环境

十九大报告明确提出了到 2035 年基本建成法治国家、法治政府、法治社会。这既对行政审判工作提出了全新要求，更为我们进一步创建良好外部环境提供了重大机遇。各级法院要在深刻把握十九大关于深化依法治国实践各项重大部署的基础上，创新宣传手段、加大宣传力度、提升宣传效果，大力宣传党中央关于依法治国、依法执政、依法行政和建设法治国家、法治政府、法治社会的理念、举措，主动发声，营造氛围，为推进行政审判转型升级创建良好外部环境。

二、深入贯彻新修改的行政诉讼法

行政诉讼法修改以来，各地法院深入贯彻落实法律的各项规定，依法审理各类行政案件，取得了良好成效。此外，必须清醒认识到在贯彻落实新法的过程中仍然存在一些问题，有些还比较紧迫。对此，必须吃透法律精神，坚持问题导向，进一步贯彻落实新修改的行政诉讼法，特别是要准确有效落实各项新规定，严格依法审理每一起案件。

（一）全面准确执行立案登记制

2017 年 8 月 31 日，《最高人民法院关于进一步保护和规范当事人依法行使行政诉权的若干意见》下发，对此意见，我们要深入学习领会，全面有效执行。一方面，要高度重视诉权保护，坚决防止非法设置或者抬高起诉门槛，防止在立案环节过度审查。对于依法应当受理的行政案件，一律登记立案，做到有案必立、有诉必理，切实维护和保障公民、法人和其他组织依法提起行政诉讼的权利。尤其需要强调的是，各地法院的办案压力都十分繁重。越是在这种情况下，越要保持工作定力，坚决杜绝各种形式的有案不立问题的反弹。另一方面，行政诉讼法和相关司法解释对立案规定了许多法定条件，立案登记制不是登记立案制，更不是无条件立案。要牢固树立诉权既包括符合起诉条件也包括具备诉的利益的观念，对于明显不属于行政诉讼受案范围、不具有原告资格、被告主体不适格、明显超过起诉期限、起诉明显没有事实根据、明显不属于受诉人民法院管辖的案件，立案庭要积极主动负起责任，依法裁定不予立案。同时，要注意防止因错误理解立案登记制，造成“挂号式”立案移送行政庭后，再因为答辩、开庭等程序性事项的推进，不恰当地加重行政庭以及被诉行政机关的负担。各级法院立案庭与行政庭不能“铁路警察各管一段”，要加强衔接、协调和配合，建立健全信息联络、沟通和协商机制，完善对提起大量琐碎诉讼的当事人的发现、通报和解决机制；要加强对诚信诉讼的引导，依法对失信当事人进行惩戒，从源头上减少滥诉的发生，逐步提高立案质量。

（二）推进落实行政机关负责人出庭应诉制度

行政机关负责人出庭应诉，是立法机关经过深入调研、慎重考量所作出的重大立法安排，其在助推依法行政、促进法治政府建设、实现行政争议实质性化解等诸多方面均具有重要意义。要进一步推进该项制度的落实，积极推广出庭应诉建议书、提示书等做法，探索建立行政审判和行政应诉联络工作机制，为行政机关依法履行出庭应诉职责提供必要条件。对行政机关违反出庭应诉相关制度的行为，应当记录在案并在裁判文书中载明，可以依照《行政诉讼法》的相关规定予以公告，并可以建议任免机关、监察机关或者上一级行政机关对相关责任人员予以处理。

（三）妥善解决复议机关作共同被告的相关问题

复议机关作共同被告的制度，一方面，有利于促进复议机关有效发挥复议职能，在行政系统内部进一步化解矛盾纠纷，防止出现复议机关当“维持会”的问题；另一方面，该制度也在管辖、应诉等方面造成了一些新的问题。但总体而言，该制度仍是利大于弊，因此必须严格执行。实践中，在复议机关作共同被告的情形下，要坚持以原机关来确定管辖，将矛盾化解在基层，化解在当地，防止不当提高管辖级别。此外，要灵活掌握复议机关应诉方式，主要负责人、相关工作人员可共同或单独出庭，下一步还可以探索书面答辩、视频应诉等方式，以减少复议机关应诉成本，提高应诉效率。

（四）妥善审理各类新类型案件

修改后的《行政诉讼法》进一步扩大了受案范围，特别是纳入了一些新类型案件，比如行政协议案件、侵犯公平竞争权案件、规范性文件附带审查案件等。这些新类型案件以往并未明确规定属于行政诉讼受案范围，因此，存在审理经验相对不足、审判规则有待进一步明确等问题。对此，各地法院要在严格依法审理的基础上，加强研究、勇于创新，合理借鉴民事和刑事诉讼的成熟经验，为妥善审理各种新类型案件积累好经验。最高人民法院可以在深入调研的基础上，通过制定司法解释、出台司法政策、发布典型案例等方式，加大对下指导力度，不断明确审理标准。

（五）积极推进裁执分离制度改革

裁执分离制度是行政审判体制改革的重要内容，相关法律、司法解释也作出了明确规定，各地法院近年来结合自身工作实际，亦探索积累一些可复制、可推广的经验。下一步，可以争取把此项改革纳入司法体制综合配套改革范畴，推进完善相关立法，加强制度的顶层设计，进一步明确司法与行政的职能定位，进一步发挥司法的专业优势、监督功能和行政机关的资源优势，不断推进改革进程、切实深化改革成效。

三、攻坚解决行政审判“四高一长”问题

不容回避的是，行政审判工作中长期存在着上诉率高、申请再审率高、申诉信访率高、空转率高和审理期限长的“四高一长”现象。一些案子从一审、二审到再审，均未能解决实际问题。从审理周期看，全国法院刑事案件审理周期平均为50余天，民商事案件为70余天，而行政案件则为100余天。形成“四高一长”现象的主要原因在于：一是一些行政行为确实存在瑕疵，但因多方面考量又不宜确认违法或撤销，引发当事人不满，导致息诉罢访难度较大。二是部分案件中当事人对行政诉讼存在过高预期，裁判结果往往难以满足其诉愿，少数当事人甚至意图通过缠访闹访谋取不当利益。三是当前行政诉讼中存在一定程度的滥诉问题，特别是在申请政府信息公开案件中，“泡沫”案件占比较高，此类案件背后的问题往往难以通过法院裁判予以化解。四是少数案件中存在“官官相护”问题，不应该维持的维持了，应该撤销的没有撤销，部分司法不公问题有待进一步解决。“四高一长”现象突出反映了行政审判工作中的问题所在，必须下大力气解决。

（一）积极引导行政机关主动纠错

如上所述，一些行政行为本身确实存在一定瑕疵，但出于多方面因素考量又不宜判决确认违法或撤销。此类行政行为被诉至法院后，在一审程序中要着力引导行政机关正确认识到行政行为存在的问题，促使其加强与原告的沟通协调，降低双方的对立程度，因案施策、对症下药，自行主动纠错，积极赔偿或补偿，力争通过和解方式实现纠纷的实质性化解。

（二）加强裁判文书说理

要从促进案结事了的角度，在裁判文书中加强对双方行为的评价，法官裁判案件要掌握当事人心理，多换位思考，即使是驳回原告诉讼请求的案件，也不回避行政行为存在的问题，对行政行为存在的瑕疵和问题即使不会导致行政行为违法，也必须实事求是、恰如其分地给予否定性评价，对相对人的合法合理的诉求要予以肯定性评价。行政庭要加强与立案庭的沟通，积极做好裁定不予立案案件的审理和裁定说理。要注重通过通俗易懂的语言阐明法律规定、讲清裁判思路，提高人民群众对裁判文书的认可度和接受度。同时，可探索尝试在一审、二审裁判后，以适当的方式告知当事人上中国裁判文书网进行类案检索，引导当事人对上诉或申请再审产生合理预期，进而理性行使上诉、申请再审等权利。

（三）进一步统一裁判标准

有效统一裁判标准是司法责任制改革进程中需要配套解决的问题之一。对此，要牢固树立“放权不是去监督管理、取消个案审批不等于取消司法监督”的理念，不断完善专业法官会议制度，提升审判管理的信息化水平，进一步规范自由裁量权的行使。要在案件审理过程中加强类案检索，承办人、合议庭有义务查清上级法院特别是高级人民法院、最高人民法院对于同类案件的裁判标准，确需作出不同裁判的案件必须有充足的事实和法律依据。

（四）促进行政行为的规范

要加强与行政机关的联络沟通，通过共同调研座谈、提出司法建议、发布白皮书、公布典型案例等途径，促进行政机关依法行政水平的提高。要定期与行政执法机关进行沟通交流，共同研究新情况新问题，促进行政机关依法妥善解决行政执法中的疑难问题，统一法律见解，从源头上预防和减少行政纠纷。要积极将行政审判指标与地方政府法制考核指标相结合，及时向相关考核部门通报行政审判数据，发挥负责人出庭应诉率、行政机关败诉率、协调和解率等指标的导向作用。同时，注意通过变扣分制为加分制等方式，防范指标数据设置可能带来的不良影响。

（五）注意防范重大决策和项目的法律风险

地方政府的一些重大决策、项目，如果在法律论证不充分的情形下即出台、实施，后期一旦进入诉讼程序不仅会影响重大决策、项目的顺利推进，也会给法院依法裁判造成困难或障碍，还容易成为影响地方稳定的风险点。对此，各级法院要进一步延伸司法审判职能，在地方党委、政府重大决策和重大项目出台前，积极依法提供法律意见，客观分析法律风险，准确查找法律漏洞，力争纠纷防控关口前移，在行政决策环节预防并减少纠纷，为地方经济社会发展和法治建设出谋划策、保驾护航。

四、有效解决行政审判案多人少问题

近年来，全国法院受理的行政案件呈持续大幅增长态势，部分法院行政审判案件负荷过大的问题较为严重。一些行政法官长期超负荷工作，不仅身心健康受到影响，案件质量也存在隐患。对此，必须不断创新工作方式方法，积极采取有针对性的举措，切实缓解人案矛盾。

（一）强化对行政起诉的依法审查

如前所述，立案登记制绝非放弃对起诉条件的依法审查，搞无条件立案。修改后的行政诉讼法对行政起诉规定了相应的法定条件，《最高人民法院关于适用〈中华人民共和国行政诉讼法〉的解释》又对起诉条件作出了细化规定。各级法院要准确理解立案登记制的内涵，严格落实《行政诉讼法》和司法解释的相关规定，在立案环节对起诉条件进行依法审查，对于确实不符合法定条件的行政起诉，依法裁定不予立案，不要移送行政庭后再驳回起诉。

（二）依法适当调整级别管辖

级别管辖问题，与行政审判外部司法环境密切相关。二十多年来的行政审判实践表明，当前行政审判外部司法环境明显好转，被告不出庭、不应诉、不答辩、不配合法院开展协调和解工作、不执行法院生效裁判文书的情况，已经十分少见了。因此，在执行行政诉讼级别管辖问题上，我们要更多地从有效化解行政争议、实质性解决矛盾纠纷的角度，进一步贯彻落实好行政诉讼法的相关规定。一方面，要坚持县级以上地方人民政府为被告的案件原则上均应当由中级人民法院管辖；另一方面，对已经实施集中管辖，已经解决了“县法院审不了县政府”问题的地区，可以适当采取灵活措施。如高级人民法院可以通过指定管辖的方式，指定集中管辖法院集中管辖当地县级以上地方人民政府为被告的案件，努力实现将矛盾纠纷吸附在当地、化解在基层。在这方面最高人民法院要加强同全国人大法工委等部门的沟通，尽快达成共识，强化顶层设计，不断优化行政诉讼管辖制度。

（三）进一步推进繁简分流

要积极探索类案裁判，积极引入格式化、要素式裁判，实现简案快审、繁案精审。要大力引导当事人利用简易程序来解决简易案件。凡是符合条件的，原则上都要建议当事人充分利用简易程序。对利用简易程序在 45 天内未审结的，可依法办理延长审理期限，继续适用简易程序审理。要进一步梳理、总结行政诉讼简易程序试点工作经验，尽快明确行政诉讼简易程序审理规则，努力实现行政诉讼简易程序规范化、标准化。要做好预备庭和正式庭审的分工，通过预备庭为合议庭开庭审理打下基础。把争议焦点作为庭审应当主要解决的问题。

（四）积极推进和解结案

不少域外地区的法院行政案件数量较为庞大，但最终进入庭审程序的比例却十分有限，其中，和解制度发挥了重要的分流作用。和解的有效运用不仅对于实质性化解行政争议具有重要意义，而且有利于降低上诉率和申请再审率。协调和解工作虽然可能增加主审法官的工作量，但从四级法院整体来看，其将有助于减轻办案压力、缓解案多人少矛盾。近年来，由于种种原因，行政案件撤诉和解比例逐年走低，各级法院一定要密切关注这一现象。《行政诉讼法》明确规定对于行政赔偿、行政补偿以及行政机关行使法律、法规规定的自由裁量权的案件可以调解。这为我们推进和解结案提供了法律依据。要在遵循自愿、合法原则的基础上，进一步推进和解在行政审判工作中的运用，着力建立健全和解制度，以制度保障和提升和解工作的规范化水平，逐步扩大和解制度的适用范围。

（五）有效运用人民陪审员制度

人民陪审员制度不仅是保障司法民主的有效举措，客观上亦具有助推缓解行政审判案多人少矛盾的作用。各级法院要借人民陪审员制度改革深入推进的东风，积极扩大行政审判中人民陪审员的参审比例和范围，增强行政审判的办案力量。特别是在一些专业性较强、社会影响较大、群众关注度较高的案件中，要充分发挥人民陪审员具备专业知识背景、熟悉社情民意、便利民意沟通等方面的优势，帮助法官提高案件办理质效。

五、全面推进行政审判体制综合配套改革

党的十八届四中全会明确提出要“探索设立跨行政区划的人民法院和人民检察院，办理跨地区案件”。此后，根据中央改革精神，全国人大常委会修改了《行政诉讼法》的相关规定，中央深改组和最高人民法院党组分别出台相关改革方案，上海三中院和北京四中院作为全国首批跨行政区划法院相继设立，作为本轮司法体制改革重要组成部分的跨行政区划法院正式落地。党的十九大报告进一步提出要“深化司法体制综合配套改革”，这为我们下一步的司法体制改革指明了方向和道路。当前和今后一段时期，努力争取将设立跨区划法院纳入司法体制综合配套改革范畴，逐步将行政案件中的特殊案件纳入跨区划法院审理，以点带面地促进深化行政审判体制综合配套改革。

（一）努力推进设立跨区划法院

必须深刻认识到，设立跨行政区划法院，有利于排除各方面对审判工作的干扰、保障法院依法独立公正行使审判权，有利于构建普通

案件在行政区划法院审理、特殊案件在跨行政区划法院审理的诉讼格局，对于促进提升司法公信力、满足人民群众多元司法需求、推进法治政府建设进程等均具有重大意义。各级法院在行政审判体制改革的进程中，要按照“四五”改革纲要的具体要求，依照法定程序和政策要求逐步将七十余个铁路运输法院全部改造为跨行政区划法院，依法管辖包括但不限于行政案件的特殊案件，进一步提升行政审判工作的整体质效。

（二）通过集中管辖改革试点不断积累经验

设立跨行政区划法院，是一个逐步推进的过程，对此既要积极稳妥，又不可急于求成。当前，在全国范围内普遍设立跨区划法院的顶层设计尚有待健全，相关立法亦需要完善。在此背景下，各级法院要主动作为、不等不靠，按照《最高人民法院关于人民法院跨行政区域集中管辖行政案件的指导意见》，结合辖区工作实际，积极开展行政案件跨区划集中管辖改革试点，为管辖制度改革进一步积累经验。目前，全国已有30个省份在辖区内开展了不同形式、不同程度的跨区划集中管辖改革试点。除上海、北京设立跨区划法院以外，其他种类的改革模式还包括依托铁路法院跨区划集中管辖行政案件、由普通基层法院开展相对集中管辖、由铁路法院以外的专门法院实施集中管辖、在全省实施异地交叉管辖、由当事人选择管辖等，且同类管辖改革模式之间在具体做法上亦不尽一致。下一步要加强对各种管辖改革模式的梳理分析，在深入比较鉴别、不断凝聚共识的基础上，逐步改进试点方式、稳妥扩大试点范围、切实增强试点效果，通过卓有成效的跨区划集中管辖改革试点为未来跨区划法院设立工作奠定扎实基础。

（三）不断完善配套措施

任何一个制度都不可能孤立存在，都需要有相互配套的制度予以支撑和配合，孤立的制度既不能持续也不能巩固，对此，必须建立协调共生的“制度群”。要强化对行政案件管辖制度改革的“反向制度预设”、完善“反向政策支撑”，围绕新的管辖制度建立协调共生的“制度群”，通过各项制度之间的互相支撑，产生协同效应，最大限度降低配套制度的风险，最大限度提升改革的整体成效。要对正在运行中的各项管辖制度改革进行综合考量，关注制度运行的整体性、协调性、平衡性、系统性、有机性，不断解决制度运行过程中的问题，特别是要注重解决新制度和配套制度之间的衔接问题、配套制度和旧制度之间的衔接问题、制度各系统之间的协调问题等。

（四）始终坚持问题导向

各地通过集中管辖改革试点，在改善司法环境、统一裁判标准、提高行政审判的专业化、规范化水平和监督依法行政等方面均取得了良好成效。同时，随着改革进程的不断深入，一些具有一定共性的问题亦逐步暴露，主要包括试点法院案多人少矛盾更加突出；当事人的诉讼成本和法院办案成本均有所上升；巡回审判、跨域立案等便民机制有待进一步完善和落实；集中管辖法院和非集中管辖法院间的协调机制有待健全；集中管辖法院和案件所在地行政机关的良性互动机制有待建立，实质化解矛盾纠纷的合力有待构建；试点法院信访压力增加，化解能力有限；非试点法院行政庭人员流失严重、职能不断弱化等。下一步，要进一步树立问题导向，注意尊重原告选择本地法院和集中管辖法院管辖的权利，注意实现集中管辖法院行政法官的聚集与非集中管辖法院行政法官的稳定相统一。高级法院要切实加强对集中管辖工作的领导，到集中管辖法院进行认真调查研究，有针对性解决集中管辖法院机构、编制和人员调配等方面的困难和问题。同时，要及时总结地方改革探索的经验，积极推进立法，完善顶层设计，逐项研究部署有针对性的应对措施，给制度打补丁，让制度更健全，在解决问题、克服困难的过程中进一步推进集中管辖试点，有效带动行政审判整体工作实现新发展。

（五）进一步推进庭审制度改革

在行政审判领域推进庭审制度改革，一方面，要努力实现庭审实质化，充分发挥庭审的决定性作用；另一方面，要落实繁简分流，实现简案快审、繁案精审。要在平等保护原被告双方诉讼权利的基础上，引导行政机关和相对人积极围绕庭审开展诉讼活动，做到诉讼资源向庭审集中，办案时间向庭审倾斜，办案标准向法庭看齐；努力实现案件证据展示、质证、认证在法庭，证人、鉴定人作证在法庭，案件事实调查、认定在法庭，代理意见发表、辩论在法庭，当事人及其代理人的诉讼权利行使在法庭，公正裁判决定形成在法庭，裁判说理讲解在法庭，等等。要探索改进简易程序案件的庭审流程，适当调整变通程序性事项，在庭前有效熟悉案情，提前核实、固定无争议的事实，归纳争议焦点，明确审理思路和重点；在庭审中有效驾驭和把控双方的言辞和行为，引导当事人直接围绕争议焦点进行举证和发表意见，避免无实际价值的争辩；适当提高简易程序案件的当庭宣判率，高效维护人民群众的合法权益。

六、优化配置行政审判资源

十九大报告围绕“坚定不移全面从严治党，不断提高党的执政能力和领导水平”作出了一系列重大决策部署，这为我们进一步加强行政审判队伍建设提供了根本遵循。下一步要以行政审判资源优化配置为重点，扎实推进以下五个方面工作，为做好新时代的行政审判工作提供有力的组织保障。

（一）优化重组行政审判资源

相比于刑事审判和民商事审判而言，行政审判资源进一步优化重组的迫切性更强。目前行政审判受案方面“倒金字塔”现象较为突出。一方面，中级以上法院受案数量持续增加，办案压力不断增大，且法院层级越高受案数量越多。最高人民法院2017年行政案件受案数在1万件左右；另一方面，不少基层人民法院的行政审判法官则因案件数量不足，未达到员额法官的办案指标，不得不转而办理大量非行政案件，特别是一些非集中管辖试点法院资源闲置、人员流失等问题更为突出，而集中管辖试点法院往往因为未能实现人员同步集中，导致人案矛盾进一步加剧。此外，在少数地方的审判团队改革过程中，行政审判干警存在被边缘化的倾向。各级人民法院在确定行政法官员额，配备司法辅助人员时，一定要充分认识行政审判在促进当地法治政府建设方面的突出作用，一定要充分认识行政审判在提升人民法院司法权威和地位方面的突出作用，一定要充分认识行政审判在维护地方和谐稳定方面的突出作用。各级法院要建立符合行政审判特点、反映行政审判规律的法官员额配备和绩效考核制度，不能单纯以案件数量作为考核依据。要科学测算行政案件在整个案件考评体系中的权重，科学计算行政法官的工作绩效，防止挫伤行政法官的工作积极性。北京、上海等集中管辖模式已经取得明显成效的地区，要进一步争取编制部门、组织部门等单位的理解和支持，在实现案件跨区划集中管辖的基础上，根据以案定人的原则推动行政审判资源向跨区划法院同步集中，实现人案数量的科学配比、审判资源的优化配置。

（二）扎实推进队伍专业化建设

党的十九大明确提出要“注重培养专业能力、专业精神，增强干部队伍适应新时代中国特色社会主义发展要求的能力”。行政审判涉及社会生活和行政管理领域的方方面面，法律适用范围十分广泛，又主要与政府机关和人民群众打交道，对法官政治素质、业务素质、综合协调能力以及群众工作的水平要求较高，培养高水平专业化法官尤其不易。特别是随着行政案件的持续大幅增长，一些法院为行政审判庭补充了“新鲜血液”，这既增强了行政审判力量，也对队伍的专业化建设提出了更加迫切的要求。对此，要借助员额制改革和审判团队建设的契机，真正把专业能力突出、审判经验丰富的干警遴选至行政法官队伍，为依法办理各类行政案件提供专业保障。要推行青年干警业务导师制度，以一对一或一对多的形式，由审判业务专家、资深行政法官等对年轻法官、法官助理进行“传、帮、带、教”，帮助青年干警快速提升专业能力。要提升干警自主学习的意识和能力，既要深入学习行政法律法规，又要广泛学习其他部门法乃至其他社会科学领域知识，努力成长为“一专多能”的复合型人才。

（三）提升培训效果

要把十九大精神和习近平新时代中国特色社会主义思想作为培训

的必修课，紧密结合党中央即将开展的“不忘初心、牢记使命”主题教育，对行政审判领域的全体党员干警进行多形式、分层次、全覆盖的培训，真正做到学深悟透、学以致用。要对照增强“八个本领”的要求，按照“缺什么、补什么”的原则，不断提高培训的针对性，使干警素质能力和精神状态更加适应新时代中国特色社会主义发展要求。高级人民法院要妥善处理当前行政审判领域的“工学”矛盾，在完成执法办案任务的同时，不能忽视调查研究和业务培训工作，及时发现解决新情况新问题，尤其是加强对新进人员的培训。要进一步完善培训制度、创新培训方式。既要加强对最新法律法规、司法解释的培训，也要加强对类案裁判标准的培训；既要坚持集中培训也要采取专题研讨、案例发布等方式的培训；既要培训行政审判业务也要培训行政管理法律规范；既要培训审判专业知识也要加强对干警信息化技术应用能力的培训，不断拓展培训的广度和深度，切实增强培训实效。

（四）加强对下指导

《最高人民法院关于适用〈中华人民共和国行政诉讼法〉的解释》（以下简称《解释》）已经发布实施。最高人民法院行政庭要加强对《解释》重点条文的解读，特别是要注重解读《解释》对原有规定的修改、创新之处，确保广大干警正确理解运用。高级人民法院和中级人民法院要牢固树立“一盘棋”思想，不能因为案多人少而忽视对下指导，要认识到在对下指导上花的精力多了，下级法院裁判质量高了，上下级法院间裁判标准统一了，最终将有利于缓解上级法院的案件压力。上级法院还要坚定地为下级法院依法履职撑腰打气，当前行政审判外部环境总体已有较大改善，但仍有一些个案裁判受到各种各样的干预和过问，行政法官面临较大的压力。上级法院要主动为下级法院排除不当干预，严格执行《领导干部干预司法活动、插手具体案件处理的记录、通报和责任追究的规定》《司法机关内部人员过问案件的记录和责任追究规定》，促进司法环境不断改善，全面落实“让审理者裁判，由裁判者负责”。

（五）强化监督管理

进一步加强作风建设，持续落实中央八项规定和最高人民法院六项措施精神，紧紧盯住“四风”问题的新动向、新变化，坚决防止已经克服的问题反弹回潮。进一步加强廉政建设，筑牢拒腐防变的思想防线，坚持从严教育、从严管理、从严监督，以零容忍态度惩治司法腐败，确保公正高效廉洁司法。坚持严管和厚爱相结合、激励和约束并重，一方面，不断加强纪律教育、强化纪律执行，让广大行政审判干警习惯在受监督和约束的环境中工作；另一方面，切实关心关爱干警，切实落实从优待警各项措施，主动为干警排忧解难，为广大干警干事创业、健康生活创造良好条件。

第二章
行政审判工作的政治方向

坚持正确政治方向，关系政法工作的成败。做好人民法院行政审判工作，推进行政审判工作健康发展，始终坚持正确的政治方向是关键。在行政审判工作中，要始终坚持中国特色社会主义道路，坚持党的领导、人民当家做主和依法治国的有机统一，坚持以社会主义法治理念指引行政审判工作，切实维护党的执政地位，切实维护人民权益，确保党的路线方针政策和决策部署得到切实贯彻。当前，确保行政审判工作正确的政治方向，就是使行政审判人员的思想更加统一，头脑更加清醒，立场更加坚定，就是要切实把握好以下十个方面的问题：

一、既要尽力推进依法治国方略的实现，又要坚持中国特色社会主义政治发展道路

人类政治文明发展的成果表明，实行法治是维护和保障人民群众合法权益，规范和保证国家权力运行的最有效的方式。依法行政是依法治国的基本内涵，如果行政机关不能依法行政，依法治国将成为一句空话。行政审判是监督行政机关依法行政的最重要、最直接的方式，对于推进依法治国方略的实现具有不可替代的作用。同时，我们又要注意到，行政审判工作的健康发展必须坚持中国特色社会主义政治发展道路。十九大报告指出："要更加自觉地增强道路自信、理论自信、制度自信、文化自信，既不走封闭僵化的老路，也不走改旗易帜的邪路。""政治制度不能脱离特定社会政治条件和历史文化传统来抽象评判，不能定于一尊，不能生搬硬套外国政治制度模式。"坚持走中国特色社会主义政治发展道路是确保社会安定团结、人民安居乐业的必然要求，符合中国国情，具有旺盛的活力和广阔的前景。对于行政审判工作中出现的否定、弱化中国特色社会主义政治发展道路的各种错误思潮、有害观念必须自觉加以抵制，自动划清原则界限，确保行政审判工作发展的正确方向。

二、既要注重保护行政相对人的合法权益，又要注重监督和支持行政机关依法行使行政职权

维护人民权益，是党的根本宗旨的要求，也是做好政法工作的目的；政法工作搞得好不好，最终要看人民满意不满意；要坚持以人民为中心，坚持司法为民，坚持公正司法，把维护好人民权益作为政

法工作的根本出发点和落脚点。司法权力是一种公共权力，在社会主义国家中，必须保证司法权力被用来为人民谋利益，维护人民当家做主的各项权利。人民群众与行政机关之间的矛盾本质上是一种人民内部矛盾；人民群众通过司法机关解决行政争议，是法治昌明、社会发展、民主进步的重要表现。行政审判保护行政相对人的合法权益是为人民服务宗旨的司法体现，是互相监督、互相制约的社会主义司法制度的生动体现。行政审判要继续强化对行政机关依法行使行政职权的监督职能，切实保护人民权益，规范行政执法，引导行政机关在法治轨道内行使权力。同时，也要注意到，行政审判工作要积极支持行政机关的依法行政，对于行政机关依照宪法、法律和法规管理社会公共事务以及其他维护、实现社会公共利益的行为，要在合法性审查的基础上给予合法行为以有力支持，促进行政法律关系尽快稳定。

三、既要坚持依法独立行使审判权的宪法原则，又要依法自觉接受社会各方面的监督

宪法明确了人民法院依法独立行使审判权的原则，这是人民法院依法公正、高效、权威行使司法审查权的基础和前提。在行政审判工作中，人民法院依法独立行使行政审判职权，不受行政机关、社会团体和个人的干涉，但由于行政机关的特殊地位，对行政审判工作有形或无形的干扰可能无法避免，甚至比较突出，必须注重采取各种有效方式加以解决。要通过指定管辖、集中管辖、交叉管辖、判前释法、沟通疏导、司法建议等措施，尽力排除各种压力和干扰，确保行政案件依法公正审判。同时，也要认识到，确保权力正确行使，必须让审判权力在阳光下运行。要进一步规范司法行为，完善对司法权行使的

监督机制，加强对诉讼活动的法律监督，切实解决执法不严、司法不公的问题。独立行使审判权不等于关门审案、闭门办案，必须自觉接受社会各方面的依法监督，特别是要主动接受人民监督、自觉接受人民评判；必须自觉接受法定机关依照法定权限和程序进行的合法监督；必须贯彻司法公开原则，提高行政审判工作的透明度和裁判的公信力；必须重视社会舆论，自觉接受舆论监督，通过接受监督改进和促进工作。

四、既要坚持公平正义和依法治国，又要坚持司法为民、服务大局、坚持党的领导

实现社会公平正义是中国共产党人的一贯主张，是社会主义法治的内在要求，是发展中国特色社会主义的重大任务；依法治国是基本治国方略，是建设社会主义法治国家的基本途径。毛泽东同志曾经指出："我们的国家所以能够关心到每一个公民的自由和权利，当然是我国的国家制度和社会制度来决定的。"公平正义、依法治国是社会主义的本质属性，只有社会主义才能实现真正意义上的公平正义和依法治国。行政审判工作是保障公民权利公平、机会公平、规则公平、分配公平的重要法律机制，必须根据人民群众不断增长的司法需求，更加全面、更加深入地体现和加强。同时，也要注意到公平正义和依法治国必须统一于司法为民、服务大局和党的领导的法治理念之中。这就要求行政审判工作还必须关注和保障民生，必须自觉践行服务大局的理念，必须紧紧依靠党的领导。只有这样，才能与时俱进地提出符合我国国情的行政审判发展路径、制度安排和政策设计，使行政审判工作发展的道路越走越宽广。

五、既要积极借鉴人类法治文明和行政审判的优秀成果，又要坚持社会主义司法制度的本质和优越性

毋庸讳言，西方资本主义国家的法治文明和行政审判经过几百年的发展，在某些方面已经比较成熟。这些成果是属于全人类的，不是资本主义国家的专利。但是，对于这些成果也不能毫无保留，全盘接受，而必须去伪存真，去粗取精，有选择、有重点、分层次地加以借鉴。对于那些能够切实保障人民群众合法权益的制度设计，要积极引进和借鉴。同时，也要注意坚持我国司法制度的社会主义根本属性，对于那些与我国社会主义性质根本不相符的制度设计、司法观念要注意甄别和自觉抵制。我国的行政审判制度中有许多优良的、先进的设计，受到了许多国外同行的肯定和赞誉，这是由我国行政审判制度社会主义性质所决定的。因此，对那种妄自菲薄、盲目批判的心态和做法，必须自觉加以摒弃。

六、既要严格依法办事，又要确保党的路线方针政策的贯彻落实

严格依法办事是人民法院行使行政审判权力的基本要求。人民法院必须严格按照法律法规的规定对被诉行政行为是否合法进行审查。对于应当撤销、变更、责令履行、确认违法或者无效的行政行为，要依法判决，尽快赔偿行政相对人的损失，尽快恢复行政管理秩序。同时也要注意到，严格依法办事不等于就案办案，不等于对法律法规进行僵化的、教条式的理解，而应当确保党的路线方针政策的落实，特别是在一些法律法规存在滞后、存在空白的情况下更是如此。党的路

线方针政策往往是法律法规的先导。邓小平同志说过："没有立法之前，只能按政策办事，法立了之后，就要坚决按法律办事。"因此，在对行政行为进行合法性审查时，既要关注法律法规的现有状况，同时也要确保党的路线方针政策得到贯彻执行。

七、既要坚持行政审判的合法性审查原则，又要注意把握和维护党和国家的大局

承担行政审判职责是人民法院宪法地位的最直接体现，同时，行政诉讼法明确赋予了人民法院对行政行为进行合法性审查的职责。行政诉讼实践表明，原告通常处于弱势地位，这是行政审判的重要特点。在行政审判中贯彻依法保护弱者的精神，必须牢牢抓住合法性审查这个中心，以确保法律统一实施为立足点，审查被诉行政行为是否合法，要坚决杜绝将审查的重心放在审查原告的行为是否违法上的错误做法。同时，也要高度重视法律效果和社会效果的协调统一。法律效果体现法律法规的准确适用，社会效果则是法律价值取向的生动体现。行政审判工作往往与党和国家的大局和中心工作联系较为紧密，行政案件往往政策性强、社会敏感度高，涉及社会稳定的群体性诉讼多，在办案过程中，既要做到严格执法和依法办案，又要注意办案的社会效果，切实做到法律效果与社会效果的有机统一、依法审查与服务大局的有机统一。

八、既要积极推进行政审判制度和理论创新，又要牢牢把握我国社会发展的阶段性特征

当前，行政审判制度创新面临着许多机遇和挑战，主要是行政审判方式改革有待深入推进；适应不同诉讼类型的庭审方式尚未规范化；证据规则有待细化；裁判方式有待完善；审查程度尚无成熟标准；庭审功能还没有充分发挥等等。这些问题的存在都要求行政审判工作必须加强制度创新和理论创新的力度。同时，在推进制度创新和理论创新的过程中，必须牢牢把握我国社会发展的阶段性特征。当前，我国仍处于并将长期处于社会主义初级阶段，这是我国的现实国情和最大的实际。因此，在推进行政审判制度创新时，要深刻把握行政审判发展面临的新课题、新矛盾；在落实司法政策和审判过程中更加符合社会主义初级阶段的国情和新时代要求；要分析和把握行政审判当前面临的新机遇、新挑战、新任务、新要求，既要尽力而为，又要量力而行，既要高度重视，严肃对待，又要尊重规律，循序渐进，有领导、有步骤、有秩序地加以推进。

九、既要忠实执行国家法律，又要注意通过行政审判工作实现党和人民的意志

行政审判工作忠实执行国家的法律，就是在维护最广大人民群众的根本利益，就是通过审判工作着力解决人民群众最关心、最直接、最现实的利益问题的过程；忠实执行国家法律就是在忠实履行宪法法律赋予的职责，巩固党的执政地位，服务经济社会发展；忠实执行国家法律就是在维护社会公平正义，维护社会和谐稳定；忠实执行国家

法律就是坚持以人民为中心、坚持司法为民、坚持公正司法。同时，也要注意自觉体现和实现党和人民的意志。人民法院行政审判工作的政治优势是坚持党的领导；社会主义司法制度的优越性就在于它的人民性。因此，在行政审判工作中，要注重紧紧依靠党的领导，特别是对一些单纯依靠司法手段难以解决的复杂敏感案件，在党委的统一领导和协调下，依靠独特的政治优势妥善加以处理，可以为人民法院依法行使行政审判权提供可靠保障。在行政审判工作中还要注意以满足人民的司法需求为根本出发点，从人民不满意的问题入手。特别是要注重解决原告胜诉难、实质性化解争议难、执行难、外部司法环境欠佳等问题。

总之，人民法院行政审判工作必须高举中国特色社会主义伟大旗帜，坚定不移地走中国特色社会主义道路，坚定不移地坚持中国特色社会主义理论体系。特别是要在司法指导思想、司法实践和司法作风等方面真正、切实体现中国特色社会主义的正确方向。只有这样，具有中国特色的行政审判制度才能稳步健康发展，才能真正为人类的法治文明贡献属于中华民族的优秀成果。

第三章
行政审判工作的基本政策

毛主席曾经讲过，政策和策略是党的生命，各级领导同志务必充分注意，千万不要粗心大意。当前，开展行政审判工作，有必要重温毛主席这句话，探讨行政审判工作的政策问题。

一、当前行政审判工作面临的新形势

任何政策的提出，都必须以面临的形势作为基本依据。党的十九大指出，中国特色社会主义进入新时代，我国社会主要矛盾已经转化为人民日益增长的美好生活需要和不平衡不充分的发展之间的矛盾。同时强调，我国社会主要矛盾的变化，没有改变我们对我国社会主义所处历史阶段的判断，我国仍然处于并将长期处于社会主义初级阶段，并要求全党一定要牢牢把握我国所处的阶段性特征。在行政审判工作中贯彻这一重要论断，需要把握以下几点：

第一，目前我国仍然处于社会主义的初级阶段。所谓初级阶段，就是说，不管是在政治上、经济上、思想上、文化上还未达到充分发展的阶段。在这样的阶段，带有过渡性或者说是打基础的性质。我们现在所做的相当多的工作，是为接近中级阶段和高级阶段创造更加有利的条件或者打下更加扎实的基础。

第二，我们的社会正处于一个转型期。体制正在转轨，社会正在转型。在这个转型过程中，思想观念可能是多元的，矛盾也是多方面的。在这个转型过程中，我们不能期望法治是完美无缺的。我们要更多地看到法律的缺陷，看到法律的滞后性以及法律与现实的脱节。

第三，我们所处的时代，仍然是以发展为第一要务的阶段。发展是第一要务，意味着发展以外的其他方面的工作，要为发展服务。当然，这种发展应当是一种科学的发展。

第四，我国社会主要矛盾发生变化，要求法治发挥更加重要的作用。我国目前已稳定解决温饱问题，总体实现小康，人民对物质文化生活提出了更高要求，同时在民主、法治、公平、正义等方面的要求日益增长，发展不平衡不充分已经成为满足人民日益增长的美好生活需要的主要制约因素。而法治是实现社会公平正义、促进平衡充分发展的重要制度保障。

第五，我国是社会主义国家，我们面临着复杂的国际环境。可以说，最近几十年，我们刚刚开始发展，还没有发展起来。境外有相当一部分势力不希望我国发展，不希望我们强大，总是给我们设置这样和那样的障碍，诸如在西藏、新疆、台湾、人权问题上等。在很多领域，只要有机会，反对势力就要千方百计地限制我们的发展。所以，国际国内的形势非常复杂。面临如此复杂的斗争形势，我们必须保持高度清醒的头脑。

因此，在这样一个大的背景下，开展行政审判工作必须注意当前的阶段性特征。我们的行政审判政策也必须要与阶段性特征相适应。如果不与这个阶段性特征相适应，我们做了很多工作，花了很大力气，可能会是在帮倒忙，也可能得不到党和人民肯定的评价或者积极的评价，更不能产生我们所期望的效果。

二、行政审判工作面临的新机遇

在面临新情况新问题新形势的同时，我们也必须看到，当前行政审判工作也面临着一些新的机遇。

第一，党的十八届三中全会提出要建设法治中国。全面推进依法治国，加快建设社会主义法治国家的步伐，加快建设法治政府，这对行政审判工作是一个重大机遇。全面推进和加快社会主义法治建设必然加强法律监督，加强司法监督，完善监督体制。

第二，党中央提出要构建社会主义和谐社会，把和谐社会建设提到一个很重要的位置。和谐社会首先是要理顺各方面的矛盾。而在所有的矛盾中间，“官”民矛盾是一对重要矛盾。如果“官”民关系处理不好，就会直接关系到社会稳定和政权稳定。构建社会主义和谐社会，首先是“官”民的和谐。而要实现政府和人民群众的和谐，就需要一种化解、协调“官”民矛盾和冲突的机制。而采取法治化和制度性的办法来解决这个矛盾才是最合适的，这也是全人类共同的经验结晶。社会越是向前发展，越是要注重法治化，法治化是社会治理的首选方式。

第三，十八届三中全会提出要推进国家治理现代化。当下，世界各国也正在逐步推行从夜警国家到所谓的福利国家、社会国家的社会变迁。在向社会国家推进的过程中，政府对人民群众要承担更多的生存照顾的义务和责任。当前社会发展是给付行政大行其道的时期。给付行政的增加，必然带来大量的新型行政行为。这些新型行政行为也需要不断发展完善相应行政法制度来予以规范，这个过程中也就必然有大量新型争议随之产生。通过行政审判对这些新争议予以解决，促使相应制度的完善，将对国家治理现代化起到重要的推进作用。

行政审判发展有着许多重要的政治资源，重要的基础理论，重要的环境参数。只要特别注意充分利用、挖掘这些政治资源，行政审判就会有一个光明的前景。对此，我们抱有充分的信心。在分析形势时，要注意两分法，要看到同一事物的两个方面：机遇和挑战。从对机遇和形势的分析中决定我们应采取的政策和策略。

三、当前行政审判工作政策的基本点

（一）要固本强基，走内涵式发展道路

20 世纪 90 年代以来，行政诉讼制度的发展主要是走出了一条外延式的发展道路，即在很大程度上通过逐步扩大行政诉讼受案范围，谋求发展。当前行政案件的基本情况是：一是案件数量已经达到一定规模；二是案件规模扩大，由于立审分开的推行，行政案件受案数量在一定程度上不是行政审判所能解决的。因此，行政审判工作重点不能放在外延扩张上，而应当放在内涵式发展上。这就要求我们做到以下几点：

1. 以高素质的队伍造就形象

行政法官经常要和行政机关，尤其是和级别比自己高的行政领导打交道。如果没有足够的能力和水平，是很难顺利开展工作的。行政机关一般涉及几十个甚至一百多个部门，每个部门都有很多法律法规规章。行政机关工作人员只需要对这几次从事的行政领域的专业知识具有专长即可，而我们行政审判人员对各个行政领域的专业知识则都要学习、掌握，这是很大的挑战。在当前复杂的司法环境下，还要求行政审判人员要注重协调能力的提高，这就需要我们具有非常高的综合素质。要提高法官的综合素质，一是要健全分类管理机制。继续深入推进司法改革，对法官、法官助理、书记员进行分类管理，让法官助理切实发挥辅助功能。二是要完善竞争机制。应当公开选拔法官，经过公开选拔并通过能力考核、考查和测试等程序才能获任。三是建立科学的评价机制，促使法官努力更新知识，积累知识。四是要加强专业培训。

2. 以科学而理性的管理机制汲取资源

通过科学管理形成一套科学的管理机制，积累各方面的资源，包括政治、思想、物质资源等。在国外，法官非常珍惜自己的身份，舆论监督的力度非常大，所以不需要太严格的管理机制。但是我国目前还不具备这样的条件。因此，要在注重高度自律的同时，加强管理机制的建设。科学的管理机制包括：一是要建立业绩或者绩效评价机制。必须有科学、理性的评价体系，否则就会使考评出现偏离。通过不断积累和修改，使评价体系不断接近理性、科学。二是要建立错案分析机制以及相应的理性责任追究机制。对于有故意和重大过错的审判人员，应该予以追究责任。一般的过错，也就是说只要是基于公允的立场在裁判，没有徇私枉法故意，不是明显违背法律的规定和一般的常识常理的，不应当追究。三是要建立科学的考核机制。先确定不称职的条件，把当然不称职的列出来，把当然的基本称职条件列出来。要注意制定细致的标准，确定考核的导向。四是要建立激励机制。奖金、晋级晋升要和业绩挂钩。

3. 以优质、高效的司法产品树立权威

案件办得公正、高效，才能树立司法权威。现在行政审判工作的质量和效率的情况不太乐观。行政案件数量占全部案件的比例与上诉率、申诉率、改判发回率、再审率严重失衡。显然，存在行政案件办案质量不高的问题，损害行政审判的权威。行政案件审限短，案件少，按照常理应该效率最高。但是，实际情况是行政审判审理周期最长。这其中固然有干预多、审理难度大等原因，但是，审理质量低、效率低的问题也不容忽视。因此，提高行政审判的质量和效率应当是当前首要工作。应当逐步完善行政审判绩效评价体系，排除干扰、减少干预，改变目前的被动局面。

4. 以开拓创新的精神谋求发展

相较于民事、刑事审判，行政审判是一项新的工作，面临的新情况新问题比较多，矛盾也比较多。仅仅依靠经验很难有效开展工作，必须靠新机制、新举措。近年来，虽然出台了一些新的司法举措，但是，力度仍然不够，新办法仍然不多，这方面也是我们要高度重视的问题。

5. 以积极而富有成效的作为赢得地位

行政审判的地位要靠全体行政审判法官。有为才有位，没有作为就没有地位。要以我们自己的作为和成效去赢得领导的重视，做到案件办理质量高，社会效果好，引起各方关注。

（二）要高度重视司法环境的改善

我国正处于社会主义初级阶段，法治理念也处于初级阶段的水平。因此，要把改善司法环境作为一项重要工作来抓。要实行行政审判工作和司法环境改善工作两手抓。事实表明，司法环境不能改善，审判工作也不能得到积极的评价。世界上各国开展行政审判工作，尤其是初创时期无不艰难。不要把行政审判工作认为是天然的、一帆风顺的。天然弱小的权力要制衡强大的权力，不可能没有困难，必须有高度的政治智慧。要通过切实有效的工作逐步改善司法环境，这是当前行政审判工作最重要的司法政策。改善司法环境主要应处理好以下几个关系：一是既要改善外部的司法环境，更要改善内部的司法环境。首先要搞好内部司法环境，如果不注意改善内部环境，外部环境也不会得到改善。特别是对于案件，内部要形成一致的意见，才能对抗有形或无形的压力和干扰。二是既要改善微观的司法环境同时注意改善宏观的司法环境。改善微观环境主要是在具体案件审理中理顺相关关系。三是既要亲力亲为，同时要动员一切力量加入改善环境的队伍中。

具体来讲，主要是要做好以下工作：一是要善于寻找支撑点。例如，中央特别强调关注民生，这就是很重要的支撑点。另外，党委和政府之间、人大和政府之间存在很多法律上的关系，我们要善于找到其中一些支撑点。二是要善于开发政治资源。在现实生活中政治资源比比皆是，我们要善于挖掘。要通过扎实的工作，巩固行政审判工作的政治和思想基础。三是善于利用我们的政治优势。我们的政治体制是有很大优势的，要善于寻找优势点。党的领导是很大的政治优势，敏感案件要及时向党委政法委汇报，注重发挥其协调作用，实质性化解行政争议。另外，人大及其常委会也是我们的重要政治优势，有很多困难提请人大监督，问题可能就会得到很好的解决。四是要善于寻求共识、凝聚共识。要通过细致的工作尽可能统一看法，逐步说服大家，说服行政机关，说服法院领导。把问题及时向领导提出来，掌握工作主动。五是要善于扩大支持者和同盟军。要主动与被告和上级机关协调沟通，争取赢得更多的理解和支持。六是要善于化消极因素为积极因素，变阻力为动力。要善于排除阻力，善于作矛盾的转化工作。七是要善于营造良好的舆论环境，加大宣传力度。

（三）要高度重视司法自限和自我克制

相较于民事、刑事审判，行政审判工作是一项新的工作，一方面需要我们有一种开拓精神，同时，也希望我们在可能范围内推进我国民主法治建设，尽可能利用法律最大的张力，为行政审判创造一定空间。应当充分利用法律赋予我们的法律资源和法律根据，最大限度地保护行政相对人的合法权益，最大限度地发挥各方面民主政治建设、依法治国、构建法治政府和法治国家的作用。从另一方面看，行政审判也要注意司法自限和自我克制。尤其是，在行政审判权力的扩展和行政审判发展思路方面，要有一个适当的理性空间。特别要注意以下几个方面：

第一，在受案范围上要自限。我国行政诉讼法明确规定属于受案范围的才受理。行政诉讼受案范围必须有法律的明确规定，行政审判要有这种自限。但绝不是说应当收的不收，必须严格遵守法律规定。要继续重视行政案件受理问题，防止有案不收，造成新的行政诉讼告状难。

第二，审查范围方面的受限。行政诉讼法规定，对行政行为是否合法进行审查。这就是要求：合法性审查针对的是具体行政行为，不能审查抽象行政行为，更不能审查法律法规的合法性甚至是合宪性，只能附带审查规章以下的规范性文件，不能直接进行审查。

第三，对案外的行政行为原则上不能审查。但对无效行政行为可以审查。无效的行政行为自始无效、当然无效。如果某个行政行为构成被诉行政行为的基础和前提，当这个行政行为具有重大明显违法情形时，可以直接确认其无效。

第四，在审查程度方面要有所自限。也就是在审查强度、审查深度方面要有所自限。根据我国《行政诉讼法》规定，人民法院对被诉行政行为的合法性进行审查。至于是否合理，自由裁量权运用得是否恰当，法院要尊重行政机关的判断权，不能以自己的判断取代行政机关的判断，原则上不予审查。对于裁量合理性存在一定问题的案件，可以通过调解结案，但对于裁量明显不当的行政行为，法院应当判决撤销。

第五，在裁判方式方面的自我限制。在民事诉讼领域，民事诉讼法没有对人民法院的裁判方式作出限制，人民法院可以作出许多种类的裁判。但是在行政诉讼法中，人民法院的裁判权力受到很大限制：（1）受到诉讼类型的限制。根据《行政诉讼法》的规定，诉讼类型有的是确认诉讼，有的是给付诉讼，有的是撤销诉讼。也就是说，在受理时首先要看是什么诉讼类型，这是一种法律上的限制。（2）司法权和行政权的关系方面的限制。司法要保持适当的谦抑，对行政机关的判断给予必要尊重。比如审慎适用变更判决，司法机关不能以自己的判断直接代替行政机关。（3）要受自身拥有的资源的限制。行政机关有许多资源可以利用，可以有多种替代性的方式做出处理。法院缺乏这样的资源优势，从根本上讲，不能用司法权代替行政权。

需要强调的是，如果我们在开展行政审判工作时，不注意上述问题，工作可能会被动。当然，在司法环境比较好的情况下，相应的工作可以积极一些。从国际范围来看，司法权力在历史上表现得是非常积极的。例如，中国古代的行政官员和司法官员的职能是合二为一的。其他国家和地区，包括欧洲在内的国家都是这样，行政官员和司法官员兼任。近代以来，经过权力分离之后，司法逐渐呈现消极化趋势。最近几十年来，司法逐渐转向积极化方向。特别是美国法官卡多佐，提出了能动司法和积极司法的观念，这是以国家权力配置发生变化为基础的。将来司法发展趋势是逐步地趋向积极，但目前在特殊的历史阶段要适当地注意自我限制，加强司法自律。

（四）要着力实现审判活动的正当性

当前，法治还不太健全。就行政诉讼法而言，许多规定还非常笼统。国外的做法是辅之以判例进行规范和制约。就行政审判工作而言，对于实体法的理解非常复杂，比较困难，也难以操作。但法律如果规定得太简单，司法裁量空间就会大，也意味着滥用自由裁量权的概率就升高，由此可能导致的问题也大。因此，在司法实践中，必须注意实现审判工作的正当性。

1. 正当行使审理权

在行政审判活动中，法院行使审理权除了要有明确的法律依据外，还要注意正当性问题。审理权的行使大多涉及当事人的程序权利，从保障当事人程序权利的角度出发，仅仅有法律根据是不够的，还要求我们行使权力要正当。目前，从申诉案件来看，主要的问题是行使审理权不正当。比如，人民法院要求当事人三日内提交证据。从法律规定来看，有一定的法律依据。但如果当事人三天内不能提供存在正当事由，已申请延长举证期限或请求法院调取证据，结果法院不作答复或者拒绝，这就是典型的不正当行使权力的表现。由此带来大量涉诉上访问题。作为法官，不能简单说我有权力作出处理，这会使行政审理活动中人民群众感受到的程序正义大打折扣，必须反问自己权力行使是否正当，有没有可挑剔的地方。要避免因当事人的程序权利受损而引发申诉上访。

2. 形式正义与实质正义统一

何为形式正义与实质正义？二者通常表现在：一是客观真实与法律真实的关系。过去的诉讼法追求客观真实为唯一的目的。后来，随着审判方式改革，我们引进了一些现代司法理念。但是又容易滑到另一个极端，即认为在审判中不可能发现客观真实，于是把追求法律真实作为唯一目标。这种认识带来诸多问题，当事人对此也不能理解。我们认为，主要的问题在于：（1）诉讼中不可能出现客观真实的说法是错误的。客观真实是第一性的，法律真实是第二性的；如果没有客观真实，就不会有法律真实。（2）不是所有的案件都只能追求法律真实。很多案子是可以恢复其真实情况的。按照辩证唯物主义的理论，事物是无时不在发生变化的。我们追求的事实，是案件的事实，是法定的事实要件，主要的、基本的事实是完全可以恢复的。（3）法律真实只是在特定的缺乏恢复条件的情况下，由证据推演判断的。这确实不是客观真实，而是法律真实，是当事人必须接受的。（4）法律真实必须经过法定程序予以认定。这种法律真实的获得必须由高度的正当性、严密的证据规则，而且所有审判人员都严格按程序办事而产生的法律真实，才可当然被推认为真实，才可作为判案的根据和依据。因此，必须按照证据规则来重新认识客观真实与法律真实的关系。二是实体公正和程序公正的关系。过去我们重实体轻程序。有人认为，中国古代就是重实体轻程序，其实不然，实际上中国古代是非常讲究程序的。例如，以礼治国观念讲的就是程序至上的观念。我们目前许多法律中程序规范很少，这实际上严重影响了其实施。有人认为，程序具有独立的价值，程序公正就当然地被认为实体公正或被推定为实体公正。这种理解也是过于绝对的。不是所有的程序公正都导致实体公正。罗尔斯认为程序正义分为三类：第一种是纯粹的程序正义，即对于程序没有任何标准，无所谓公正与否。第二种是完善的程序正义，即程序设置得非常完整，只要按照具有高度正当性、科学性的程序来办，就必然导致这种结果，比如切蛋糕。第三种不完善的程序正义即判断实体问题存在一个正当性的标准，不管怎么完善正当，结果是无法控制的，可能公正也可能不公正。比如，陪审制，不管设置如何完善，都可能出现判断错误。这就说明程序公正和实体公正之间是有条件的，不是所有的程序公正必然导致实体公正。当然，程序公正达到实体公正的主要条件是：其一，要有实体正当性标准。所有的操作必须以这个标准为导向。实体公正是第一性。其二，程序本身必须具备高度的正当性、科学性、严密性。程序本身必须是与正义观念高度吻合的，且必须按照这个高度正当的程序办事。其三，注重合法性和合理性的问题。两种关系的经典表述就是，合法的不一定合理，合理的不一定合法。合法性标准是一个基本标准，是一个必须坚持的标准，是一个低层次的标准。高层次的标准是不仅合法而且要正当。

3. 实际公正与形象公正的关系

实际公正固然是我们的追求，但是形象公正包括了我们的制度设计、审判形象是否公正等内容。形象公正是实际公正的条件，也是被感知、被理解的公正的重要方面。否则，即使有的案件处理结果很公正，但是当事人仍然很不理解，很难接受。在申诉案件中，经常出现当事人对于庭审形象的质疑的现象。所以，形象公正是非常必要的。

只有同时具备了实际和形象的公正性，审判工作才有生命力，才能真正站得住脚，经得起历史的检验。

（五）努力实现审判效率的最大化

行政审判案件数量少，我们就要有精品意识，注意努力多办一些精品案件。要把案件办得漂亮，在社会上产生非常好的影响，发挥最大的社会效果。行政审判工作的好坏要以给行政审判增加了多少权威、增加了多少公信力，为大局提供了多少法律支持为标准。

如何使效果最大化？（1）要把实现法律效果放在首要位置。这是因为：第一，法律是人民意志的体现，开展行政审判工作就是在实现人民的意志。第二，不能说立法机关立法时完全是无视社会效果来立法的。立法机关也会充分考虑法律效果和社会效果，努力实现两者之间的统一。（2）要注意弥补法律规范的局限性、滞后性和不完善性。法律规范不是个别化的法律规范，而是抽象性的法律规范，不能完全做到因时制宜，因地制宜。法律规定的内容是稳定的，而社会是在不断变化的，要通过司法过程按照一定的规则弥补法律上的空白和漏洞，并消除法律规范之间的冲突，尽可能使法律体系保持内在的统一。（3）要注意统筹兼顾和价值平衡。人类的需求是多元的，价值也会出现冲突。这些价值冲突，诸如自由和平等、隐私权和知情权的冲突，就涉及选择的问题。在行政审判工作中，要注意价值衡量和利益上的衡量。只能在具体场合下具体衡量应当倾向于哪一方面更为合适。（4）力求纠纷的实质性解决。这就是说，审理案件不要有后遗症，要达到无讼的理想状态。主要体现为：第一，双方当事人争议了结，不再发生争议，和好如初。第二，通过案件的处理，树立了一个规则导向。以后不要再发生这种争议，即使发生了，当事人也知道该如何处理。五是要注意修复行政管理关系。近年来，国际上倡行恢复性司法。在行政审判工作中，要注意修复已被破坏的社会关系，特别是行政机关和行政相对人之间的关系。坚决避免“胜诉一阵子，受苦一辈子”。一定要注意不要仅追求结案的结果，要注意修复好行政相对人和行政机关的关系。以上问题得到妥善处理，就会给我们的行政审判工作奠定一个坚实的基础，就会留下一片光明的前景。

第四章
行政审判工作的基本思路

《行政诉讼法》实施以来，人民法院依法履行行政审判职责，坚持司法为民，保障人民群众合法权益的职能作用得到有效发挥；坚持公正廉洁司法，监督行政机关依法行政的重要价值得到普遍认同；坚持服务社会矛盾化解和社会管理创新，推动发展、凝聚人心、促进和谐的工作成效得到积极肯定。同时我们也看到，我国当下所面临的形势，与行政诉讼建立之初市场经济方兴未艾、经济发展任务艰巨的情况已然不同，由此决定了行政审判的工作思路需要因时因势作出必要的调整。当前形势下行政审判的工作思路体现在处理好“六个关系”，树立起“六个观念”中。

一、正确处理公正司法与发展稳定的关系，树立依法办事是第一要求的观念

中央反复强调，“发展是第一要务，稳定是第一责任”。为发展稳定的大局服务是人民法院的工作主题，也是行政审判义不容辞的责任，这是毋庸置疑的，必须进一步坚决贯彻执行。但也必须防止那种把“大局”地方化，把“服务”庸俗化，并以此作为排斥司法监督、拒不纠正违法行政行为的理由。必须看到，脱离了法治的发展和稳定，不可能是全面协调可持续的发展和真正持久的稳定；放弃公正司法的底线，勉强维持违法的行政行为，是一种没有理清眼前利益与长远利益、局部利益与整体利益关系的近视和短期行为。从这个意义上说，把依法办事作为第一要求，是人民法院对发展稳定大局最好的保障和服务，也是行政审判工作全面实现社会主义核心价值的重要体现。还应当看到，建立在规范与和谐基础上的稳定比掩盖矛盾所形成的暂时稳定更有价值。要形成可持续性的稳定，必须坚持依法办事不动摇，在行政审判领域就是坚持公正司法不动摇。消极设防、疲于应付甚至花钱买平安，都是高成本低收益甚至是负收益的行为，不仅限制了行政诉讼制度的发展空间，亵渎了法治，也破坏了社会的基本秩序和公平正义标准。

二、正确处理支持与监督的关系，树立及时有效合法的监督才是最可靠支持的观念

支持行政机关依法行政与监督纠正行政机关的违法行为，是辩证统一的。无论是支持还是监督，目的都在于保证和促进依法行政，只

有确保行政机关依法行使职权，才是人民法院对行政机关最真实、最有力，也是最可靠的支持。应当看到，对应当纠正的违法行政行为不予纠正，无异于助纣为虐或庸医误人；对受到损害的相对人权益不予救助，无异于见死不救甚或谋财害命。有的法院领导和审判人员在办案过程中，对行政违法行为该撤销的不撤销，该确认违法无效的不确认违法无效，看似支持了行政机关，实则是好心帮倒忙，不仅使案件的当事人申诉上访不止，而且使矛盾化解丧失了最佳时机，使解决问题的成本大大增加，使政府形象和司法形象双双受损。处理好支持与监督的关系，要求我们坚决摒弃“让行政机关胜诉就是支持，让行政机关败诉就是添乱”的错误认识，努力做到既敢于监督，又善于监督。既不降低司法审查标准，不姑息和迁就违法行政行为，不迎合或屈服于各种非法干预，又坚决支持行政主体合法合理的行政行为，维护正常的行政管理秩序，维护与全体国民息息相关的公共利益。

三、正确处理维护人民权益与维护公共利益的关系，树立敢于“为民请命”“为国持正”的观念

维护人民权益是党的根本宗旨，也是做好政法工作的目的。要把维护好人民利益作为政法工作的根本出发点和落脚点，着力解决人民最关心、最直接、最现实的问题，为人民安居乐业提供更加有力的法治保障和法律服务。作为一名行政法官要切实维护人民权益，必须对人民群众怀有深厚的感情，必须有无所畏惧、刚正不阿的崇高品质，必须有为民请命、为民理直的爱民情怀，必须有为国持正，舍身护法的正义风骨。与此同时，公共利益涉及不特定多数人利益，也应当依

法予以维护。既不能牺牲个人权利而维护公共利益，也不能为了满足个人利益的需要而置公共利益于不顾。要平衡好个人权益与公共利益的关系，就必须坚守尊重基本人权的法理底线，就必须对公共利益作出准确理解和界定，就必须准确适用价值平衡的利益衡量方法，绝不能因患得患失而退避三舍，绝不能因个人利害“睁一只眼闭一只眼”，绝不能因一己之成败、利害而见难不救，更不能因贪权图贿而泯灭司法良知。

四、正确处理依法纠错与维护裁判权威性的关系，树立依法纠错才能真正赢得人民群众信赖的观念

当前行政审判工作中一个比较突出的问题是上诉率、申诉率和上访率偏高。我国正处于重要的战略机遇期和社会矛盾凸显期，呈现出特有的新旧矛盾、长期性和阶段性矛盾、可预料和难以预料的矛盾相互交织的复杂局面。行政案件的“三高”，就是这种复杂的大环境在行政诉讼领域的集中体现。此外，也有行政诉讼的功能定位及制度设计方面的因素。这些因素是法院自身难以把控的。这是问题的一个方面。另一方面，也不能否认和回避行政审判工作中确实存在的一些问题。上级法院在办理行政申诉上访案件过程中，必须切实履行监督职能，把有错必纠作为一项工作原则坚持好。既要看到权威性是司法的重要属性之一，因为没有权威的裁判，其终局性和严肃性都得不到保证，必然造成终审不终，这是应当极力避免的。同时也要看到，审判是一项主客观相统一的诉讼活动，现行法律制度的不完善，与个案相关或不相关因素的影响，法官司法能力和素质的有限性等等，都直接或间接地决定审判活动的质量与效果，使案件的处理出现瑕疵、不足

或者偏差。正视和纠正这些错误并不会影响裁判的权威，相反，为了维护裁判的权威而遮掩错误，尤其是实体错误的裁判，无异于“抱薪救火”，不仅矛盾得不到消解，而且会使问题变得更加复杂，裁判的权威性更无从谈起。可见，依法纠错是维护司法裁判权威性的必然要求，也是赢得人民群众信赖的唯一选择。要注意克服“纠错不利于维护裁判的权威性、改判不利于维护裁判的既判力”的错误认识，坚持依法纠错的原则，敢于正视和修正错误，避免因讳疾忌医而付出更为沉重的代价。

五、正确处理依法裁判与多渠道救济的关系，树立在不创造违法先例前提下力求从实质上解决行政争议的观念

孔子说：“听讼，吾犹人也，必也使无讼。”审判活动是一种手段，如果不能实质解决行政争议，它的价值就体现不出来。但是，化解矛盾不能不讲方式方法、不依法裁判，否则行政争议永远不会少，上诉率、申诉率、上访率永远降不下来。我们既反对机械地理解和适用法律，也反对随意地变通法律、突破法律和违反法律。离开“依法办事”和“以法律为准绳”谋求行政争议的实质性解决，看似捷径实为歧途，经不起实践、人民和历史的检验。要全面而理性地认识依法裁判与多渠道救济的关系，既要看到依法裁判是了结个案争执、增强规则意识、发挥司法一般示范和社会教育功能最为有效的方法，又要看到多渠道救济是能动回应群众关切和期待、积极贯彻中央惠民利民政策、实践密切联系群众要求的重要举措。要实现行政争议的实质性解决，首要的任务是恢复行政机关与行政相对人的和谐关系，不能使原告因败诉而充满怨气，也不能使原告因“赢一阵子”而“输一辈

子”。其次，必须通过行政诉讼在法律上对所争议事项有一个明确的说法，明断是非。不仅为当事人解决个案争议提供标准，也为社会其他人处理同类问题树立标杆。再次，当争议在法律范围内无法解决而原告的诉求又有合理性的时候，要强化能动司法理念，创造性地开展工作，通过案外工作以及引导、宣传、释明、协调等多种手段，关注和解决行政案件的合理性问题。最后，要避免以创造违法先例为代价平息纠纷，不能在事实上鼓励当事人“小闹小解决、大闹大解决、不闹不解决”，对于原审裁判合法合理、当事人无理缠讼缠访的，绝不能放弃原则、牺牲司法公正去违法迁就。

六、正确处理依法审判与改善司法环境的关系，树立依法审判与改善司法环境并重的观念

行政审判工作的成效如何，与外部的司法环境之间关系极为密切。关起门来办案，仅靠法院单枪匹马，很多工作难以奏效。因此，必须注重司法环境的改善。好的司法环境，要靠我们自身去努力争取，要靠我们自己去创造。当然，好的司法环境绝不是靠拿原则做交易换来的，我们越是拿原则做交易，越是不依法办事，行政审判的外部司法环境就会变得越糟。形成依法裁判的共识基础，要依靠党委统揽全局的政治优势，依靠权力机关的宪法地位，形成规范化的化解行政争议互动联动机制，争取政府和社会各方面的理解与支持；要高度重视涉及维稳、可能引发群体性事件、政治敏感性案件的受理和审判工作，在充分考虑社会稳定和公共利益的同时，严格执行法律、法规规定的受理条件，依法作出裁判，力求法律效果和社会效果的统一；要注意防止审判工作和裁判的片面性，即使是撤销违法行政行为的案

件，裁判中也要充分肯定行政行为中合法、正确的方面；在维护相对人合法权益时，要同时告知其应当履行的义务，把裁判的负面效应降到最低程度。

第五章 行政审判工作的科学发展

我国行政诉讼制度走过了不平凡的历程。但是，一段时间，由于行政审判实践中存在种种困难，使一些同志疑惑行政审判之路到底应当如何走，怎样才能使行政审判工作得以科学发展。敢问路在何方？路在脚下：

一、以维护人民权益作为行政审判工作的重要指导思想

把维护人民权益作为做好行政审判工作的重要指导思想，有如下几方面的考虑：

第一，这是党的宗旨和政法工作目标决定的。必须把维护人民权益的职能落实到基层，把维持社会公平正义作为政法工作的生命线，这是开展行政审判工作的最大力量和精神支柱，也是做好行政审判工

作的最大政治资源。

第二，这是人民法院的人民性所决定的。人民性是人民法院的根本属性，必须坚持以人民为中心的工作方向。如果人民法院不讲人民性，不讲维护人民的权益，行政审判工作就失去了大前提，就会异化变质。

第三，这是行政审判工作的制度目的所决定的。根据《行政诉讼法》的规定，行政审判工作要保护人民合法权益，监督行政机关依法行使职权。这“双重”目的的关系，理论和实务界的认识是基本一致的，即行政诉讼制度的救济功能是主要的，必须加强保护行政相对人的合法权益。

第四，这是人民群众对司法机关、司法机关工作人员新的期待和期望所决定的。在新时代，人民群众对司法机关及其司法工作人员有很多期望，也有很多要求，但最重要的是要求司法机关及其工作人员积极维护他们的权益。如果没有很好的救济制度作保障，任何权益保障都会流于形式。

第五，这是行政审判面临的形势所决定的。当前，行政审判面临的压力较大，应当说也是正常的，因为我们处在特殊的历史阶段，各方面的矛盾比较集中，社会处在转型过程中，法治也正处在一个转型过程中。在这种形势下，如果行政审判不以维护人民权益作为基本点，行政审判工作就会迷失方向。

那么，行政审判工作如何维护人民的权益？当前，有以下几个核心问题亟待解决：

第一，依法受理行政案件的问题。（1）必须保障诉权。依法保护人民群众的诉权。按照法律规定，当事人有权向人民法院提起诉讼，人民法院应当依法受理。但是，实践中有些案件的确比较敏感，受理之后处理有一定的难度，有时法院要承受一些外部压力。对此，法院必须秉持的观点是，凡符合行政诉讼受案条件的，应当予以受理。这是法律的明确规定，不受理就是不履行法定职责，是执法违法。（2）对那些社会敏感度比较高，受理起来处理确实有难度的，可以探索让行政机关先行处理。这也是合法的，因为有成熟的行政复议机制可资利用，争取用行政程序救济相对人的权利。（3）对那些别有用心提起行政诉讼的，根本没有救济权利必要的，一定要慎重对待，加强与党委政法委、权力机关的沟通协调，研究对策，妥善处理。而所谓妥善处理，就是要根据案件的具体情况来具体分析，有针对性地做工作，要细心，不要简单化。

第二，要严格依法办事。在当前审判工作中，行政审判面临的重要问题之一，是被告胜诉的案子比较多，原告上访、申诉不止的比较多，迁就被告一方的裁判比较多。从这“三多”之中，不难看出，行政审判保护行政相对人的合法权益，必须在克服“官官相护”问题上下功夫。

第三，在诉讼程序方面确保当事人双方地位的平等。在行政诉讼中，当事人的法律地位是平等的，但实际却是不对等的，被告拥有行政权力和广大、广泛的社会资源、政治资源和经济资源，原告一方往往势单力薄，往往提起行政诉讼后会承受各方面的压力。如果行政审判采取一种简单、中立的态度来对待，就会使原告一方处于极为不利的地位。对此，有几个重要环节需要特别注意：（1）必须通过释明权的行使确保当事人双方的信息对称，确保他们在对法律知识的了解上处于同等地位，对相关的法律规定得到同等的了解。（2）通过适当的行政诉讼指挥权，甚至是对有些妨碍诉讼行为的制裁，抑制被告对原告采取的一些非法的、不当的挤压措施或者打压措施，确保原告的人身财产安全。（3）在实际案件的处理上，对待双方当事人的态度上要禁止歧视、反对偏见，确实做到同等情况同等对待，不同情况区别对待，而且不同情况的划分选择必须具有正当性和合理性。

二、以实质法治主义作为行政审判工作的重要导向

当前，社会正处于转型之中。放眼世界，法治也处在不断的变化和转型之中，正在从形式法治主义向实质法治主义转型，这是国际大趋势。在前资本主义时代也有法律，行政机关有时也会依法办事、依法行政，但是法律规则权威性不够，更多的是要服从、最终是要服从皇帝和君主的权力，俗话说就是权大于法。资产阶级登上历史舞台后，强调依法行政。因为资产阶级登上历史舞台首先是从议会开始的，议会的主要职责是立法。特别是西方一些资产阶级国家，为了维护资产阶级自身的利益，要求树立法律权威，把法律推崇到极高的地位，强调法律至上，法大于权，法律面前人人平等，不管善法还是恶法，都要严格执行，因为在理论上法律代表绝大多数人民，是为形式法治主义。第二次世界大战结束后，德、日法西斯战犯都用形式法治主义主张来为自己辩护，引发了全世界人民的反思：恶法到底是不是法？恶法到底应不应该执行？法制是否绝对至上？反思的结果是，人们认识到，法律有其局限性，不仅要执行，也要分善恶；法律本身也有标准，不是所有的立法机关制定的规则都叫作法律。只有符合一定政治伦理准则的法律，人们才有服从的义务；只有那些符合人类本性和需求，能够帮助人类管理自己、发展自己、完善自己的法律，人们才能执行。于是，在世界范围内，出现了由形式法治主义向实质法治主义转型的趋势。

我国是一个后起的法治国家，建立社会主义法治国家时间并不长，从十一届三中全会开始起算不过几十年。在转型过程中，立法机关在制定法律时，不仅要考虑“昨天”，还要考虑“今天”和“明天”，这“三天”的情况又极不相同，只能求最大公约数。另一个不容忽视的情况是，我国地大物博，人口众多，民族也比较多，东西部发展不平衡，各地经济社会发展差异大。如果都用同一个法律来调整，必然会出现地域的不适应性，从而暴露出法律的缺陷。所以法律不可能是一成不变、放之四海而皆准的。建设社会主义法治国家，一方面要坚持依法行政、依法办事，一方面必须追求良好的法律效果。当前，执法者可能会受到来自社会各方面、各角度的指责和批评：不依法办事、机械主义、教条主义……上述现实要求我们必须秉持实质法治主义的理念，具体理由如下：（1）实质法治主义是世界法治的基本走向；（2）实质法治主义强调的是形式正义和实质正义的统一，是比擅断主义和形式法治主义更优越、更科学的主义；（3）实质法治主义更加符合中国目前的实际；（4）我国地域差异巨大，整个社会处在变动、改革之中，因此实质法治主义更加符合中国的现状；（5）实质法治主义追求实现社会效果和法律效果的统一。

如何坚持实质法治主义？实质法治主义有哪些特点？第一，实质法治主义既强调实质正义也关注形式正义，是实质正义和形式正义的统一。实质法治主义以讲规则、讲规律为特征。实质法治主义之下，规则是否得以实行取决于该规则中正义的含量，以及是否符合我们的核心价值观。并非恶法和善法都无一例外的执行，而是主张执行善法，将恶法阻却于实施过程之外。简言之，实质法治主义既强调形式正义也强调实质正义；第二，实质法治主义既关注实体公正又关注程序公正，是实体公正和程序公正的统一；第三，实质法治主义既关注法律的安定性、稳定性、连续性、统一性，同时兼顾法律的灵活性和实施效果；第四，实质法治主义既关注法律的严肃性、权威性，同时又关注法律的可接受性，即百姓、大众的接受程度。

行政审判工作中，应当从如下方面贯彻实质法治主义的路线：

第一，在法律渊源问题上，坚持实质法治主义，应当适当扩大法律渊源，承认包括规章甚至规章以下的合法有效的规范性文件的效力，承认法律原则的效力。形式法治主义昔日只承认最高立法机关制订的法律，不承认其他法律渊源，也不承认行政机关有立法权。但随后，形式法治主义的法律渊源通过委任立法、委托立法等多种形式逐步扩大。我们在审判当中也应当有限地扩大法律渊源。

第二，在法律适用问题上，坚持实质法治主义，必须承认法官在行政审判过程享有法律规范的适用权和选择适用权。尤其是层级较低的，如规章以下的规范性文件的选择适用，应当遵循一定的标准和原则。当法律之间发生冲突的时候，我们也必须进行选择，而不可能把发生冲突的法律规范都运用到判决书之中。我们对法律规范虽然不享有审查权，但享有辨别权和选择适用权。

第三，在司法审查强度问题上，坚持实质法治主义，就是要加大对行政机关自由裁量权的监督力度。在形式法治主义时期，行政机关的行为只要在法律规范内就应当予以承认，因为法院要保持高度的克制和自限。而在实质法治主义时代，不论是大陆法系还是英美法系都加强了对自由裁量权的监控。对此，相当多的国家不敢承认，但我们要敢于承认对自由裁量权的监控。如果不对行政机关的自由裁量权进行审查，就无法知晓行政机关是否滥用职权。对自由裁量权进行审查是我国选择的审判路线明确确立的规则。一般情况下对行政机关的自由裁量予以尊重，但若发现自由裁量权被滥用时，法院可以撤销行政行为。这就是实质法治主义对自由裁量权的监督。

第四，实质法治主义要求通过行政诉讼使行政争议得到实质性的解决，而非简单的维持或者撤销。我国《行政诉讼法》已经将“解决行政争议”作为立法目的之一。这在形式法治主义之下是难以实现的，只有坚持实质法治主义才能做得到。在行政审判实践中，应当积极运用《行政诉讼法》已有的规范，并努力创新工作机制，切实实质性化解行政争议。

三、以谋求行政纠纷的实质性解决作为行政审判工作的重要目标

近年来，最高人民法院始终着力建立新的行政审判机制。新的行政审判机制的核心内涵，就是要谋求行政争议的实质性解决。之所以要坚持把实质性解决作为行政审判工作的重要目标，主要基于以下几方面考虑：

第一，行政争议的实质性解决符合行政审判的根本目标。行政审判集权益保护、行政争议解决和监督行政机关依法行使行政职权三个目标于一身。行政争议的实质性解决恰恰可以使三个目标都得以兼顾，这是另外两个目标所不能达到的效果。

第二，寻求行政争议的实质性解决符合中华民族的法律文化传统。通过当事人之间争议的解决，树立了标杆性的规则，使当事人按照法院已经树立的规则来规范自己的行为、解决已有的争议，从而使此类争议不再发生，社会整体和谐得以实现。这与中国诉讼文化、法律文化传统是相统一的。

第三，寻求行政纠纷的实质性解决，本质上就是要实现案结事

了，真正保护人民权益，监督行政机关的行政行为。如果行政案件当事人的权利未能得到保护，行政机关未能受到监督，行政行为未能得到制约，社会未能受到教育，行政审判权威就难以树立起来。

第四，把谋求行政纠纷的实质性解决作为目标，有利于减少行政案件的申诉和上访。行政案件在我国法院全部案件中所占的比重很小，但行政案件的申诉量占所有案件申诉数量，甚至超过刑事案件和执行案件的申诉数量。这应当引起高度重视。

近年来，最高人民法院一直在努力解决行政案件申诉上访问题。解决该问题需要注意以下几点：

第一，行政争议未必都以法院解决为最佳方案。行政机关若能通过行政程序自行解决，不失为一个很好的办法。部分法院缺少资源或不具备优势处理某些案件，可以要求行政机关先行处理，尽力协调、帮助行政机关处理纠纷。但此种做法是有条件的，并非任何案件都可以采用这种办法。如果行政机关仍不能妥善处理，应当依法受理、责无旁贷。

第二，司法实践证明调解是处理某些行政案件可行的路径，《行政诉讼法》已规定部分行政案件适用调解。《行政诉讼法》制定之初，考虑到行政机关的优势地位和公共职权性，处分余地有限，故不适用调解。但一方面行政机关的优势地位在诉讼中可通过法院的主持加以避免；另一方面，行政机关的权力尽管是公共职权，因享有自由裁量权而具有处分余地。不仅有判断余地，还有替换其他资源解决冲突的可能性。因此，有些行政案件通过调解，做到案结事了，社会效果良好，受到立法机关的充分认可和各方面的赞同。

第三，求得行政争议的实质性解决，要注意选择、优化裁判方式。对行政案件，可以通过撤销、变更或撤销重做等裁判方式的选择进行优化处理。

第四，求得行政争议的实质性解决，要求在诉讼过程中充分利用政治优势，借助党领导、统筹全局的优势，借用人大的制度优势来排除干扰和不利影响，建构行政审判的共识。

第五，在处理案件时，若法律本身无法真正解决冲突，可以考虑利用法律之外的资源，如社会资源、行政机关的其他资源来解决争议，多做案外工作，切实解决当事人的问题，化解矛盾，减少冲突，最终达到双方当事人的和解。

四、以提高司法审判的公信力和权威性作为行政审判工作的重要战略

行政审判面临的最大挑战，是行政审判的权威性和公信力不足。对行政相对人而言，如果权利得不到救济就会对行政审判失去信心，或至少信心不足。对行政机关而言，行政机关往往因其优势地位而轻视司法审判。因此，行政审判应当具有权威性。

在这个特殊历史时期，必须将提高司法审查的公信力和权威性作为重要战略。理由如下：第一，行政审判的公信力和权威性是宪法和法律权威的重要保证。行政审判归根到底是要维护法律的权威性。如果行政审判本身没有权威，法律的权威就无从谈起。第二，审判的公信力和权威性是人民法院工作和存在的基本依托，无此依托，法院将难以立足；第三，审判的公信力和权威性是完成行政审判职责和任务的重要条件；第四，司法审查的公信力和权威性是司法审查发展的基本前提。

树立司法审查的公信力和权威性应当注意以下问题：

第一，在世界范围内，法治从形式法治向实质法治过渡转型的过程中，要重构法律的权威。形式法治主义时期，恶法也要执行，导致法律权威的贬损。在实质法治主义背景下，如何重构法治的权威，怎样重新树立法治的权威？要通过立法完善法律程序，建立良好的法律过滤机制来加以解决。当法律规范未被过滤掉，有权机关未宣布其无效或不得适用时，任何人都必须承认其公定力和约束力并严格遵守，这就是重新建构对法律的信心和权威。

第二，要让全社会重新树立对法治的信心，要正确处理好发展、稳定与依法办事的关系。在当前转型时期，行政审判遇到的最大问题就是，只要一讲法治，一讲行政审判，一讲合法性，有人就谈发展是第一要务，稳定是第一责任。虽然发展是第一要务，稳定是第一责任，但依法办事是第一要求，同样处在第一的位置。所以依法办事作为第一要求，就可以使各种价值保持平衡，注重发展、稳定的价值的同时，也要注重依法办事的价值。

第三，在全社会树立理性看待法律公平、理性看待法律功能和作用的观念。在宣传、构建法治时，毫无疑问应当重视法治的优越性，否则难以树立法治的权威性。但是，同任何事物一样，法律也有缺陷和局限性。作为法官，必须理性看待法治的权威性，既要看到法治的优越性和长处，同时，又要清楚、冷静地认识到其局限性，通过审判工作弥补法律的局限性和不足。

第四，行政审判应当始终坚持合法性审查原则。坚持合法性审查原则不动摇，就是要把合法性作为人民法院开展行政审判工作的核心标准。没有合法性审查标准，人民法院行政审判就会丧失安身立命之所，行政审判的生存空间将不复存在。

第五，树立司法公信力和权威性就是要采取坚决措施确保行政裁判得以执行。如果法院裁判得不到执行，那么，法院最终的权威性就会损失殆尽。必须长期关注裁判执行的情况，与执行部门加强协调，确保裁判得到执行。

五、以行政诉讼类型化作为完善行政诉讼的重要课题

众所周知，行政争议类型繁多，因此，行政诉讼案件也有很多类型。但《行政诉讼法》并未对不同类型的案件审理方式、裁判方式以及执行方式作出具体规定，原因在于：首先，《行政诉讼法》制定之初经验不足，受理范围较窄，案件类型较单一；其次，立法者过多地考虑了行政相对人不知法、不懂法的情况，尽可能使规定相对简单，完全的类型化必然使法律规定较为复杂；第三，《行政诉讼法》内容较为简单，对各种诉讼类型作出规定比较困难。在行政审判实践发展过程中，案件类型越来越多，且每种案件从案件受理、审理、裁判到执行，都有其特殊性，需要加以规范。这些问题在行政诉讼领域称之为行政诉讼的类型化。我国行政诉讼类型化不足，极大地影响了司法审查的质量和水平，以及行政审判的法律效果和社会效果。

行政审判的科学发展中一个很重要的问题和一个很重要的方向就是，要通过行政审判的积累和经验的不断总结，通过司法解释和《行政诉讼法》的修订，逐步推进行政诉讼的类型化。类型化的行政诉讼大致有如下几种：

第一，撤销诉讼。当事人要求法院撤销行政机关的行政行为，称之为撤销诉讼。撤销诉讼的数量较多，有其独立的属性特征，行政行为必须具有可诉性，且当事人与其有利害关系。撤销诉讼原则上要求行政机关承担全部举证责任；行政机关处于正方的位置，而原告处于

反方；撤销诉讼使用的判决只能是撤销判决，且可能附带赔偿。

第二，确认之诉。确认之诉是当事人要求法院确认被诉的行政行为违法或无效或不成立的诉讼。确认之诉的受理条件与撤销之诉的受理条件不完全一样，责任也不同。在举证责任方面，确认之诉的审理往往需根据争议的性质在个案中加以确定。确认之诉的裁判方式只能是确认判决，而不能用撤销判决。

第三，给付之诉。分为一般给付之诉和特殊给付之诉。一般给付之诉是当事人要求法院判决行政机关作出除行政行为以外的其他各种行为的诉讼，通常被称为行政不作为诉讼。该诉讼的受理并不存在行政行为，显然与行政行为存在情况下的受理条件不同，当事人的主体资格判断标准也不一样。在此过程中，审理客体也不相同，举证责任原则上是由原告一方承担；诉讼格局是原告作为正方，被告通常作为反方；裁判方式是给付判决，即要求行政机关在一定的期限内为某种行为。特殊给付诉讼是行政相对人要求行政机关作出特殊、特定、对其有利的行为。原告在诉讼中要承担更多的举证责任，审查内容、审查方式也有差异。

总而言之，行政诉讼类型化是行政诉讼走向科学化、专业化、精细化的基本路径。

六、以加大对行政不作为的监督力度作为行政审判的重要增长点

在行政不作为案件的审理方面，行政审判具有很大的发展空间。应当将行政不作为案件的审理作为行政审判工作的突破点和增长点。理由如下：

第一，当法院要撤销一个作为的行政行为时，行政机关往往以撤

销不利于维护社会治理为由提出异议。但如果将焦点放在不作为的监督上，着眼于加强行政管理和社会秩序的维护，行政审判面临的压力会小得多，受到干预的程度也将大大降低。

第二，党中央国务院提出构建服务型政府的要求，与法院加强对行政不作为的监督完全吻合。随着社会主要矛盾发生变化，人民群众和社会普遍要求行政机关更多的作为。因此，对行政不作为的监督是符合服务型政府构建的趋势的。

第三，从积极行政法的新行政法理念来看，从实质法治主义的行政法来看，昔日行政法的功能主要放在“控权”之上。实际上，行政法的首要功能是使行政机关为人民提供自由和安全的保障，保护人民权益，主动地为人民提供福利，创造福利，完成个人无法完成的使命。行政法的第二功能是通过行政权的行使，实现对社会有效的管理。在政府提供服务和对社会进行管理的过程中，可能会出现权力的滥用问题，因此，行政法必须对行政权进行有效的监控。从公共权力形成、运作的实际逻辑来看，行政法上控权占据比较重要的位置，行政权拥有几乎全社会的资源，一旦出现滥用，会对社会造成灾难性的影响。但不能将行政法的全部关注点都放在控权上，应当使行政权造福社会，既鼓励其积极面，又抑制其消极面，才是行政法的应有之义。

就行政审判而言，行政不作为在全社会受到普遍关注，不少案件反映的是不作为问题。当对行政机关的监督力度加大时，不少行政机关由于行政权力受到监督而不再积极作为或怠于作为。将不作为的监督作为行政审判的增长点既有必要性又有可行性。具体做法如下：

第一，充分利用《行政诉讼法》的既有规定，加大对行政不作为案件的受理，扩大不作为案件的受理范围。《行政诉讼法》中关于不履行法定职责的规定为不作为案件成为行政审判的增长点提供了空间和契机。（1）从行政诉讼法的受案范围看，现有法律规定为不作为案件留有空间；（2）法定职责可以做广义的理解和解释。法定职责并不一定是只能由法律加以规定的职责，不仅可由行政机关承诺而产生，也可由行政机关与相对人的合同而产生，还可由行政机关的先前行为而产生。因此，法定职责的概念在解释上的发展趋势逐步等同于行政义务概念。

第二，对于不作为问题，需要进行深入、细致的研究。在何种情况下行政机关应当作为？在何种情况下相对人拥有请求权？其中的问题非常复杂。任何行政机关的作为都必须有行政资源作为支撑，因此，需要考虑维护每一个纳税人的利益，满足一些特殊人群的特殊请求。行政机关承担义务存在界限问题，需要认真地进行系统化研究。

第三，不作为的赔偿问题异常复杂，仍需认真加以研究。尽管现行《国家赔偿法》对不作为的赔偿问题未进行明确的规定，但全国人大法工委在答记者问时已表明了态度，即不作为可以赔偿，不作为造成行政相对人损失的，行政相对人有权请求赔偿。

七、以研究法律适用技术作为提高行政审判法官水平和素质的重要途径

第一，法律适用技术是法院工作的基本技术。长期以来，由于昔日的法律规范相对简单，案件也较为简单，加之法律法规数量较少，发生冲突的几率不高，因此，人民法院对法律适用问题缺乏足够的重视。

第二，法律适用技术是一门复杂的技术。近年来，案件复杂程度

越来越高，法律规范越来越多，规范冲突的情况越来越多，规范的抽象性越来越强，因此，要求法院必须高度重视法律规范适用的技术。过去，司法审判的重点不是审理案件，也不是适用法律，而更多地把注意力放在事实的认定之上。但现在，相当一些案件的法律适用极具难度，要求法官素质和水平的极大提升。研究法律适用技术问题，必须作为一个重要的问题被提上议事日程。法律适用技术是法院工作的基本特色和基本技能，是复杂的、系统的体系，具有丰富的理论。

第三，法律适用技术直接涉及司法的法律效果和社会效果。案件处理得好与不好，事实上根源于适用法律的技术和解释运用法律的水平高低。

第四，法律适用问题对我国而言还属薄弱环节。因此，必须高度重视把对法律适用技术的学习作为提高行政审判法官素质的重要途径。

作为行政法官，应当从如下方面培养法律适用的全方位技术：

第一，必须懂得如何选择对本案有效的法律规范。不同的法律规范适用于不同的案件，不同的案件由不同的法律规范来调整。案件应由哪部法律规范来调整，属于选择技术问题。

第二，必须能够合理、准确、恰当地解释法律规范。适用法律规范的前提是理解法律规范。解释法律规范必须懂得法律解释规则。每一种解释方法都有特殊的规则，而各种方法的结合也有其特别的解释。

第三，必须掌握处理各种冲突规范中如何选择适用法律规范的技术。法律规范可能有很多，也可能存在冲突，冲突规范之间如何适用有很多原则。如上位法优于下位法，特别法优于普通法，主观法优于非主观法，这些是最基本的规则。但事实上每一个原则都有例外，法官不仅仅应当知道规则，还要知道其例外和特殊规则。

第四，必须懂得填补法律规范漏洞的技术。目前很多法律规范存在很多漏洞，对某些社会行为没有规范。但根据基本法理，法院不能因为没有规范而拒绝裁判，因此，法官必须掌握填补法律规范漏洞的技术。但法官填补法律漏洞是受到限制的，某些漏洞可以填补，某些则不可填补。如涉及处罚法定等问题是不可填补的。

第五，必须学会价值衡量和利益衡量技术。对部分案件中的价值冲突、权利冲突必须考虑众多因素。如在处理信息公开案件中，如何处理公民的知情权和国家安全、隐私权之间的冲突，如何平衡价值、权利，孰轻孰重、位次如何。还有的案件涉及集团之间、社会群体之间各方利益的平衡。深入处理好利益分配问题，要求法院进行利益衡量和权衡。

第六，必须学会法律的推理和法律适用的特殊逻辑规则。法律适用是一个逻辑过程，违反其逻辑和规则，就会走向谬误。法律适用中，还应当正确的利用法律作为裁判根据的技术和利用法律规范表达裁判根据的技术。

八、以改善司法环境作为行政审判工作发展的重要任务

致力于改善司法环境是近年来法院工作中反复强调的问题。理由如下：

其一，根据辩证唯物主义原理，外因根据内因起作用，但是在特定条件下，外因在某些特殊情况下可能成为主要矛盾，是发展的必不可少的条件，需要认真对待。

其二，司法环境问题在中国具有特殊性，因为中国有几千年的封

建传统，法治的理念始终没有深入人心，形式法治主义的理念仅仅在较短的时间内曾经受到重视。西方践行实质法治主义是以几百年的形式法治主义作为根基的，虽然看似矛盾但互为条件。在没有足够的形式法治主义积淀的前提下，推行实质法治主义非常困难。没有形式法治主义的基础，实质法治主义非常容易导向擅断主义。在这种特殊的情况下，必须重视司法环境的改善。

其三，司法环境在当前已经成为制约行政审判发展的一个重要瓶颈。司法环境不如人意的感受相当普遍，该撤销的不敢撤销，该确认违法的不敢确认违法，该判决赔偿的不敢判决赔偿。

其四，改善行政审判的司法环境必须立足法院自身，不能完全倚仗外部条件。法院和行政法官是司法环境改善的最大受益者，可以借助的帮助非常有限，只有依靠法院和法官自己。

一直以来，最高人民法院始终坚持“一手抓审判一手抓环境”。改善司法环境应当从以下方面做起：

第一，最根本的原则是必须坚持依法办事，坚持严格的合法性审查标准。全国有些地方法院的经验表明，该原则坚持的越好，当地的司法环境越好；行政案件受理越多的地方，司法环境反而越好。那些行政案件数量越少的地方，司法环境越不好。这充分说明法院必须坚持依法办事的底线。

第二，改善司法环境必须注重法律效果和社会效果的统一。如果裁判的效果不好，就会产生巨大的负面影响，进而形成对行政审判的一种反作用力。

第三，务必增强行政审判的积极因素，增进积极力量，致力于形成更多的行政共识。法院必须善于利用政治优势，善于利用现成的政治架构，善于利用现成的政治体制。在我国，对行政权力，不仅有权力机关的制约，还有党委的制约。党委和权力机关实际上是法院可获得的重要的支持力量，关键是如何积极主动地去争取这个力量。

第四，善于利用总结一些好的经验和做法。在很大程度上，绝大多数领导希望通过行政案件来加强对其下属的管理。行政机关作出违法行政行为不愿意纠正，是因为涉及自身利益。行政机关往往利用信息不对称来实现对其违法行为的保全。法院应当注意加强沟通协调，打破信息不对称，消除障碍，争取支持。

第五，应当善于通过建立长效机制来改善司法环境。如行政审判白皮书制度，就是从法国行政法院的机制中得到的启发。法国行政法院是行政机关的一个内部机构，法院院长就是法国总理，其独立性较为低下。但是为什么法国能做得很好，法国行政法院的秘密武器在于其每年向总理递交的一个报告，其中可以力陈行政机关的问题与弊病。我国法院借鉴推行后，取得了非常好的效果。行政审判白皮书制度已成为推进依法行政、加强司法监督的长效机制。还有许多地方着力建立依法行政考评机制，法院积极参与依法行政评价机制，也产生了很好的效果。

第六章
行政审判工作与全面依法治国

党的十八大以来，我国加快推进全面依法治国进程。党的十八届三中、四中全会提出，坚持依法治国、依法执政、依法行政共同推进，坚持法治国家、法治政府、法治社会一体建设。党的十九大进一步提出“到2035年，法治国家、法治政府和法治社会基本建成”的新目标。行政审判是中国特色社会主义法治体系的重要组成部分，是保护人民群众合法权益，推动法治国家、法治政府和法治社会基本建成的重要力量，也是巩固党的执政地位，实现国家治理体系和治理能力现代化的重要保障。

一、当前人民法院行政审判工作的基本情况

《行政诉讼法》自1990年实施以来，已走过近30个春秋。我国

行政诉讼制度也经历了从无到有、不断发展、逐步完善的历程。党的十八大提出“全面推进依法治国，加快建设社会主义法治国家”目标后，在以习近平同志为核心的党中央坚强领导下，在最高人民法院党组的直接领导下，通过各级人民法院的不懈努力，行政审判工作有了长足发展。

（一）行政案件收案情况

行政案件包括“民告官”的诉讼案件和行政机关申请法院强制执行的非诉案件。过去，全国法院每年受理一审行政诉讼案件长期徘徊于 10 万件左右，非诉案件在 15 万件左右。党的十八大以来，全面依法治国深入推进，行政案件数量快速增长。据统计，2013 年全国法院受理一审行政诉讼案件 12.3 万件，2014 年 14.2 万件，2014 年修改后的行政诉讼法全面实施后达到 22 万件，2016 年创历史新高为 22.5 万件，2017 年再创新高为 23.9 万件，2018 年则为 25.1 万件；受理的行政非诉案件自 2013 年以来年均约 19 万件，2017 年受理行政非诉案件 25.4 万件。因行政诉讼管辖制度改革，最高人民法院和高级人民法院行政案件上升幅度较大，以最高人民法院行政庭为例（不含立案庭及巡回法庭），2014 年为 396 件，2015 年上升为 911 件，2016 年超过 3000 件，创造了自 1988 年最高人民法院行政庭成立以来的最高历史纪录。行政案件的快速增长，一方面，反映了 2014 年《行政诉讼法》和立案登记制改革取得了显著成果；另一方面，也说明人民群众越来越多地选择理性维权，主动放弃非正常上访或以极端的行为寻求救济的方式，对于形成全民守法的法治氛围具有重要意义。

（二）行政案件类型情况

人民群众司法需求日趋多元，行政案件类型呈现多样化。从原因上分析，行政案件可分为三类：一是公民、法人和其他组织起诉行政机关违法实施行政行为、侵害其合法权益的案件。此类传统行政案件约占一审行政案件的76%，涉及行政管理的领域广、行政行为的种类多。如2016年涉及行政处罚比率为8.8%、行政许可比率为1.2%、行政裁决比率为5.2%、行政强制比率为7.7%；涉及城市建设的约占32%，农村集体土地征收的约占18%，工伤认定和社会保障的约占6%，国有资源及环境保护的约占3%。与上述领域相关的政府信息公开案件比率约占8%。这些案件绝大多数与民生基本权益保护直接相关，当事人起诉意愿强，处理不慎容易引发群体性纠纷。二是公民、法人和其他组织起诉要求行政机关履行法定职责的案件。此类案件又称为行政不作为案，近几年其数量总体呈上升趋势。占比从2013年的9.4%已升至2016年近20%。在不作为案件中，因土地征收、房屋拆迁引发的案件占70%以上，其中涉及相关政府信息公开的又占近三分之一，反映出该领域矛盾纠纷相对集中。三是因行政协议的效力及履行等引发的行政诉讼案件。又称为行政合同案件，主要涉及行政机关与公民、法人和其他组织签订的具有行政法上权利义务内容的协议所引发的纠纷。这是2015年5月1日《行政诉讼法》实施后纳入行政诉讼的新类型案件，目前在全部一审行政案件中占比不高，仅为4%左右。但是，随着配套规则的进一步完善，实践中房屋土地征收补偿协议、特许经营协议、公私合作（PPP）协议以及其他行政协议纠纷日益增多，将逐步成为今后行政案件的主要类型之一。

（三）行政案件处理情况

人民法院依法审理行政案件，坚持依法裁判和协调化解相结合。近两年，通过实体判决（如判决确认违法、撤销、变更等）行政机关败诉的比率较2014年《行政诉讼法》实施前有所上升，2013年为8.6%，2014年为12.7%，2015年为14.68%，2016年为14.62%。2015年新法实施当年达到峰值，2016年略有下降。其中，涉及具体部门的败诉率最高达39.91%，最低为2.56%。2017年，全国法院一审行政案件行政机关败诉率继续下降至12.93%。另外，在行政非诉案件中，人民法院作出不准予执行裁定的比例从2013年的14.4%上升到2016年的18.2%。与此同时，各级人民法院在查清事实、分清是非、合法自愿的前提下，依法开展调解和解工作，促进行政争议实质性化解，使一大批行政争议得以妥善化解。2010年至2014年的5年间，全国法院以撤诉方式审结一审行政案件27.7万件，占全部一审行政案件的30.23%。2014年《行政诉讼法》实施后，全国法院一审行政案件撤诉的比例虽有所下降，但仍在高位运行，2015年为21.35%，2016年为19.65%，2017年为21.23%，占全部一审行政案件的五分之一。

（四）行政行为合法性审查情况

随着法治政府建设的有力推进，各地政府涉诉行政行为的合法比率逐年增高，违法情形有所减少，但显现出“五少五不少”的变化特点：第一，严重违法的情形少了，但一般违法特别是程序违法、程序瑕疵的占比依然不少。第二，超越职权的情形少了，但滥用职权、明显不当的情形依然不少。主要原因之一是各地根据中央要求都在厘定权力清单、规范用权界限，但在法定职权范围内不当行使职权的情形仍然较多。第三，作为的行政行为被确认违法的少了，但不作为、不履责情形的占比依然不少。第四，在行政不作为案件中，属于明显不履行法定职责的情形少了，但不完全履行、不按期履行、不适当履行法定职责的情形依然不少。第五，不适用法律规范的情形少了，但适用法律规范不准确的情形依然不少。上述问题的解决需要人民法院与行政机关共同面对、不断研究、合力化解。

二、继续发挥行政审判促进法治建设的重要作用

党的十八大、十九大把法治中国建设提到了新的高度，也为人民法院行政审判工作提供了前所未有的发展机遇和重要动力。人民法院要准确把握党的十九大关于全面推进依法治国的精神实质，坚持问题导向，破解行政审判中遇到的难题，扎扎实实推进执法办案和行政审判体制机制改革实现新跨越、迈上新台阶。

（一）既注重保护当事人诉权，也注重解决滥诉问题

一方面，人民法院要坚决贯彻党中央关于将立案审查制改为立案登记制的要求，继续巩固“立案难”问题得到基本解决的改革成果；另一方面，对于个别当事人不理解、故意曲解立案登记制的法律含义，不当行使诉权甚至滥用诉权的情形，依法予以引导和规制。2017年9月，最高人民法院印发了《最高人民法院关于进一步保护和规范当事人依法行使行政诉权的若干意见》(以下简称《意见》)。《意见》提出，要坚定不移地推进立案登记制，对于依法应当受理的案件坚持有案必立、有诉必理；对于那些不符合法定起诉条件、明显没有诉讼利益以及以滋扰行政机关为目的，反复提起大量行政诉讼的行为依法给予规制，引导当事人合理表达诉求，避免司法资源、行政资源的浪

费。《意见》印发后，得到了社会各界的普遍认可，主流媒体给予持续好评、行政机关给予高度评价。

（二）既注重行政行为的合法性审查，也注重实质化解争议

一方面，人民法院要始终坚守法律底线，坚持严格司法，切实履行监督行政权依法行使的审判职责，对于行政机关的违法行为予以纠正、对于不规范行为予以指引，保护人民群众合法权益，促进行政机关依法行政，推动法治政府建设。以 2015 年为例，全国法院一审行政案件判决行政机关总体败诉的比例为 14.68%，特别是以判决方式结案的一审行政案件中，行政机关败诉率为 33.45%，比 2014 年 28.79% 的判决败诉率高出近 5 个百分点；另一方面，继续重视行政案件调解和解工作，坚持实质性化解争议，提倡发挥法官的能动性、创新性，防止就案办案、机械司法，积极拓宽多元化解纠纷机制，力求“案结事了人和”。在调解、和解过程中，一些行政机关积极与当事人协商沟通，主动纠正违法行政行为，争取当事人的理解认同。行政机关依法行政、积极化解行政争议的意识和能力进一步提升。此外，继续拓宽人大代表、政协委员的监督渠道，发挥人民陪审员参审职能，完善特邀咨询员、监督员制度等举措，促进行政争议的实质性化解，推动“官”民关系和谐稳定。

（三）既注重提高行政审判质效，也注重助推法治政府建设

一方面，人民法院多年来自觉将履行行政审判职能与服务党和国家中心工作紧密结合起来，通过依法审理行政案件，确保宪法法律统一实施，确保中央政令畅通，起到了“审理一案，规范一片”的良好效果。如依法审结鲁潍（福建）盐业进出口有限公司苏州分公司

诉苏州市盐务管理局盐业行政处罚案、卢红等204人诉杭州市萧山区环境保护局环境影响报告书审查同意案、辽宁依生生物制药有限公司诉国家食品药品监督管理总局拖延履行职责案、中华环保联合会诉贵州省修文县环境保护局公开环境信息案等重大案件，为规范市场监管格局、加强环境保护、规范行政许可和审批、促使行政机关依法履职、推进透明政府建设等方面发挥强有力的司法保障；另一方面，围绕《法治政府建设实施纲要（2015~2020）》确立的法治政府建设目标，人民法院要积极支持行政执法体制机制的改革和完善，认真审查相关改革事项是否符合正当法律程序，认真把握依法审查是否影响行政执法体制改革效率。主动适应政府职能转变的新形势，不断加强对超越职权、滥用职权等违法行政行为的监督力度，不断加强对应当履行法定职责而不履行、应当作为而不作为的渎职失职行为的监督力度。大力促进行政审批改革，规范行政裁量基准和行政执法程序，推进公共服务优化和规范文件审查，监督落实权力清单、责任清单和负面清单，加快推进法治政府建设进程，为法治政府如期建成提供有力支持。

（四）既注重依法独立公正审判，也注重服务党和国家大局

人民法院依法独立公正行使审判权，既是一项宪法原则，也是全面推进依法治国、实现国家治理体系和治理能力现代化的根本要求和保障。维护国家法制统一、尊严、权威，全面落实司法责任制，让审理者裁判、让裁判者负责，防止任何不当干预，是党中央深化司法改革的明确要求。但与此同时，行政机关与人民法院在依法治国进程中肩负着的共同责任。依法开展司法与行政之间的良性互动，听取彼此意见建议，对于提高司法和行政执法水平意义重大。人民法院要继续

通过定期发布行政审判白皮书、向行政机关提出司法建议等多种形式，积极延伸行政审判功能，促进行政机关提高依法行政意识、规范执法水平和治理社会能力；另一方面，继续加强人民法院与行政机关之间合法正当的沟通与协调，积极与政府之间建立起定期府院联席会议制度。通过定期召开会议，学习贯彻法律规定、明确法律适用标准、研究解决法律难题，充分发挥合力预防和化解行政争议的优势作用，共同创造更加公平公正的法治环境。2017 年 3 月，最高人民法院行政庭组织召开听取中央国家机关法制部门意见建议座谈会，同年 10 月，又与国务院法制办共同举办“加强行政审判工作，助力法治政府建设”座谈会，取得了良好效果；同时，派员参加有关部委的行政立法征求意见座谈会和专题座谈会，促进彼此间的沟通交流。

（五）既注重解决行政争议，也注重履行法治宣传职责

按照党中央有关实行国家机关“谁执法谁普法”的普法责任制要求，人民法院作为普法责任主体之一，责无旁贷。行政审判面对行政机关和社会公众，在普法方面有着自身特色与优势。一方面，审理行政案件是明辨是非、定分止争的过程，也是增强法律意识、普及法律知识、树立法治权威、彰显法治力量的过程；另一方面，借助办理案件传播社会主义法治文化，弘扬宪法法律至上，法律面前人人平等的法治理念，对于促进法治国家、法治政府、法治社会一体建设，推进科学立法、严格执法、公正司法和全民守法意义重大。近年来，人民法院通过公开开庭、巡回法庭、庭审直播、生效裁判文书统一上网和公开查询及定期发布典型案例等生动直观的形式，进行以案释法，讲好法治故事、传播法治精神，让履行审判职能过程变成普法过程，让

当事人在庭审前后与庭审当中能感触到法律的脉动，体会到司法的温暖，努力让人民群众在每一个司法案件中感受到公平正义。

（六）既注重完成行政审判任务，也注重推动行政审判体制机制改革

当前行政审判面临着全面深化改革的机遇与挑战。2014 年《行政诉讼法》实施不久，许多新规定在司法实践中面临诸多难题，信息化时代又带来许多新类型案件。面对新形势新任务，各级法院不畏难、不退缩，始终坚持问题导向，积极适应各种变化，确保办案效率和质量；始终坚持用改革的手段破除行政审判的体制机制性障碍，特别是管辖制度改革这一困扰行政审判多年的“牛鼻子”问题。最高人民法院从 2014 年起设置两个巡回法庭，2016 年又增设四个。巡回法庭的设立得到了社会各界的高度评价，被老百姓称为“家门口的最高人民法院”。目前，各巡回法庭受理行政案件的数量均超过受理总量的一半。此外，积极推进跨行政区划法院建设，北京、上海、广州、西安等地依托原铁路运输法院建设跨行政区划法院已迈出实质性步伐。2017 年，起诉到北京四中院的一审行政案件共 1722 件，相较于 2016 年的 2893 件减少 1171 件，同比下降 40.5%。其中，经登记立案后进入审理程序的一审行政案件达 1544 件，比 2016 年的 1530 件有小幅上升；因不符合法定立案条件，北京四中院裁定不予立案的有 178 件，相较于 2016 年的 1363 件减少 1185 件，同比下降 86.9%。一些地方推行集中管辖制度改革也取得一定成效。同时，积极推行“裁执分离”改革，最高人民法院出台专门司法解释，明确了“法院审查，政府实施”的裁执分离体制。此外，坚持以审判为中心的理念，不断改革完善审判权运行机制，积极推进庭审实质化，强化合议庭负责制，细化行政诉

讼简易程序规则，全面深化行政裁判文书样式改革，目前已新编、修订 132 种行政诉讼文书样式并上网发布，提升行政裁判文书制作水平。党的十九大报告进一步提出要“深化司法体制综合配套改革”，为人民法院下一步的司法体制改革指明了方向。当前和今后一个时期，我们将努力争取将设立跨区划法院纳入司法体制综合配套改革范畴，以点带面地促进行政审判体制改革。

三、积极延伸行政审判职能认真履行普法责任

党的十八届四中全会明确要求实行国家机关“谁执法，谁普法”普法责任制，党的十九大报告为进一步做好法治宣传教育工作提出新的要求，强调要加大全民普法力度，建设社会主义法治文化，树立宪法法律至上、法律面前人人平等的法治理念。最高人民法院根据中央部署，全面贯彻落实党中央关于普法教育的决策。

（一）制定实施意见，编定责任清单

根据《中共中央办公厅、国务院办公厅关于实行国家机关“谁执法谁普法”普法责任制的意见》(以下简称《意见》) 精神，最高人民法院根据法院职能任务和工作特点，起草了人民法院贯彻落实《意见》的实施意见，提出具体任务措施，将普法责任纳入司法工作流程，融入司法行为规范；根据落实普法责任制部际联席会议第一次全体会议部署，紧密结合“七五”普法规划，协调全院各职能部门，汇总编纂了最高人民法院机关普法责任清单，研究确立了年度普法工作规划，为下一步工作开展提供基本遵循。

（二）树立普法示范，推荐教育基地

充分发挥以点带面的示范作用，经征询全国各高级法院意见并与全国普法办协调，将北京市海淀区法院和江苏省靖江市法院作为全国“谁执法谁普法”示范点，带动全国各级法院扎实开展普法工作；向全国普法办推荐了中国法院博物馆作为全国法制宣传教育基地，引领社会教育，开展法制宣传。同时，继续加强组织庭审观摩活动的力度，将一批法院作为推进依法行政的干部法制教育基地。

（三）注重以案释法，坚持文书上网

为更好开展“以案释法”工作，2018 年，最高人民法院从全国法院征集了第一批以案释法案例和法治宣传教育活动案例，依托司法大数据研究院和信息化平台，初步建立了以案释法数据库。注重发挥典型案例对法治的导向和引领作用；坚持裁判文书以“上网是常态、不上网是例外”为原则。目前已建成世界上存储量最大的裁判文书网，近 5500 万份裁判文书实现了在线即时查询。极大方便了案件当事人，得到了社会公众、专家学者和法律实务界的一致好评，有力地推动了普法工作向纵深发展。

（四）创新庭审形式，加强裁判说理

各级人民法院不断创新庭审方式、扩大法治宣传。通过设立巡回法庭开展巡回审判，采取车载法庭、渔排法庭、下乡办案等灵活多样的方式传播法治正能量；强调庭审必须结合案件事实证据，加大程序性与实体性说理，引导当事人正确行使诉权，并开通互联网庭审直播。目前全国法院已经有几十万件在线的庭审直播录像，社会公众可以随时上网观看庭审视频。强调裁判文书必须释法明理，让当事人赢

得清楚，输得明白，让社会公众能够从阅读裁判文书中感受到司法的公平正义。

（五）强化制度建设，创新宣传手段

最高人民法院在起草司法解释或者制定规范性文件过程中，对社会关注度高、涉及利益面广的事项，广泛听取公众意见，动员社会各方面广泛参与，增强社会公众对拟出台的司法解释和规范性文件的理解和认可。司法解释和规范性文件出台后，利用形式多样的平台对公众进行解释和说明，把司法解释制定和制度建设过程变成普法过程；各级法院利用国家宪法日、法律颁布实施纪念日、法律法规宣传月（宣传周、宣传日）等时间节点，积极组织开展富有特色、形式多样、生动活泼的公众开放日活动。通过司法公开平台和各类平面、网络媒体向当事人推送相关典型案例及资料、法律规范。利用各地法院博物馆，以及在一些法院周围设立法律聊吧，开辟法治公园、法治走廊等形式，为公众提供学习法律知识的场所，进行普法宣传。

（六）加强诉讼服务中心建设，推进行政首长出庭应诉

各地法院近年来纷纷加大投入，积极利用本院资源，贴合当事人需要，提供丰富的应诉宣传品、视频、电子或纸质资料等进行宣传，不仅引导当事人行使诉权，方便当事人出庭应诉，还扩大了社会影响；同时，进一步加强促进行政应诉工作，推动“行政首长”出庭应诉。从庭审效果看，出庭过程也是行政机关负责人学法、用法的过程，充分体现了党中央强调领导干部这一关键少数要以身作则、以上率下，担当法治第一责任人的根本要求。

人民法院开展行政审判的基本情况，相对于人民群众的新需求，

相对于党和国家的高标准，相对于各方当事人的期待，还有诸多的不足和短板。我们将本着“监督者更要主动接受监督，而且要接受更加严格的监督”的理念，认真听取各部门的意见和建议，根据“落实普法责任制部际联席会议”的精神，继续抓好行政审判工作和普法责任制的落实，为全面落实十九大精神，为“深化依法治国实践”作出新贡献。

第七章
行政审判工作与法治政府建设

法治政府建设是全面推进依法治国的重要组成部分甚至是核心部分。为深入推进依法行政，加快建设法治政府，如期实现法治政府基本建成的奋斗目标，中共中央、国务院印发了《法治政府建设实施纲要（2015~2020）》（以下简称《纲要》），确立了未来5年法治政府建设的指导思想、总体目标、基本原则和衡量标准。建设法治政府已经进入了5年的倒计时，2020年必须建成法治政府。而法治政府内涵非常丰富，包含多方面的要求，基本囊括了法治所要求的基本内容，涵盖了行政审判的基本目的和主要任务。因此，助推法治政府建设是当前和今后一个时期行政审判工作的重要使命和重要任务，也是行政审判工作健康发展的基本前提，其关键在于正确处理行政审判与法治政府建设之间的关系。具体而言，应做好以下八点：

一、站稳立足点，全面树立行政审判自信

立足点是行政审判可以积极参与和助推法治政府建设的主要依据，是行政审判可以在法治政府建设中发挥重要作用的信心来源。行政审判工作对推动法治政府建设具有独特作用，主要基于以下四个立足点：

（一）宪法的规定

《宪法》是国家的根本大法。一切法律、行政法规和地方性法规都不得同宪法相抵触。一切国家机关和武装力量、各政党和各社会团体、各企业事业组织都必须遵守宪法和法律。我国《宪法》明确规定，中华人民共和国实行依法治国，建设社会主义法治国家；国家维护社会主义法制的统一和尊严；一切国家机关和国家工作人员必须接受人民的监督；人民法院依照法律规定独立行使审判权，不受行政机关、社会团体和个人的干涉。《宪法》的上述规定，是行政审判助推法治政府建设的根本立足点。

（二）行政诉讼法的授权

《行政诉讼法》系为保证人民法院公正、及时审理行政案件，解决行政争议，保护公民、法人和其他组织的合法权益，监督行政机关依法行使职权，根据《宪法》制定而成。《行政诉讼法》明确授予行政审判的三大法定职能，是行政审判全面参与法治政府建设的主要方式或路径，是行政审判助推法治政府建设的核心立足点。

（三）法治政府建设的战略部署

党的十八大提出到2020年基本建成法治政府，十八届四中全会通过《中共中央关于全面推进依法治国若干重大问题的决定》，对“深入推进依法行政，加快建设法治政府”作出了战略部署，习近平总书记强调全面推进科学立法、严格执法、公正司法、全民守法，坚持依法治国、依法执政、依法行政共同推进，坚持法治国家、法治政府、法治社会一体建设，十九大提出要成立中央全面依法治国领导小组，加强对法治中国建设的统一领导。这充分表明，法治在治国理政中的地位和作用更加凸显，行政审判推动法治政府建设具有扎实的立足点。

（四）宪法、组织法和诉讼法关于司法机关的独特功能以及定位

《宪法》和《人民法院组织法》均明确规定，中华人民共和国人民法院是国家的审判机关。人民法院依照法律规定独立行使审判权，不受行政机关、社会团体和个人的干涉。《行政诉讼法》规定，人民法院依法对行政案件独立行使审判权，不受行政机关、社会团体和个人的干涉。上述规定，明确了人民法院居中裁判的定位，是行政审判在推动法治政府建设中发挥作用的基本立足点。

二、把握作用点，充分运用行政审判作用方式

作用点是行政审判参与法治政府建设的主要作用方式，是行政审判职能的具体体现。根据实践表现，主要有四个基本作用点：

（一）依法审判行政诉讼案件

依法、公正地审判好每一个行政诉讼案件，是行政审判推进法治政府建设的首要方式。它是行政审判维护人民群众合法权益的基本前提，也是行政审判法定职能充分发挥的根本途径。

（二）依法审查非诉行政执行案件

非诉执行制度既可以通过阻止违法的行政行为进入执行程序，以保障行政相对人的合法权益不因未提起诉讼而受到违法行政行为的侵害，又可以通过简化程序以完成合法行政行为效力的实现，以保障必要的行政效率。因此，对非诉行政执行的司法审查，是行政审判发挥法定职能的有效补充。

（三）通过案件审理，对行政机关提出司法建议，或者在一个阶段发布行政审判白皮书

人民法院通过及时归纳引发行政争议的内在原因，提出切实可行的司法建议，或全面梳理行政审判与行政执法工作，发布行政审判白皮书，可以为法治政府建设提供理论支撑和决策参考，促使行政决策科学民主合法，减少行政违法或不当行为，提高对行政执法的社会满意度。

（四）定期或不定期发布典型案例，通过案例宣传行政法治

人民法院通过全面、积极地履行普法责任，建立健全以案释法制度，定期通报和曝光违法行政典型案例，帮助行政机关分析原因、吸取教训和改进工作，可以促进行政机关工作人员不断增强法治观念和提高法治素养，在法治轨道上全面推进政府各项工作。

三、找准切入点，正确定位行政审判法定职能

切入点是行政审判助推法治政府建设的主要职能。根据《行政诉讼法》规定，结合司法实践，行政审判工作主要有四个切入点：

（一）解决行政争议

诉讼制度最古老、最重要的功能是解决争议，即通过诉讼化解与消除社会矛盾和冲突。行政诉讼是三大诉讼之一，其首要关注的是行政争议的解决，保护当事人合法权益、监督行政机关等功能，均建立在解决行政争议的基础之上。因此，解决行政争议是行政审判的首要或基本的职能。

（二）权利救济

司法是维护社会公平正义的最后一道防线，行政诉讼的核心目的之一，就是保护公民、法人和其他组织的合法权益。人民法院坚持司法为民、公正司法的工作主线，公正、及时地审理行政案件，既可以有效预防侵害合法权益的行政行为发生，又可以有效救济受损的合法权益。

（三）权力监督

人民法院对行政行为合法性进行全面审查，及时纠正违法或不当行政行为，依法支持合法的行政行为，不断提高行政裁判的公正性和公开性，推动形成科学有效的行政权力运行制约和监督体系，促使行政权力规范、透明、依法运行，可以有效监督、促进行政机关依法行政。

（四）规则强化，或者行为引领，或者政策形成

司法是社会矛盾纠纷的平衡器，通过裁判对社会价值进行选择和判断，可以引导公众通过法定渠道解决矛盾纠纷和救济合法权益，可以引导行政机关依法行使职权，尤其是在法律不清晰或法律空白时，行政审判可以形成公共政策，通过裁判实现规则治理。

找准切入点，需要注意两个问题：一是关于顺位关系问题。《行政诉讼法》的立法目的，表明必须按照上述四个切入点的顺位关系，确定行政审判职能的先后顺序。二是关于是否保留权力监督职能问题。《行政诉讼法》明确规定了行政审判的监督职能，而且党的十八大以来，关于法治政府的建设、全面推进依法治国等一系列文件中，也强化了权力监督问题。因此，保留行政审判的权力监督职能是明确的。如何有效进行监督，仍需要在实践中不断总结经验教训，不断提升监督能力和监督水平。

四、扭住增长点，准确把握行政案件发展趋势

增长点是行政诉讼案件数量将不断增长的案件类型。随着2014年《行政诉讼法》的全面实施，以及国务院《法治政府建设实施纲要》的公布施行，关于行政审判新的增长点，应特别关注以下四个方面：

（一）关于行政决策、规划行为的司法审查

行政决策行为比较复杂，有的抽象，有的具体。有的决策成果表现为规范性文件，有的表现为政策性的指引，有的表现为具体的事项。关于行政决策的监督问题，要根据不同情况，探讨纳入监督范围。对于抽象性的行政决策，可以考虑纳入规范性文件的附带审查。

介于抽象与具体之间的，可以考虑直接作为诉讼对象或诉讼标的，进入行政诉讼受案范围。当然，这需要审慎研究，逐步扩大范围。

（二）关于行政协议的案件

关于行政协议的具体范围，尽管2014年《行政诉讼法》明确列举的并不多，但有“等协议”的兜底规定，为行政协议类案件的发展留有空间。但是，关于行政协议的审查，有观点认为有些行政机关签订的行政协议，用公法调整不足以保护公民、法人和其他组织的合法权益，反对纳入行政诉讼受案范围。对此，人民法院应树立问题导向，明确在行政合同特别是在资源出让方面真正存在的问题。行政机关滥用职权、被相对人所俘获，利用签订行政协议谋取不正当利益，相对人围猎掌握资源的行政机关和工作人员，在合同履行过程中攫取巨额利益，由政府花费巨大代价治理等问题，最终损害了公共利益，加剧了贫富差距，带来了社会冲突和矛盾。上述问题通过私法调整则难以解决，私法所强调的是合意，无论是否损害公共利益，一旦签订合同，则要信守承诺，合同必须履行。因此，政府签订的合同要纳入公法调整而不能适用私法规则。公共利益要求签订合同必须选择最佳签约人，私法则不然，可以自由选择签约对象。公法强调最早签订协议的主体必须是“最佳”主体。需要注意的是，“最佳”是各方面的综合要求，而并非简单的唯价格论。此外，将行政协议纳入公法调整，也是实现公共利益最大化的要求。签订的行政协议涉及成千上万的主体，所以追求的是公共利益，从国家利益出发，从利益衡平的角度，行政协议应当纳入公法调整。从审判实践看，行政协议纠纷并非为新类型纠纷，在《行政诉讼法》调整之前即已存在，其特征并未发生实质改变，所改变的是司法救济途径，即由民事诉讼调整为行政诉讼。民事诉讼与行政诉讼在审查标准与方法、裁判规则与方式等方面均有较大差别，有关行政协议纠纷的司法救济，不仅仅是法院系统内部分工的调整，而且是司法审查事项的一系列改变。如何审查与处理行政协议纠纷，已是亟需研究与解决的新问题，如行政协议相对人不履行协议义务的救济路径选择等，这需要在积累足够经验的基础上进行有益探索和推广。

（三）行政不作为的诉讼，特别是涉及公共服务的不作为案件

党的十八届四中全会《决定》指出："行政机关要坚持法定职责必须为、法无授权不可为，勇于负责、敢于担当，坚决纠正不作为、乱作为，坚决克服懒政、怠政，坚决惩处失职、渎职。"这是基于行政机关权责统一属性，以及当前实践中"为官不为"等突出问题而作出的针对性要求。行政机关的应为不为、应为不当为已对人民群众的合法权益造成严重侵害，行政不作为案件已成为人民法院行政诉讼案件的重要增长点。因此，人民法院行政审判工作应主动适应形势的变化，既要审理好传统的作为类行政案件，又要高度重视不作为类行政案件的审理，不断加强研究、总结工作，及时确定科学、统一的裁判规则，努力促使政府积极依法行政。

（四）对规范性文件的附带性审查

随着《行政诉讼法》的深入实施，已涌现出一批要求一并审查规范性文件的行政案件，对从制度根源上纠正、预防不合法行政行为，具有十分重要的实践意义。但审判经验不足、审查标准不统一等问题较为突出，相关案件的审理工作仍存在较多问题需加以研究，如规范性文件的具体范围、审查级别管辖、具体的审查标准和深度、审查

结论的处理及效力等问题。我们要认真总结审判经验，积极开展实践和调研，探索解决问题的方式和途径，为执法办案提供科学有效的操作指南。

五、留心关注点，着力解决行政审判工作中的热点问题

关注点是社会公众所关注的行政执法热点问题。人民法院应通过行政诉讼，解决人民群众关注的热点、难点问题。当前，人民群众特别关注的问题主要有四个方面：

（一）要解决行政执法主体被相对人所俘获的问题

公民对药品、食品等问题感觉到不安全、不满意，有时执法人员并非不知晓，但未采取有效措施予以解决或应对，根本原因在于行政执法人员被行政相对人所俘获，从中获得不当利益，这是行政执法的顽疾，极大损害行政机关的形象。对此，行政审判应大力发掘典型案例，并及时向社会公布，实现良好的社会效果。但首先要解决起诉主体的问题。提起诉讼的主体主要有两个：一是公益诉讼主体。但公益诉讼严格限定了范围，不能及时、全面发挥有效作用。二是竞争权人。政府放纵违法者将损害竞争权人的合法权益，因而只有赋予竞争权人以诉权，其他同业从业者有权起诉，才能有效调动行政诉讼监督的活力，有效解决执法主体被俘获的顽疾。

（二）要解决刁难执法问题

行政机关被俘获的，可能带来行政不作为问题，没有被俘获的，则可能出现行政相对人被刁难问题。当前，不少企业都有受行政机关

刁难困扰的经历，在行政审批环节层层设置障碍。对此，企业可以通过行政诉讼加以解决，但具体操作中有很多顾虑，如证据收集问题、打击报复问题等。解决问题的方法主要体现在举证责任方面，即在法律允许的范围内，人民法院应适度衡平，倾向于起诉人，使刁难行为依法及时得以纠正，有效发挥司法裁判的震慑力。

（三）要解决暴力执法问题

拆迁、征地等领域的暴力执法，都是公众反映强烈的问题。人民法院应正确处理“执法暴力”与“暴力执法”之间的关系。人民法院要依法支持行政执法机关依照行政强制法等法律规定进行的合法执法行为，更要坚决打击、遏制侵犯公民合法权益的暴力执法行为。与刁难执法一样，暴力执法问题也涉及证据问题，人民法院在认定证据时应树立正确的立场，保护处于弱势地位的行政相对人。

（四）要解决偏袒执法、不公正执法问题

促进社会的公平正义是全面深化改革的应有之义，只有以公正执法确保法律面前人人平等，才能让法治观念深入人心，形成全民守法的良好法治氛围。当前，人民群众对有法不依、违法不究、选择性执法等不公正执法问题反映强烈，而凡涉及裁决事项都可能受到人情关系的影响，行政审判应着力解决对裁决行为、分配行为、给付行为等一系列行为的监督问题。

六、寻求平衡点，正确处理行政审判工作中的关系

行政审判涉及公共利益，涉及维护行政管理秩序，涉及个人权

利，还涉及经济发展、社会稳定等，因而必须要注意兼顾各方面利益，平衡好各方面关系。当前，应主要平衡好以下关系：

（一）监督行政机关与支持行政机关的关系

2014年《行政诉讼法》取消了“维护”行政机关，强化了监督作用。但实践中，有些地方领导以各种各样的理由，要求法院给予支持，法官们面临很大压力。正确处理监督与支持的关系，平衡点就在于合法的行政行为给予支持，不合法的行政行为则不能支持，自始至终坚持和强调合法性。需要注意的是，合法性不能简单地强调形式合法，还要关注实质合法，要将形式正义与实质正义结合起来，单纯追求形式合法容易导致机械执法。实质合法性要求深入探寻法律精神，符合法律规定的基本价值及核心目标。

（二）司法能动与司法谦抑的关系

人民法院要充分履行行政审判的法定职能，积极参与法治政府的建设工作，为法治政府的如期建成发挥促进和推动作用。同时，人民法院在审理行政案件时，也要正确处理好司法权与行政权的关系，应坚持司法有限原则，注意把握合理性审查的“度”。行政审判助推法治政府建设，不能用司法权代替行政权。具体应注意以下方面：其一，尊重行政机关对行政事项的专属决定权；其二，尊重行政机关对有些争议纠纷的优先裁决权；其三，尊重行政机关的自由裁量权；其四，尊重行政机关的判断余地权。另外，应尊重行政机关的专业技能，行政机关是相关领域的专家，人民法院应保持谦虚的态度。监督者自身要接受监督，行政审判人员自身应接受更严格的监督。需要注意的是，尊重行政机关的相关权利，不代表行政审判工作的完全消极，人民法院可以积极开展司法建议、良性互动、法外沟通、做思想工作等活动，以弥补裁判的不足。

（三）法律效果和社会效果的关系

依法、独立、公正地作出裁判，是人民司法工作的生命线，是行政审判工作必须始终把握的基本底线。同时，行政案件涉及政治、经济、社会生活的各个方面，案件审理的结果不仅直接影响当事人的切身利益，还关系行政管理秩序的稳定、法治意识的认同。行政审判既要坚持依法办案，又要综合考虑各种社会因素，妥善解决矛盾纠纷，努力实现法律效果和社会效果的有机统一，不断提升行政审判工作为党和国家工作大局服务的针对性和有效性。具体可归纳为两个方面：第一，坚守法律底线原则，法律底线不能突破，法律红线不能触碰，不能以突破法律底线来换取社会效果。第二，在法律范围内，要力求社会效果的最大化。

（四）和谐审判与规则导向的关系

人民法院处理“官”民关系，最终还是要促进“官”民关系的和谐，力求和谐审判。但是，行政审判工作应注意规则导向，发挥裁判的指引功能和政策形成功能、示范功能。在裁判过程中，应兼顾其他价值，不能单纯追求和谐价值，不能用一种倾向掩盖另一种倾向。人民法院在审理行政案件时，要正确处理裁判与调解之间的关系。调解应当遵循自愿、合法原则，不得损害国家利益、社会公共利益和他人合法权益。不能片面强调调解而放弃对行政行为的合法性审查。同时，不能无视当事人和解愿望而绝对选择裁判方式结案，对于符合调解法定条件的，应当积极促成调解，力争实质性化解行政争议。

七、避免盲陋点，有效解决行政审判工作中的不足

盲陋点是行政审判中存在盲点或明显不足的地方，也是行政审判工作所需攻坚的难题。当前，特别要注意避免的问题主要有：

（一）要避免对公民权利救济不到位，“官”了民不了的问题

法律赋予行政审判一些过渡性手段，如判决确认违法，对过渡阶段解决很多问题具有重要意义，但实践中的运用易偏离制度设计目的。日本最先创立确认违法制度，称为情况判决，也同样出现滥用等问题。目前，日本对情况判决制度的使用限制非常严格，学界和实务界甚至有要求取消这个制度的呼声。我国也应从中吸取经验与教训，坚守依法、充分救济公民权利的底线，依法、合理地使用确认违法判决方式。

（二）要解决监督不到位的问题

人民法院应解决当前存在的该撤销的不撤销，该确认无效的不确认无效等问题。对于不具有合法性的行政行为，要坚持依法、全面予以纠正的原则，不断加大对行政权的司法监督力度，对行政机关违反法定程序的行为依法确认违法，对行政机关不依法履行职责的依法确认违法或责令限期履行，对行政机关侵权造成损失的依法判决赔偿，切实监督行政机关依法行政。

（三）要解决不适当干预、导向错误的问题

当前，在行政诉讼领域，有的裁判作出后的社会导向不佳，造成了不良结果。人民法院作出行政裁判时，应树立标杆意识、规则意

识，即每个行政裁判都是一个标杆，涉及公共利益，必须考量今后行政机关和行政相对人按照所作裁判进行相关行为是否可行。行政审判的法官应该具有法律人的社会责任感，具有超越个案裁判的视野，努力为社会提供行为规范准则，弘扬公平正义的正能量，更好地发挥司法的指导引领作用。

（四）要解决以司法权代替行政权的问题

行政审判的过度干预，过度监督，以自己的自由裁量取代行政机关的自由裁量，同样是不当做法。人民法院应当看到自身的短处和司法权本身的界限，从受案范围、审查范围、裁判程度等方面依法、有效地进行自我约束。

八、狠抓关键点，全面推进行政审判工作的改革发展

关键点是行政审判工作健康发展的内在动力。助推法治政府建设，首先要提高行政审判的能力和水平，不断完善行政审判制度，实现行政审判制度本身的现代化。当前，要重点关注以下问题：

（一）关于推进跨区划行政案件管辖的改革问题

据统计，相对集中管辖的做法有很多，但或多或少都有一些新的问题。经过评估与分析，今后的正确方向应是按照一般案件由普通法院管辖，特殊案件由跨区划法院管辖的原则。需要注意的是，当前不宜将设立行政法院作为主要目标，跨行政区划法院并不是专门法院，它可以集中审理包括民事、行政、刑事等方面的某些特殊案件。所谓特殊案件，主要有两类：一是容易受到公权力机关干扰的案件；二是

存在“主客场”问题的案件。当前，主要是通过铁路运输法院试点集中管辖，最终应逐步推行由跨行政区划法院管辖，按照中央的顶层设计，逐步加以推动。这需要不同地区根据实际情况开展试点工作，做到借鉴成功经验与因地制宜相结合、收获改革成果与正视客观问题相结合、着力满足当前需求与放眼长远发展相结合、勇于探索改革创新与遵循司法规律相结合，确保改革的合目的性、可复制性、可推广性。

（二）关于立案登记制改革

目前而言，立案登记制改革是改变“有案不收”最为有效的做法，同时也相应带来滥诉等一些问题。但解决滥诉问题比解决“有案不收”的问题要容易得多。解决滥诉问题，特别要注意的是，立案登记并非不需要条件。2014 年《行政诉讼法》明确规定，符合本法规定条件的案件应该登记立案。对起诉条件要依法审查，而非不要审查。人民法院应正确贯彻落实立案登记制，准确理解“有案必立，有诉必理”的要求，严格把握 2014 年《行政诉讼法》和司法解释规定的立案条件，统一立案标准。既要避免“过度审查”“实体审查”等错误做法，也要避免“不作审查”“一律立案”等不当处理。能解决的立案问题应当在立案环节加以解决，不要将其推至审判环节。对不需要开庭可以审查的，不需要被告介入参加澄清的，理论上都应在立案环节予以解决。

（三）关于被告应诉制度的改革

2014 年《行政诉讼法》强调复议机关作被告、行政机关的主要负责人出庭应诉，这是经过反复研究所作出的规定。行政机关负责人出庭应诉制度是行政诉讼的特有制度，有助于促进行政纠纷的实质化解，及时发现行政执法中的问题，提高行政机关依法行政水平和法治意识。复议维持作共同被告制度，对行政复议制度功能的全面发挥，提高行政复议机关化解行政纠纷的能力，具有重要的促进意义。当前，有观点认为新法调整的有关复议规定存在问题，并主张仍实行原有规定。但是，退回原有规定将造成原有问题的复发，其解决难度要远高于调整之后所产生的新问题。对此，人民法院应以积极的态度解决出现的新问题，对实践中暴露出的难题，应组织力量加强研判，尽快制定有效的解决方案，使新制度的设计目的与现实的司法需求相吻合。

（四）关于实质性化解行政争议

解决行政争议是行政诉讼的首要职能。2014 年《行政诉讼法》规定了一系列新制度，用以推动行政争议的实质性化解，如一并解决民事争议、对不作为的案件在特定条件下作出具体明确的判决等。人民法院应加强对新情况、新问题的收集、汇总、研究和总结，准确理解和适用新行政诉讼法的规定，确立统一的裁判标准，不断提高矛盾化解能力，使良好的制度切实体现到具体的审判工作当中，不断提高裁判的效率和权威性。

第八章
认真对待行政相对人权益

党的十八大以来，以习近平同志为核心的党中央始终坚持“两个毫不动摇”，把加强产权保护、维护企业家合法权益、促进民营经济发展置于前所未有的高度。2018 年 11 月 1 日，习近平总书记在民营企业座谈会上发表重要讲话，充分肯定民营经济的重要地位和作用，廓清了当前对民营经济的各种错误认识，深入分析民营经济发展遇到的困难和问题，明确提出支持民营企业发展壮大的政策举措，再次表明党中央毫不动摇鼓励、支持、引导非公有制经济发展的坚定决心和鲜明态度，给民营企业和企业家吃下政策“定心丸”，为民营企业发展注入“强心剂”，为人民法院在新时代发挥职能作用保障民营企业健康发展点亮“信号灯”。2018 年 11 月 5 日，最高人民法院党组召开会议，深入学习贯彻习近平总书记在民营企业座谈会上的重要讲话精神，要求各级法院牢固树立“四个意识”，坚定“四个自信”，认真总结加强产权司法保护、甄别纠正涉产权冤错案件经验，进一步加大产权司法保护力度，切实维护企业家人身和财产安全，为企业家创新创业营造良好法治环境，为民营经济发展提供有力司法服务和保障。

作为三大诉讼之一，行政诉讼兼具私权保护、监督行政以及解决争议三大目的。如何贯彻落实党中央和最高人民法院党组的上述重大决策部署，是当前和今后一个时期行政诉讼工作的重中之重。对此，有必要以认真对待行政相对人权益为切入点，正确处理权利与权力的关系，对民营经济主体坚持“法无禁止即可为”原则，对行政权力坚持“法无授权不可为”原则，努力实现行政争议实质化解，通过行政审判促进加大产权司法保护力度，为企业家依法维权、创新创业营造更加良好法治环境。

一、认真对待行政相对人权益的内在逻辑

行政诉讼是专司化解“官民纠纷”的诉讼程序，行政相对人是行政诉讼恒定的一方当事人。认真对待行政相对人的权益，在行政诉讼工作中具备逻辑自洽性，具体表现在以下方面：

一是人民法院的基本属性所决定。全心全意为人民服务是我们党的根本宗旨。人民性是人民法院的基本属性之一。始终坚持党的根本宗旨，充分发挥职能作用，有效维护广大人民群众合法权益，是人民法院的职责所系、使命所在。相比于立法权和司法权而言，行政权的运行范围更广、使用频率更高，现代社会几乎没有不受行政权影响的主体。从这个意义上说，行政相对人构成了人民的主要组成部分。认真对待行政相对人权益，是人民法院践行党的根本宗旨的重要路径，体现了人民法院人民性的内在要求。

二是以人民为中心的执政理念所要求。“治国有常，而利民为本”。人民是历史的创造者，是决定党和国家前途命运的根本力量。人民群众是我们党的力量源泉，人民立场是我们党的根本立场。人民法院作为党领导下的国家司法审判机关，必须牢固树立以人民为中心的理念，始终坚持人民立场，时刻将人民利益放在首位。如前所述，由于行政审判的原告方始终是作为人民主要组成部分的行政相对人，因此，在行政审判工作中有效落实以人民为中心的理念，必然指向认真对待行政相对人权益，依法为行政相对人提供有效救济。

三是法治的基本要义所规定。社会主义法治一方面强调行政机关必须合法、积极、有效地履职尽责，确保人民赋予的权力用来为人民谋福祉；另一方面，注重对行政权的监督制约，合理分解权力，科学配置权力。换言之，我国法治强调预防庸政懒政和规制行政权滥用有机结合，更好发挥行政权的应有效用。[①] 要实现这一目标，不能单纯依靠行政机关自身，而必须遵循通过权利制约权力、通过权利促进权力的理念，借助行政相对人合理合法的维权行为促进目标实现。在这一过程中，行政审判必须充分履职、强化担当，有效监督依法行政，坚决维护行政相对人的各项合法权益。

四是行政诉讼的核心功能所定位。根据《行政诉讼法》第一条之规定，我国行政诉讼的职能定位在于解决行政争议，保护公民、法人和其他组织的合法权益，监督行政机关依法行使职权。行政诉讼的上述三方面职能具备内在统一性，有效履行该三方面职能，核心在于依法保障行政相对人权益。如果脱离对行政相对人合法权益的保障，行政争议的实质化解难免成为“空中楼阁”，必然导致“官了民不了”

① ［德］弗里德赫尔穆·胡芬：《行政诉讼法》，莫光华译，法律出版社 2003 年版，第 321 页。

现象；对行政机关依法行政的监督亦将缺乏有力抓手，导致行政诉讼有沦为“橡皮图章”之虞。因此，充分发挥行政诉讼的制度功能，必然要求高度重视保障行政相对人合法权益。

五是现代司法的职责使命所赋予。党的十八届四中全会明确提出要“加强人权司法保障”，党的十九大进一步提出要“加强人权法治保障，保证人民依法享有广泛权利和自由”。人权是个人应当享有的权利和自由，具有普遍性、自然性、历史性、社会性和法律性。依法保障人权，是现代司法的必然要求和当然内涵。行政诉讼作为我国三大诉讼之一，无疑应当在依法保障人权方面发挥应有作用、作出更大贡献。认真对待行政相对人权益即是人权司法保障在行政诉讼领域的具体体现和实现途径，体现了行政诉讼的责任担当和价值追求。

六是当前行政审判的基本形势所需要。一方面，当前我国社会主要矛盾已经发生转变，人民群众不仅对物质文化生活提出了更高要求，而且在民主、法治、公平、正义、安全、环境等方面的要求日益增长；另一方面，党的十九大明确提出要加强对权力运行的制约和监督，把党内监督同国家机关监督、民主监督、司法监督、群众监督、舆论监督贯通起来。新时代赋予行政审判宝贵发展机遇，同时，也使得行政审判面临全新形势和挑战。行政审判要在新时代实现新作为，必须牢牢把握行政相对人权益保障这一重要立足点，更加有效发挥职能作用，更好满足人民群众多元司法需求，更好促进法治政府建设。

七是行政法律关系的固有特点所内涵。行政诉讼审理的是“民告官”案件。在应然层面，作为原告的行政相对人与作为被告的行政机关在诉讼中具有平等的法律地位，双方各自享有相关诉讼权利、履行诉讼义务。在实然层面，与行政相对人相比，行政机关作为掌握公权力的国家机关，其在资源、能力、手段、技巧等多方面均具有明显优势。因此，行政诉讼中的两造在实际诉讼地位上往往并不对等，这亦是各国行政诉讼的普遍现象。特别是在我国当前的行政诉讼中，行政相对人的诉讼能力总体不高，诉讼行为的有效性相对较低。对此，作为中立的审判机关，人民法院有必要在诉讼程序中向行政相对人适度倾斜，给予其一定的指引乃至帮助。这不仅不违背审判中立原则，反而是实现行政诉讼实质公平的必然要求。

二、认真对待行政相对人权益的外在路径

在明晰认真对待行政相对人权益的内在逻辑的基础上，有必要进一步厘清实现这一目标的外在路径。具体而言，可以从以下八个方面着手推进：

一是进一步畅通权利救济渠道。通过改立案审查制为立案登记制，行政案件"立案难"问题已经基本得到解决。但对此亦不可有麻痹思想，要坚定不移贯彻落实立案登记制，坚决保护行政相对人的诉权，切实防止"立案难"问题反弹回潮。与此同时，还要准确把握立案登记制的定位，正确理解起诉权与胜诉权的区别，严格遵循《行政诉讼法》规定的起诉条件，在立案阶段对立案条件进行全面有效审查，不能简单地一律登记立案，将立案方面的审查移送至审判庭进行，使大量不符合起诉条件的案件到审判庭后再被驳回，造成程序空转。总体而言，人民法院应当在坚持保障诉权的同时，充分考虑司法的能力，需要司法救济的权利类型，司法介入的时机，个案是否存在恶意诉讼、虚假诉讼、无理缠诉等诸项因素，具体审查判断将行政争议提交司法处理的适当性、必要性和实效性，确保审判权正常、有序进行。

二是坚决捍卫法定权利和正当利益。行政相对人的权益，由法定权利和正当利益两部分组成。长期以来，行政审判始终高度重视对相对人法定权利的保障，亦取得较好成效。对此要继续坚持，争取更好效果。另一方面，在有效保障行政相对人正当利益方面，行政审判尚有较大改进空间。比如，在行政赔偿案件中，对行政相对人将来必定会遭受的损失，有必要纳入赔偿范畴，同时，对行政相对人的可得利益损失，在一定条件下亦可予以赔偿；又如，要进一步明确对行政相对人信赖利益保护的适用条件，促进提升政府和社会的诚信水平；再如，随着我国环境保护力度的不断加大，要有针对性地研究对行政相对人环境利益的司法保护，等等。

三是坚决制止制裁各类行政侵权行为。行政权天然具有扩张性和侵益性。对于行政机关的各类侵权行政行为，行政审判要充分发挥监督职能，通过撤销、确认违法、确认无效、判决赔偿或补偿、责令采取补救措施等方式，依法予以制止或制裁，有效促进行政权的规范运行。在这一过程中要切实防止两种倾向。一方面，要充分考虑行政行为的主观过错、违法程度、行为后果等，努力实现过罚相当；另一方面，当前行政审判中存在“情况判决”扩大适用的苗头，对此要高度重视，严格把握法定条件，防止滥用“情况判决”姑息迁就行政侵权行为。

四是助力和支持相关权利得到实现。随着党风廉政建设和反腐败斗争的深入推进，少数行政机关出现懒政怠政倾向，在其位不谋其政，奉行所谓“中庸”之道。表面上看，此种情形没有直接侵犯行政相对人的合法权益，但行政机关不履职、不作为，实则导致行政相对人的权利难以实现，其危害并不亚于违法的行政作为。对此，行政审判要进一步加大对行政不作为的监督，充分运用履职判决、给付判决，助力和支持行政相对人依法实现权利，促进实现“法定职责必须为”的状态。

五是高度重视对行政相对人公法权利的保护。法律可以区分为公法和私法，相应的，法定权利亦可划分为公法权利和私法权利。长期以来，我国行政审判比较注重对行政相对人私法权利的保护，而对公法权利的保护，则由于法律不够健全、制度有待完善、认识尚不到位等多方面因素影响，相对较为薄弱。公法权利包括但不限于参与权、知情权、表达权、监督权、受教育权、劳动权、获得基本生活保障权、检举控告权等。下一步要把对行政相对人公法权利的保护摆在更加重要位置，加大对侵犯公法权利的行政行为的制裁力度，这既是《宪法》关于“尊重和保障人权”规定的必然要求，也是促进法治政府建设的重要路径。

六是探索建立阻止行政主体侵权行为发生的机制。一般而言，特定行政行为必须发展到适宜由法院处理的阶段，即已经达到成熟阶段，才能允许进行司法审查，此即行政诉讼中的成熟原则。此外，对成熟原则的适用并非一成不变。“如果不能苛求原告必须等到某一负担实际出现才采取行动，就应当考虑采用预防性的制度保护。”换言之，如果有充分证据证明任由某一特定行政程序持续推进，必然会对行政相对人的合法权益造成不可逆的侵害时，应当允许相对人提前向法院申请救济，寻求阻止行政侵权行为的发生。目前我国行政诉讼中尚无对此类制度的规定。对此，可在考察借鉴德国的预防性行政诉讼制度、英美法系国家的禁令制度的基础上，积极探索建立符合我国实际的预防性救济制度。

七是为权利的正当行使提供明确裁判指引。从宏观层面看，立法和司法始终处于既相互制约又相互促进的关系之中。当立法对某方面问题缺乏规定或者规定不明确时，司法却不能因此拒绝就相关案件作出裁判。实践中不少法律问题都是司法在裁判中先行先试探索规则，随后被立法所吸收。就行政审判而言，由于行政法内容庞杂、门类众多，立法时挂一漏万导致裁判依据不足的问题相对更多。当此之时，应当灵活运用调解和判决的关系，稳妥有效地处理应对。具体而言，在法律关系模糊、司法作出裁判的时机尚不成熟，或者客观事实确实难以查清，或者涉及民事争议时，可以更多运用调解手段处理相应行政案件；而对关系明确、时机成熟的案件，则应大胆作出司法判决，一方面为未来立法积累经验、提供参考，同时，也为行政相对人正当行使相关权利提供明确的裁判指引。

八是为权利的实现提供更加便利的条件和可接受的成本。通过诉讼实现权利是一项具有较高成本的行为。特别是行政诉讼中征收拆迁案件占比最高，而此类案件当事人往往经济收入不高、诉讼能力有限，属于社会弱势群体，如果维权成本过高，无异于实质剥夺其诉权。对此，要着眼便捷高效，通过加强诉讼引导、强化释法明理、发布典型案例、提供法律援助、给予司法救助、提升信息化水平、优化诉讼服务设施等多种手段，进一步提升行政诉讼的便民化水平，不断降低诉讼成本，确保需要司法救济的行政相对人都能顺畅进入诉讼程序。

三、认真对待行政相对人权益的若干关系

认真对待行政相对人权益是一项系统性工作，系统内部各要素间存在互相支持、互相促进、互相制约等多种关系。因此，在推进这一系统性工作的过程中，必须正确处理各方面要素间的关系，努力实现

效益最大化。

一是正确处理守住权利边界和守住义务底线的关系。权利和义务是总体对应的。在行政诉讼中，不论是作为原告方的行政相对人，还是作为被告方的行政机关，都同时享有法定权利（职权），依法履行法定义务（职责）。对此，人民法院在居中审理时，要统筹好权利（职权）保护和义务（职责）履行的关系，既要有效保障双方的各项实体和程序权利（职权），又要监督双方切实履行法定义务（职责），协同推进诉讼程序的有序运行。当前，要特别注重规范少数当事人滥用诉权、无理缠讼的行为，引导其正当行使权利，督促其履行法定义务，不断提升诉讼行为的有效性。

二是正确处理形式保护和实质保护的关系。当前行政诉讼领域程序空转问题较为严重。不少案件虽经法院予以立案受理，甚至判决确认行政机关违法、责令重作等，在形式上看行政相对人获得胜诉，但其实质诉求可能并未得到真正解决，相对人仍然继续上诉、信访。对此，广大行政审判法官要努力找准矛盾根源，更加注重化解“纠纷”和冲突，特别是要坚决避免人为将纠纷“分割”为多个行政行为，将原本能够也可以通过一次诉讼、一并解决的问题“分割”为多个行为、多起诉讼，甚至“民”“行”推诿，造成审判程序空转。即使对于明显没有道理甚至是缠诉的案件，也要以敬畏之心，多反思各级政府和人民法院在工作上是否有什么不到位之处，群众存在的实际困难能否通过法律援助、司法救助等方式多元化解，而不宜简单一判了之、一驳了事。

三是正确处理保护实体权利和保护程序权利的关系。实体权利和程序权利是诉讼程序内呈现对立统一关系的一对范畴。相较于诉讼公平和诉讼效率此消彼长的运动状态，实体权利和程序权利更多体现出相互关联、相辅相成、相互转化的关系。“法治不仅要关注实体正义，而且要关注程序正义。在实体与程序问题上，人们往往更加看重实体问题。但是法治本质上是程序之治。实体问题固然重要，但如果缺失了程序正义，实体正义就难以得到保障。”一方面，实体权利的实现离不开程序权利的保障；另一方面，保障程序权利也有其自身的独立价值。就行政诉讼而言，一些案件之所以不能实现案结事了，症结并不在于实体不公，而往往在于程序不当。对此，要正确认识实体权利与程序权利的对立统一关系，更加注重通过有效保障程序权利实现实体正义，努力做到二者一体保护、相互促进。

四是正确处理保护法定权利和保护正当利益的关系。如前所述，行政相对人的权益包括法定权利和正当利益两部分。权利的依据在于法律的明确规定，但法律体系本身总会存在不同程度的漏洞，是故既定法律体系中权利的类型是相对有限的。而与此相对的是，正当利益的界定标准相对更为灵活，范围也更为广泛，即使没有明确的法律规定，只要合乎公序良俗、符合社会一般人的预期、具备充足的合理性等，均可予以认定。因此，行政审判应该在优先保护行政相对人法定权利的同时，积极依法保护行政相对人的正当利益，努力扩展权益保护范围、提升权益保护力度。

五是正确处理特殊保护和平等保护的关系。在行政诉讼中，双方当事人的法律地位平等，各自的法定权利和正当利益应依法予以平等保护。另一方面，如前所述，与行政机关相比，行政相对人在诉讼资源、诉讼能力、诉讼手段、诉讼技巧等多方面往往处于弱势地位。如果片面理解“平等”，反而可能加剧实质上的不平等。对此，人民法院一方面需要在一定情形下在诉讼程序中向行政相对人适度倾斜；另一方面，在当前加强民营企业保护的大背景下，要依法妥善审理民营企业诉行政机关行政处罚、行政许可、行政强制、行政协议等案件，更加注重保护广大民营企业的法定权利和正当利益，努力为民营企业创新创业营造更好氛围。

六是正确处理保护诉讼当事人权益和保护其他利害关系人权益的关系。行政行为在直接影响行政相对人权益的同时，亦可能对其他主体的权益产生不同程度的影响。根据《行政诉讼法》第二十九条，公民、法人或者其他组织同被诉行政行为有利害关系但没有提起诉讼，或者同案件处理结果有利害关系的，可以作为第三人申请参加诉讼，或者由人民法院通知参加诉讼；法院判决第三人承担义务或者减损其权益的，第三人有权依法提起上诉。据此，人民法院在办理行政案件的过程中，要统筹考量行政行为、案件结果所可能影响的主体范围，在相关主体未申请参加诉讼时，主动依职权通知其参加诉讼，更好平衡当事人和利害关系人之间的权益，切实防止为保障当事人权益而损害案外人权益。

七是正确处理保护个人权益和保护公共利益的关系。从应然层面看，行政机关作为公权力主体，其所实施的各种行政行为都要以维护和发展公共利益为目标，行政机关没有也不应该有自身的私益。但实践中少数行政机关打着公共利益的旗号，实际上为了维护部门乃至个体私益。对此，人民法院要准确理解立法精神，合理把握公共利益范围，坚决防止公共利益的不当扩大化。比如，要妥善认定行政机关与企业签订的合同效力，对行政机关以公共利益需要为由，实则是因政府换届、领导人更替等原因违约的，要依法支持民营企业的合理诉求；又如，要妥善审理因政府规划调整、政策变化引发的行政纠纷案件，即使是确因国家利益、公共利益或者其他法定事由改变政府承诺的，也要依法判令补偿财产损失；再如，对同时涉及民营企业与国有企业的案件，要平等保护双方权益，不能单纯以防止国有资产流失为由让民营企业承担更多损失。

八是正确处理保护行政相对人权益和支持行政机关依法行政的关系。一方面，对行政相对人合法权益的保障即是对依法行政的支持和促进；另一方面，行政机关依法行政也是相对人实现合法权益的重要条件和保障。因此，保护行政相对人权益和支持行政机关依法行政，二者在本质上是统一的。在行政诉讼过程中，对行政相对人权益的保护限于合法合理的诉求，对缠诉闹访等情形要予以有效规制，不能为了息事宁人而判决行政机关承担法外义务；对行政行为的审查以是否合法为主，但在特定情形下亦需要考虑行为的合理性，特别是对合法行政行为给相对人造成的损失，要积极支持相对人的补偿请求。

九是正确处理保护权益与防止权利滥用的关系。如前所述，立案登记制改革一方面基本解决了行政诉讼中的“立案难”问题，同时也给少数当事人滥用诉权、恶意诉讼、无理缠讼乃至虚假诉讼等提供了“可乘之机”。对此，要深刻认识到依法保障相对人权益始终是行政审判工作的主流，决不能因少数当事人不合理不合法的诉讼行为而畏首畏尾，甚至降低保护水平、弱化保护力度。与此同时，要进一步加强对恶意诉讼、虚假诉讼等权利滥用行为的甄别，探索完善更加有效的规制手段，降低此类行为的发生率，以保障有限的司法资源能为正常行使诉讼权利的当事人提供必要且充裕的司法救济。

十是正确处理保护行政相对人案内权益和案外权益的关系。实践中，个别案件的行政相对人面临“赢一阵子，输一辈子”的窘迫问题，也即虽然打赢了一场行政诉讼，案内权益获得保障，但作为败诉方的行政机关在诉讼结束后，给相对人“打闷棍”“穿小鞋”，比如选择性执法、不当设置门槛、减少优惠政策、对合法合理诉求拖延办理、行政处罚畸重、偏袒竞争对手等，导致相对人的案外权益遭受侵害。此种情况不仅严重违背公平公正原则，久而久之会使得相对人“敢怒不敢言”。对于这类现象，行政审判要敢于担当、积极作为，特别是对原被告双方相同的案件，要注重统筹把握，准确判断被诉行政行为是否符合比例原则、平等对待原则、正当裁量原则，行政机关在作出行政行为时有没有追求不正当目的，是否考虑了不相关因素或没有考虑相关因素，是否做到相同情况相同处理、不同情况有所区分等，确保相对人不受行政机关的不当对待。

第九章
行政审判工作与产权保护

财产权是人的主体性价值的集中表现，是维系人类生存所不可或缺的基本权利，是人类获取其他权利自由的物质基础。“没有自由，某种形式的财产权是可能的，而没有财产权，自由却是不可想象的。”[①]党的十八大以来，党中央、国务院高度重视产权保护工作。党的十八届三中、四中、五中全会就此提出明确要求，强调国家保护各种所有制经济产权和合法利益，健全以公平为核心原则的产权保护制度，推进产权保护法治化。在此基础上，2016 年 11 月 4 日，中共中央、国务院正式印发了《关于完善产权保护制度依法保护产权的意见》(以下简称《意见》)。《意见》的发布，将产权保护工作纳入了法治建设的轨道，对完善我国产权保护制度，推进产权保护法治化作出了全面部署。为全面

---

① Riehdar Pipes，Property and Freedom，NewYork，Alfred Knopf，1999，p.8.

贯彻落实中共中央和国务院的产权保护意见，最高人民法院于2016年11月28日发布了《最高人民法院关于充分发挥审判职能作用切实加强产权司法保护的意见》和《最高人民法院关于依法妥善处理历史形成的产权案件工作实施意见》两个司法文件，为党中央和国务院制定的关于产权保护的重大国策提供了重要司法保障。行政审判是我国司法体系的重要组成部分，在行政审判工作中贯彻落实《意见》和最高人民法院发布的两个文件，切实保护产权，应当注意把握好以下几点：

一、找准切入点

产权是经济所有制关系的法律表现形式，从狭义角度看，它包括作为经济基础的财产所有权，以及与所有权有关的占有权、支配权、使用权、收益权和处分权等等。而从广义角度看，它还包括基于财产占有而享有的上层政治权利。政府通过行政权对人民的产权进行保障，反之人民凭借拥有的产权维护自身权益，激励行政权的规范行使。所以，产权与治权的关系并不仅仅是人与人之间的利益关系，更多地表现在人与人之间的权力关系。[①] 因此，划定各类产权与作为国家治权核心的行政权的交集，准确把握其中行政纠纷的易发、多发点，进而找准行政审判在产权保护工作中的切入点，是理清行政诉讼领域产权保护工作思路的关键。为此，应做好以下工作：

① 参见邓大才：《产权与政治研究：进路与整合——建构产权政治学的新尝试》，载《学术月刊》2011年12月（第43卷）。

（一）要加大对行政处罚、行政强制和征收征用等行政行为的司法审查，切实保护合法的私人产权

在种类众多的行政行为当中，行政处罚、行政强制、行政征收是强制性最强，干涉性最大，对产权影响最甚的几类行为。加大对这几类行政行为的司法审查，给其安上“紧箍咒”，是保护产权的重要抓手。具体来说：

对于行政处罚，要严格审查处罚的职权依据，严格监督无法律、法规明确规定而随意实施的行政处罚行为；要充分利用修订后的《行政诉讼法》赋予人民法院对行政行为适当性的审查职权，促使行政处罚正当、必要、适度；要加大对处罚程序合法性的审查，重点保障相对人的告知、陈述、申辩、听证、送达等各项程序性权利，用正当程序限制和防止行政处罚权的滥用。

对于强制措施，要严格区分违法所得和合法财产，坚决制止将扣押合法财产作为办案手段，以强制措施代替行政处罚的作法；要按照比例原则审查强制措施的适当性，对确需采取查封、扣押、冻结等措施的，要在条件允许的情况下为相对人预留必要的流动资金和往来账户，最大限度降低强制措施对正常生产经营活动的不利影响；要慎重对待无主财产等涉案财物的处置行为，严格审查涉案财产处置的事实和法律依据，防止对相关债权、质权、抵押权等合法权利造成侵害；要按照公开、公正和规范高效的要求，严格执行、不断完善涉案财物的保管制度，对于行政机关违法强制行为导致涉案财物损毁的，依法予以国家赔偿。

对于行政征收，要合理界定征收征用中公共利益的范围，防止因公共利益泛化使私人产权受到非法侵害；要尽快明确征收征用特别是农村集体土地征收过程中补偿标准、原被告资格等一系列有争议的问题，明确执法尺度，统一裁判标准；要在个案中加强对征收、征用的职权依据、法定程序、征收范围、安置补偿方式的司法审查，有效解决征收征用中超越职权、滥用职权、程序不规范、补偿不合理等侵害相对人合法产权利益的问题。

（二）要加大对行政协议的司法审查力度，防止行政主体随意违约而侵害相对人的合法权益

要加大对政府违反承诺，特别是仅因政府换届、领导人员更替等原因单方变更、解除合同的监督力度，扎紧政府不诚信的篱笆；要注意保障国家利益和公共利益，依法平等全面保护产权，对于政府确因国家利益、社会公共利益等事由行使行政优益权的，要在给予行政相对人合理补偿的前提下，依法予以支持；要顺应行政管理方式的转变，深入研究政府与社会资本合作协议、政府特许经营协议等新型行政协议的实际运行状况，并运用于相关司法解释的制定过程中，为产权保护提供良好的制度保障。

（三）要加大对行政机关等行政主体不作为的监督，防止消极不作为对相对人合法权益的不利影响

现代行政理念已经从“管理得最少的政府是最好的政府”过渡到“能提供优质服务的政府是最好的政府”“公法与无为政府挥手作别，公法的经济之维茁壮成长”。[①] 现代行政机关不仅要尊重和维护市民社会的私法自治，防止行政权的过度行使侵犯私有财产权，而且要承担起以公法手段保护私有财产权的职责。在财产权归属不明、各类产

① 袁曙宏、宋功德：《统一公法学原论——公法学总论的一种模式（下卷）》，中国人民大学出版社 2005 年版，第 239 页。

权受到他人的非法侵害、私有财产权需要借助公权力得以实现等情况下，司法机关要通过对行政不作为的法律控制，督促行政机关积极行使行政权，从而弥补市民社会私法自治和私法保护的不足，对私有财产权提供有效的保护。

（四）要加大对规范性文件的司法审查，防止政府利用行政决策权侵犯个人的合法权益

规范性文件具有能够针对不特定对象反复适用的特性，是一种具有普遍约束力的行政行为。因此，规范性文件一旦违法并侵害相对人的合法产权，造成的影响和破坏力远甚于一般的行政行为。为此，《行政诉讼法》第五十三条第一款规定："公民、法人或者其他组织认为行政行为所依据的国务院部门和地方人民政府及其部门制定的规范性文件不合法，在对行政行为提起诉讼时，可以一并请求对该规范性文件进行审查。"该条确立了人民法院对规范性文件进行司法审查的基本原则。在审判实践当中，各级法院要充分发挥这一审判职能，防止政府利用行规范性文件或披着规范性文件外衣的具体行政行为侵犯个人的合法产权权益。

二、把握平衡点

行政审判是一座托起"官"与"民"的天平，这决定了它所处理的对象不仅涉及相对人的个体权益也涉及公共利益和国家利益，不仅涉及诉讼当事人的利益还涉及其他非当事人的权益保护。在处理这些案件的过程中，要真正做到案结事了，需要把握好以下几方面的平衡：

（一）平等保护国有产权和非国有制产权

国内外社会发展的经验表明，建立完善的公平竞争的市场经济体系，建立普遍的平等保护的产权体系，是保证经济健康发展、社会和谐进步的制度前提。而平等保护的产权体系本质上是权力平衡的政治体制的反映。一个国家只有破除权力失衡的政治制度框架，形成社会公众能够对当权者进行有效约束制衡的局面，建设真正的民主法治社会，才能有效落实各种所有制产权的平等保护，从而实现经济政治和社会全面发展进步。[①] 改革开放以来，我国通过大力推进产权制度改革，基本形成了归属清晰、权责明确、保护严格、流转顺畅的现代产权制度和产权保护法律框架，全社会对各种所有制的产权保护意识不断增强，保护力度不断加大。但是由于历史原因，当前既存在对非公有制经济的不合理规定和各种隐性壁垒侵害非公有制产权本身或影响其效能发挥的问题；也存在改革过程当中，一些行政机关和工作人员利用其掌握的国有产权资源寻租，低价转让国有资产，侵害国家利益的问题。对此，人民法院要有所作为，充分保护各种产权利害关系人通过行政诉讼监督公权力的行使，构建权利与权力平衡的调节器，确保《意见》中“平等保护”这个产权保护的首要原则切实得到贯彻执行。

（二）协调好保护公共利益和保护个人利益的关系

从经济学和社会学的角度看，私有财产绝对的理念对于建立良好的社会经济秩序具有一定的消极作用。反之，由于私有财产本质上是社会财产的一部分，因公共利益而对私有财产进行一定的限制或特

---

① 参见李晓光:《政治体制与产权制度匹配关系的经济学分析》，载《经济社会体制比较》2009 年第 1 期。

殊利用，有利于建立正常良好的社会经济秩序以及增加公共财富。然而，由于公共利益和个人利益与各自的权利人联系紧密程度不同，代表公共利益的国家和代表个人利益的个人在政治地位上不对等，在公益与私益的博弈过程中，常常会出现两种极端情况：私有财产因所处的弱势地位而被不当限制，或公有财产因所有权不清晰而被蚕食。要让二者在对立统一中获得发展，就必须协调好保护公共利益和保护个人利益的关系，清晰界定各自的概念和范围以实现静态平衡，并在相互转换过程中通过补偿数量和支付方式的调整实现动态平衡。

（三）平等保护行政相对人和竞争权人

遭受不公平待遇的竞争者是真正有动机起诉行政机关，以迫使其遵守有关法律法规的人，因行政行为违法而遭受经济利益损害的竞争者提起的诉讼，是防止行政机关作出武断或者反复无常的行政行为的有效保障。因此，在政府采购、国有土地出让、行政许可等涉及多方利益的行政行为的实施过程中，不仅要保护相对人的合法权益，更重要的是对竞争权人的保护。对此，传统的私法救济手段显然无法充分满足竞争权人的救济要求。以国有土地出让合同为例，如果仅仅追究行政机关的缔约过失或是损害赔偿责任，则一方面，竞争权人只能获得直接损失和信赖利益的损害赔偿，对于那些希望通过政府行为获得其中所包含的重大商业利益的竞争权人而言，无法满足他们寻求权益救济的初衷；另一方面，仅仅追究行政机关的损害赔偿或缔约过失责任也不能实现政府签订出让合同的目的，只有纠正行政机关的违法行为，恢复有效的竞争秩序才能够重新发挥政府对市场和资源的调控作用。[①] 因此，要真正实现行政相对人和竞争权人的平等保护，就必须充分依赖和发挥能够通过撤销或者中止的方式直接纠正行政机关违法行为的行政诉讼的功能。

（四）兼顾实质正义和形式正义

实质正义重在权利义务分配的公平合理，它强调“给予每一个人以应得的东西”。形式正义则强调程序和规则，它出自一句著名的法律谚语，即“正义不仅应得到实现，而且要以人们看得见的方式加以实现”。从人类发展的终极目标来看，法治的最高价值追求是全面实现实质正义。但受制于社会生活的复杂性和不确定性以及人类认识的局限性，努力实现形式正义和实质正义的平衡是现实而必要的。追求实质正义，不能以违背或者破坏程序为代价，防止只求结果，不要过程，忽略甚至违反程序；强调程序正义，绝不意味着放弃对实体正义的追求，只求过程不重结果，搞所谓“程序至上”或者“程序绝对优先”。[②] 各级法院在审理案件时，尤其是在处理一些因历史上法律规定不明确或前后法律规定不一致而形成的案件时，要特别注意在重视实质正义的同时，兼顾形式正义，不搞“反攻倒算”。只有形式正义的存在，才会使当事人和公众相信裁判结果的合理性，并服从这种结果，即便这种结果不利于当事人或者从后来的观点看该结果并不具有实质合理性。

---

① 参见姚燕：《论政府采购中第三人权利救济制度》，2003 年清华大学法学硕士学位论文。

② 江必新：《十八大以来中国特色社会主义司法理论的创新与发展》，载《中国审判》总第 126 期。

（五）依法保护公法权利和私法权利

公法与私法的划分源自古罗马。乌尔比安认为，凡保护国家公益的法为公法，保护私人利益的法为私法。公法权利是指公法上明文规定的公民享有的权利。私法权利，则是指受到私法保护的以满足个人需要为目的的权利。前者包括知情权、参与权、选举权、控告检举权、申辩陈述权和获得公平审判的权利等等，后者则包括财产权、人格权、健康权、名誉权等等。私法权利是公法权利的来源和归宿，公法权利为私法权利提供保障并划定界限。没有公法权利，私法权利的实现是不可想象的，但如果无视私法权利，公法权利就会失去价值目标。在产权保护工作中，应当兼顾两种利益，既要对财产的所有权、使用权等直接的私法权利给予保护，也要重视对私法权利的实现具有重要意义的给付请求权、知情权、参与权、诉权、复议权、建议权等公法权利的保障。

（六）统筹合法性与合理性

自 1989 年《行政诉讼法》出台并实施以来，随着行政审判制度对行政权监督、制约作用的发挥，行政机关的公然违法行为越来越少，取而代之的是一些表面合法但实质上并不合理的行政行为对包括产权在内的各种合法权益的侵害。与此同时，随着行政活动的逐渐活跃，特别是不动产登记、征收征用、劳动和社会保障、行政裁决行为中裁量权的不断扩大，片面强调行政行为的合法性审查原则，忽视对被诉行政行为合理性的审查，就无法真正做到行政争议的实质性解决，更无法回应人民群众对行政审判的新要求和新期待。因此，修订后的《行政诉讼法》将“明显不当”这样一个合理性审查的标准正式纳入行政行为合法性审查的范畴。在行政案件中，人民法院应当在坚持合法性审查的前提下，兼顾并强化对行政行为合理性的审查。

三、拧住风险点

从以上的分析可以看出，产权问题自身的复杂性，决定了行政审判在产权保护工作中需要在不同产权、不同主体、不同利益、不同价值目标之间统筹兼顾，综合协调。在这一过程中，要特别注意以下风险点的防范：

（一）避免用现在的法律标准衡量过去的经营行为

很多企业发展之初，受到市场机制不完善、法律制度不完善等历史条件的制约，在企业的初始建设阶段，并未能完全严格依照当时法律的规定建立和经营企业。对此，《意见》明确指出，要严格遵循法不溯及既往的原则，要以发展的眼光客观看待和依法妥善处理改革开放以来各类企业特别是民营企业经营过程中存在的不规范问题。这一要求，不但兼顾了实质正义和形式正义，也是公权力自我约束的表现，还是依法治国的应有之义，即：一个法制健全的国家，要确保因信赖既存的法律和社会秩序，而安排其生活或处置其财产的经营者，不因政策的完善、法律法规的制定或修正，遭受不能预见的损失。

（二）避免过度执法，轻错重罚

“过罚相当”是公平正义的基本体现，它要求行政机关在选择处罚种类和处罚幅度时，应当考虑违法行为的事实、性质、情节以及社会危害程度等因素，避免处罚畸轻畸重。从产权保护的角度看，尤其要防止轻错重罚，过度执法。实践当中，为避免使“过罚相当”变得不可捉摸，有两个原则要注意把握：一是比例原则，要求行政机关实施行政处罚应当兼顾行政目标的实现和相对人权益的保护。如果行政目标的实现可能对相对人的权益造成不利影响，则这种不利影响应被限制在尽可能小的范围和限度之内，二者应当有适当的比例。二是说明理由制度。这里的理由包括行政处罚的合法性理由和行政处罚的正当性理由。其中，前者主要是说明作出处罚的事实和法律依据，后者则主要用以支撑处罚裁量的正当性，防止处罚权的滥用。

（三）避免公共利益扩大化，以公共利益为名行损害私人利益之实

在世界各国的法治发展过程中，私有财产与公共利益产生矛盾是比较常见的，私有财产的利用是不是被限制，通常取决于它是不是妨碍了公共利益。根据我国《宪法》第十三条的规定，公民合法的私有财产不受侵犯。但国家为了公共利益的需要，可以依照法律规定对公民的私有财产实行征收或者征用并给予补偿。根据《物权法》第四十二条的规定，为了公共利益的需要，依照法律规定的权限和程序可以征收集体所有的土地和单位、个人的房屋及其他不动产。可见，公共利益是国家干预私有财产权的一个基本出发点。然而，公共利益是最为典型的不确定法律概念，这一特点决定了在实际操作过程中，存在着将公共利益泛化，以公共利益为名，行损害私人利益之实的巨大风险。因此，尽管在不同领域内，在不同情形下，公共利益并不相同，情况相当复杂，很难对公共利益作出统一的具体界定。但是，我们还是可以并且应当根据公共利益本身所具有的特点，把握好以下几点：一是公共利益具有公共物品的特征，排除单纯私益性。国家安全、公共基础设施建设和社会公共事业、公共福利应属于“公共利益”的构成范围。二是公共利益具有非营利性。这就决定了那些营利性的商业开发活动不能动用征收权。三是公共利益具有持续的公共功能。人民法院在审查以公共利益为出发点的行政行为的合法性时，要看其追求的最终目的是否具有公益性，即行为的目的是否主要为了让社会公众受益，而不在于这个公共利益目的实现过程中是否也让特定的企业或私人获益。①

（四）避免把维稳和维权对立起来，切实维护公民的合法权益

稳定是实现人权的前提，没有稳定的社会环境，人权的实现将失去起码的社会条件。同时，维护社会稳定的根本目的是为广大人民谋福祉，落实可持续发展的人权价值理念，更好地尊重和保护人权。因此，二者在根本上是一致的、统一的。但在实践中，由于维稳基本上是来自政府的目标，而维权却通常是民众的要求，二者常常被对立起来。有的地方为了维稳不惜牺牲个人权利，激化社会矛盾。还有的地方通过运动式维稳、“人民币式维稳”等急功近利的手段，掩盖社会矛盾，未从根本上解决群众的合理诉求。党的十八大以来，党中央高度重视法治建设，高度重视运用法治思维和法治方式来解决问题，强调为改革发展稳定服务，要始终在法律范围内进行；强调法律红线不能触碰，法律底线不可逾越；强调只服从法律，只服从事实，不能超越宪法和法律来服务改革发展稳定。因此，各级法院要严格依法监督行政权的行使，引导公民将维权纳入法治轨道，而不能在涉及公共利益和稳定的问题上选择“退避三舍”。

四、关注着力点

实现产权保护，制度是根本，人员是关键。只有抓好制度建设、队伍建设，并在全社会范围内形成依法保护产权的良好氛围，才能有

① 江必新、梁凤云：《物权法中的若干行政法问题》，载《中国法学》2007 年第 3 期。

效推动产权保护工作健康、持续的发展。具体来说：

（一）提升司法为民公正司法能力，提升行政审判工作效率，提升法官自身素质和能力，提升对法官执业的监督力度

随着法治建设的日益完善和社会经济的快速发展，人民法院的受案范围不断扩大，复杂疑难案件不断增加，审判力量与审判任务不相适应的矛盾日益突出。面对这种形势，党的十八届四中全会《决定》提出要“推进法治专门队伍正规化、专业化、职业化，提高职业素养和专业水平。”司法活动具有特殊的性质和规律，司法权是对案件事实和法律的判断权和裁决权，要求司法人员具有相应的实践经历和社会阅历，具有良好的法律专业素养和司法职业操守。为此，广大法官和相关司法人员必须不断加强自我修养和实践磨砺，做到不仅能够低头办案，还能及时学习；不仅懂法律知识，还了解社会实践；不但是业务熟手，还能成为理论专家。与此同时，还要进一步强化考核监督机制，使监督者自身接受更加严格的监督。在业务方面，把案件质量和数量考评相结合；在作风方面，把组织考察与公众反映相结合，把工作作风与生活作风相结合；在廉政建设方面，做到既要严肃处理违法违纪行为，又要坚决保障法官依法履行职责。

（二）不断完善相关制度，努力让人民群众在每一个司法案件中感受到公平正义

司法是公平正义的最后一道防线，“中立的司法是法的实体价值实现的通道，实体价值通过一环扣一环的司法行为得以具体化、现实化。”[①] 保护产权作为法治社会追求的基本目标，也必须通过公正的司

① 齐延平：《人权与法治》，山东人民出版社 2003 年版，第 250 页。

法程序得以实现。人民法院在案件审理的过程中，对于违法侵犯产权的行为要敢于亮剑，该撤销的一律撤销。为此，要建立并严格落实领导干部干预司法活动、插手具体案件处理的记录、通报和责任追究制度，并结合体制改革、管辖改革等手段，排除非法干预；要健全行政机关及其负责人依法出庭应诉、尊重并执行生效裁判的制度；要完善惩戒妨碍司法机关依法行使职权、拒不执行生效裁判和决定、藐视法庭权威等违法犯罪行为的法律规定；要通过白皮书、典型案例公布等方式统一裁判标准，让人民群众在每一个案件中感受到等质等量的公平正义。

（三）通过传统媒体和新媒体等多种载体，以广大网民喜闻乐见的方式，宣传好行政审判工作

对于产权保护工作，人民法院不仅要练好内功，还要及时地回应社会关切，接受社会监督，满足人民群众的知情权。要通过文书上网、庭审直播、法宣短片、微信微博、动漫制作等广大网民喜闻乐见的方式，在提高司法工作透明度，保障司法公正的同时，强化司法裁判的教育、示范、引导、评价功能，在全社会树立起依法保护产权的法治信仰。做到让公正看得见，让正义更直观。

第十章
行政审判的核心原则

行政诉讼基本原则是指由宪法或者法律规定的，反映行政诉讼的基本特点，对于行政诉讼有普遍指导意义的，在审理和解决行政纠纷过程中必须遵循的基本准则。行政诉讼基本原则主要具有探知立法意旨、总揽程序准则、拓展司法解释和司法活动、传播行政诉讼基本理念四个方面的功能。基本原则因其规定于《行政诉讼法》的总则部分而成为“基本”原则，因其在诉讼中的不同层次而呈现差异。根据基本原则在《行政诉讼法》中的地位以及对行政诉讼的具体制度的涵摄强度的不同，可以将行政诉讼基本原则分为核心性的基本原则和一般性的基本原则。核心性的基本原则就是核心原则，是指在整个基本原则体系中，最能够深刻揭示行政诉讼基本精神，对其他基本原则的实质涵义和具体内容能够起到引领和统率作用的基本原则。一般性基本原则，即一般原则，是指在基本原则体系中处于揭示某方面立法意旨、诉讼理念的，以核心原则为指导的基本原则。在行政诉讼中，核心原则是合法性审查原则和保障诉讼权利原则，以下将对其分别进行阐述。

一、合法性审查原则

几乎所有的著作和教材都将对被诉行政行为的合法性审查原则作为行政诉讼的最主要的基本原则或者特有原则。所谓对行政行为合法性进行审查是指人民法院通过依法受理、审理行政案件，对行政行为的合法性进行审查，并作出判决。审查行政行为的合法性不仅包括审查案件的审理过程，还包括对于案件的受理、法律适用以及判决等诸多环节进行审查。

合法性审查原则是行政诉讼法最具特色的基本原则。这个原则是其他基本原则的渊源或根据，可以说，行政诉讼的所有程序和基本制度就是围绕这个核心原则建立起来的。根据参与立法的一些学者的介绍，中国《行政诉讼法》确立合法性审查原则主要基于以下原因：其一，行政权和司法权有一定界限。依法行政既包括行政机关依照羁束性的法律行使行政权，还包括行政机关依照享有自由裁量权的法律行使职权。后者涉及合理性问题，法院原则上不要干预。其二，行政管理涉及的专业性较强，需要丰富的行政工作经验和专业知识。法院审判人员不可能具备各方面的专业知识。因此，要求审判人员对行政行为是否适当进行审查并作出决定，有些是难以承担的。其三，法院如果对行政行为适当性进行审查，进行干预，等于多了一个行政上级，可能妨害行政机关有效地进行行政管理。[1] 其四，人民法院长期进行审判活动，对于适用法律最有经验，对法律问题容易作出正确的评价。如果由行政机关最终解决合法性问题就会导致行政专横和法制混乱。实际上，不仅在中国，几乎所有的法治国家都确立了类似对行政行为进行合法性审查的原则。例如，英国的越权无效原则，法国的行政法治原则和均衡原则，[2] 德国的法律优先、法律保留和比例原则，美国的正当法律程序原则等。一般而言，法治国家都将审查行政行为的合法性置于极为重要的地位。只有在特别的情况下，承认对行政行为的合理性进行审查。但是，即便主张将对行政行为进行合法性审查列为基本原则，并不妨碍对行政行为合理性审查的探讨，因为有原则就应当有例外。因此，合法性审查原则作为核心原则仍然具有较强的理论支撑和实践基础。

（一）合法性审查原则的内容及其评价

按照《行政诉讼法》的规定，对被诉行政行为进行合法性审查原则，主要包括以下两项内容。

1. 人民法院在行政诉讼中的直接审查对象是被诉行政行为

《行政诉讼法》第二条规定，公民、法人或者其他组织认为行政机关和行政机关工作人员的行政行为侵犯其合法权益，有权依照本法向人民法院提起诉讼。这个规定明确界定了可诉性行政行为的外延。

① 顾昂然：《行政诉讼法起草情况和主要精神》，载《行政诉讼法专题讲座》，人民法院出版社 1989 年版，第 26~27 页。胡康生：《〈行政诉讼法〉立法过程中的若干问题》，载《行政诉讼法专题讲座》，人民法院出版社 1989 年版，第 41~42 页。当然，参与立法的学者对于合法性与合理性有不同的看法。胡康生认为，合法性审查原则意味着对具体行政行为是否适当基本不管。所谓“基本不管”就是除了行政机关滥用自由裁量权和行政处罚显失公正的以外，对具体行政行为是否适当的问题，一般通过行政机关行政复议解决。

② 王桂源：《论法国行政法中的均衡原则》，载《法学研究》1994 年第 3 期。

可诉性行政行为必须具有三个要素：必须是拥有行政管理职权的机关、组织和个人所实施的行为；必须是与行使行政职权有关的行为；必须是对公民、法人或者其他组织权利义务产生实际影响的行为。第一，这个概念将法律行为扩大到了事实行为。第二，从单方行为扩展到双方或者多方行为。行政协议已经纳入行政诉讼受案范围。第三，从涉及人身权和财产权的行政行为扩展到除政治权以外的所有其他权益的行政行为。尤其是包括社会性权利和经济性权利，包括社会保障权、受教育权、劳动权、休息权等，这些权利实际上或多或少、直接或间接地包括人身权和财产权的内容。[①]

当然，行政诉讼审查对象不仅限于行政行为，对于行政行为依据的规章以下的规范性文件也已经纳入附带审查范围。但是，法院只能间接、具体、附带地审查规范性文件的合法性，不能直接、抽象、独立地对规范性文件进行审查。许多行政行为之所以违法，是由于根源上作为行政行为依据的规范性文件违法。将规范性文件纳入附带审查范围，有利于从根源上减少行政争议，这也有助于实现与《行政复议法》的有效对接。此外，《行政诉讼法》规定的“参照规章”属于人民法院间接对规章审查的制度。[②]

2. 人民法院着重审查被诉行为的合法性

中国的传统行政诉讼法理论认为，法院对被诉行为的审查仅仅局限于合法性。理由主要包括：合法性审查属于法院管辖范围，合理性属于行政机关的裁量范围；法院对于合法性审查更有经验，行政机关对于合理性更具专业知识等。我们认为，法院对于合理性问题原则

① 参见江必新：《中国行政诉讼制度之发展——行政诉讼司法解释解读》，金城出版社2001年版，第31~33页。

② 胡建淼主编：《行政诉讼法学》，法律出版社2004年版，第33~34页。

上不予审查，在例外的情况下可以进行审查。以合法性审查为原则并不意味着在制度设计上与其严丝合缝，没有一种制度是绝对的。实际上，在司法实践中，合法性与合理性只是程度上的区别，严重不合理的行政行为就成为违法的行政行为。实践中关于将合法性和合理性严格界分的尝试已经失败。将合法性与合理性视为对立起来的两个概念本身就不是科学的。法与理从来就不是非此即彼的关系。因此，将合法性审查原则理解为排斥合理性审查的理由在逻辑和实践上都是站不住脚的，同时，对人民法院审查行政行为合法性造成了人为障碍。

对于合法性审查的研究，应当从合法性审查本身观察。行政诉讼法的有关规定似乎强化了一种意识，即对行政行为的合法性的判断包括两个方面：合法的抑或违法的。合法的就维持，违法的就撤销、重作、履行或者变更。实际情况并非如此。合法性审查在司法实践中应当作适法性理解，即法院对于行政行为合乎法律的状况予以判断。有的学者研究认为，合法与违法之间并非非此即彼的关系，被诉具体行为不违法并不意味着它就合法，合法是有较为严格的法律要求的。[①] 适法性实际上包括合法、违法以及不违法的状况。所谓合法即证据确凿，适用法律法规正确，符合法定程序等；违法则各具形态，此不列举；不违法则是没有触犯法律的禁止规定。由上可见，合法是具有比较严格的条件的，违法则不可列举。由对于判决适用条件的规定可以认为，《行政诉讼法》确立的合法性审查原则似乎只能作出这两种适法判断。实际上对于合法性的判断还应当包括不违法的情形。例如，向工商机关申请税务登记，工商机关不予受理，相对人起诉要求工商机关履行法定职责。法院经审理认为，工商机关的不予受理行为不违

① 张树义主编：《寻求行政诉讼制度发展的良性循环》，中国政法大学出版社 2000 年版，第 256 页。

法，驳回原告的诉讼请求。此种情况下，对工商机关的行为不能认定为合法，同样不能认定为违法，只要认定工商机关不违法即可。《最高人民法院关于适用〈中华人民共和国行政诉讼法〉若干问题的解释》颁布后，驳回原告诉讼请求判决进一步确立了这种适法性状态。[①]另外，法院可以作出确认行政行为有效或无效的判决，也就是说，适法性还包括对行政行为效力的评判。

此外，合法性审查原则还包括人民法院依法适用法律法规的涵义。《行政诉讼法》第五十二条规定了审查被诉具体行政行为合法性的依据以及参照根据。关于行政案件的法律适用问题，此不详述。

3. 对合法性的审查不仅包括审理阶段，而且贯穿于行政诉讼的全过程

行政诉讼是一个由各个阶段组成的连贯的过程，但这不意味着行政诉讼必须由起诉、受理、审理、裁判和执行等过程构成。一般的教材和著作将对行政行为合法性的审查局限于审理过程，稍显偏狭。对被诉行政行为进行合法性审查之所以成为基本原则，正是因为此原则贯穿于行政诉讼的全过程。实际上，无论是在立案过程中还是执行（尤其是非诉行政执行）过程中都存在合法性审查。就立案程序而言，公民向人民法院提起行政诉讼，按照《行政诉讼法》的规定，应当具备以下条件：原告是认为行政行为侵犯其合法权益的公民；有明确的被告；有具体的诉讼请求和事实根据；属于人民法院受案范围和受诉人民法院管辖等。原告起诉后面临两种结局：裁定不予立案或者立案。裁定立案而后进入正常行政诉讼程序自不待言。裁定立案后又驳回起诉是否经过了合法性审查在理论上存在争议。我们认为，《行

① 即，对于起诉被告不作为理由不能成立的，判决驳回原告诉讼请求。

政诉讼法》确立的是对被诉行政行为进行合法性审查的原则，被诉行政行为不是经过法院确认的属于真正的行政行为，而是起诉人认为的行政行为。只要法院对被诉的而不是已经为诉讼所系属的行政行为进行了适法性审查，就应当认为是对被诉行政行为合法性进行了审查，不需要狭义地坚持“审查”就必须“审理”的论点。就非诉行政执行而言，《行政诉讼法》和司法解释规定了人民法院受理行政机关申请执行其行政行为的案件后，应当由行政审判庭组成合议庭对行政行为合法性进行审查。有人认为，非诉行政执行不是行政诉讼，所以此处不能进行合法性审查。我们认为，从严格意义上讲，由于非诉行政执行当事人一方仅仅是申请执行的行政机关，没有形成两造对抗的格局，不是典型的行政诉讼。但是，关于非诉行政执行的合法性审查是行政诉讼法的重要组成部分。根据《行政诉讼法》的规定，我国法院的行政审判庭的职责有两项：审理行政案件和审查行政机关申请执行其行政行为的案件。广义上的行政诉讼包括了后者。尤其是，许多国家设置的执行诉讼实际上与我国的对非诉行政执行的合法性审查有相当的类似性，其间亦有主张设置执行诉讼者。[①] 另外，在司法实践中，许多地方的法院已在非诉行政执行案件的审查中引入听证程序，其实质也是为了公平起见，赋予已经丧失诉权的相对人以类似诉讼主体的地位。

二、保障诉讼权利原则

行政诉讼法保障诉讼权利原则主要包括以下几项：

① 薛刚凌：《行政诉权研究》，华文出版社 1999 年版，第 180~181 页。

（一）人民法院独立审判权原则

人民法院独立审判权原则也称独立审判原则。我国《宪法》和《人民法院组织法》均有规定，人民法院依照法律规定独立行使审判权，不受行政机关、社会团体和个人的干涉。《行政诉讼法》规定，人民法院依法对行政案件独立行使审判权，不受行政机关、社会团体和个人的干涉。人民法院在行政诉讼中独立行使审判权不仅是行政诉讼的一项基本原则，同时也是一项宪法性原则。审判独立的基本内容是，法院只能根据事实和法律作出判断，不受外界的干预，自主地作出决定。这种独立性要求在司法环境方面应当为法院创造没有现实存在或者潜在的干预，能够保证法院独立理性地作出决定。在行政诉讼中，审判独立的重要价值显得更为重要。因为：行政诉讼的被告是作为行政主体的行政机关，它有条件动员各种力量，从各个方面对主持审判的人民法院施加影响；行政机关控制法院的人财物等工作条件，影响有一定的物质基础；行政诉讼的标的是行政行为合法性，有时会面临以“维护稳定”等借口进行的干涉。可以说，行政诉讼中外来干涉的广泛、严重和复杂程度远远超过其他诉讼所受到的影响。①

在行政诉讼中，审判独立主要包括以下两个方面的独立：

1. 法院系统外部独立是审判独立的第一要义

《联合国关于司法独立的基本原则》第一条规定：“各国应保证司法机关的独立，并将此项原则正式载入其本国的宪法或者法律之中。尊重并遵守司法机关的独立，是各国政府机构及其他机构的职责。”②在我国，法院系统外部独立是指审判独立的外部关系，即法院的行政

① 江必新：《行政诉讼法——疑难问题探讨》，北京师范学院出版社 1991 年版，第 59 页。

② 程味秋等编：《联合国人权公约和刑事司法文献汇编》，中国法制出版社 2000 年版，第 212 页。

审判不受其他国家机关、社会团体和个人的干涉。国家的行政审判权力由人民法院独立行使。国家在人民法院内部设立行政审判庭审理行政案件。独立审判的主体是人民法院，即审判独立是指人民法院独立行使审判权，而不是法官或者法院内部审判组织的独立。这就是说，只有人民法院才是国家行政审判权力的唯一体现者。国家没有给予其他任何行政机关、社会团体和个人干涉行政审判的权力，行政机关、社会团体和个人更不得违法干预行政审判活动。在司法实践中，要特别注意坚持党的领导和接受国家权力机关的监督。根据《宪法》的规定，各级法院应当接受同级人大及其常委会的监督，坚持党的领导。党的领导是路线、方针、政策的领导，而不是审批具体案件、干涉具体案件的审判。实际上，一些地方党委发文要求支持行政审判工作对行政审判工作的独立有效开展创造了良好的外部条件。国家权力机关通过质询等法定程序也可以对法院行政审判进行监督。

2. 法院系统内部独立是审判独立的第二要义

就《行政诉讼法》规定的行政审判体制而言，法院独立审判不仅是指从宏观上作为一个整体的法院体系的独立，同时，对某一具体案件行使审判权的具体法院也是应当独立的。也就是说，法院在审理行政案件时不受上级或者同级法院的非法干预。按照《宪法》和《人民法院组织法》的职权划分，上下级法院之间的关系是监督关系而非领导关系。就具体案件的审判而言，各人民法院行政审判权又是独立的，各自对自己所作的审判结论负责。

（二）法律平等原则

我国《宪法》第三十三条规定，中华人民共和国公民在宪法和法律面前一律平等。我国《刑事诉讼法》《民事诉讼法》都规定了相应的制度。值得注意的是，行政诉讼法关于法律平等的规定与刑事诉讼法和民事诉讼法的规定有一些不同。刑事诉讼的法律平等不是指被告与公诉机关的平等，而是指一切公民在适用法律上一律平等；民事诉讼中的法律平等则是指当事人之间的诉讼权利的平等和对应。我国《行政诉讼法》规定的法律平等是指当事人在行政诉讼中的法律地位平等。这个涵义比刑事诉讼和民事诉讼的涵义更为广泛和深刻。与刑事诉讼不同，行政诉讼法律平等是指当事人在诉讼中的法律地位平等，而非仅指被告一方的适用法律平等；与民事诉讼不同，行政诉讼当事人之间的诉讼权利和义务并非处于相同之地位。由于中国目前行政诉讼针对的主要对象是被诉行政行为的合法性，而非行政纠纷本身，因此，在保障当事人实质平等方面有许多有特色的制度设计。

1. 被告对作出的行政行为合法性负举证责任

这个原则无疑是具有中国特色的，因为任何国家都没有类似的规定。许多西方国家的学者对中国这一制度赞誉有加。有的学者曾经论述，被告对作出的行政行为合法性负举证责任是“谁主张谁举证”在行政诉讼中的具体体现。理由是：行政诉讼审查的是被告具体行政行为的合法性而非原告行为的合法性。因此，如果被告不能证明其行为合法，法院就推定原告的行为或者诉讼主张合法，原告无须为自己的行为举证。被告不仅要证明原告在行政程序中的违法状况，而且必须提供确凿的证据证明自己的行为合法。只有被告提供了充分确凿的证据证明了自己行为合法以后，原告如果还主张被告行为违法，例如提出被告滥用职权行为侵犯其合法权益，这时才由原告负举证责任。[①]

① 张树义：《冲突与选择——行政诉讼的理论与实践》，时事出版社 1992 年版，第 170~173 页。类似的观点，参见姜明安：《行政诉讼法学》，北京大学出版社 1993 年版，第 145 页。

这就是说，在行政诉讼中，行政机关对作出的行政行为合法性负举证责任，对于不作为等行为不负举证责任。原告可以提供证明被诉行政行为违法的证据。但是，原告提供的证据不成立的，不免除被告对被诉行政行为合法性的举证责任。行政诉讼制度对于举证责任的设计，实际上是为了保障行政诉讼当事人实质意义上的平等。这个制度既有中国特色，而且反映了行政诉讼的共通的特点，是一项非常优良的制度设计。

2. 强化当事人诉讼程序权利[①]

行政诉讼法对于当事人的诉讼程序权利规定得比较笼统。与民事诉讼不同，行政诉讼法不可能也不能将当事人的权利绝对对等化，那将导致实质上的不平等。根据司法实践，最高人民法院通过一系列司法解释对当事人的诉讼程序作了适当强化，以进一步推进当事人在行政诉讼中的实质平等。主要是：第一，赋予当事人更多的提出异议、申请复议和上诉的权利，强化当事人对审判权的监督制约机制。第二，赋予当事人更多的选择权利，在可能的范围内强化当事人的处分权利和意思自治。第三，强化必须听取利害关系人的意见的正当程序规则，增加利害关系人到庭质证的机会。第四，赋予特定当事人口头诉讼代理人的权利。第五，明确规定被告补充证据的范围和条件。第六，适当限制人民法院调查取证的权利。第七，通过对违反法定程序的行为设定法律后果，以确保最低程度公正程序的实现。

（三）直接言词原则

直接言词原则是直接原则和言词原则的合称。所谓直接原则是

① 参见江必新：《中国行政诉讼制度之发展——行政诉讼司法解释解读》，金城出版社2001年版，第12页。

指法院审理裁判行政案件，必须由受诉法院审判人员亲自听取当事人和其他诉讼参与人的言词陈述及其辩论，亲自审查证据及其相关诉讼材料，最后直接依法作出判决的原则。直接原则实际上包括两个子原则：在场原则和直接采证原则。言词原则，又称言词辩论原则，是指当事人和法院在实施诉讼行为时，特别是进行辩论、证据调查以及作出裁判，均要求以言词的形式进行。由于上述两项原则均要求诉讼各方亲自到庭出席审判，法官的裁决必须建立在法庭调查和法庭辩论的基础上，严禁以被告方的书面卷宗材料为法庭裁判依据。因此，这两项原则有共通的涵义和功能，在理论上往往综合在一起，称为直接言词原则。直接言词原则是大陆法系国家行政诉讼制度中的一项重要原则，是对中世纪纠问式制度的改革和扬弃后确立下来的。在 19 世纪，一种称为“革新的纠问式诉讼”最终得以确立。在这一制度下，法庭审判作为判决的唯一基础，一般要求按照公开、口头和直接的方式进行。例如，《德国行政法院法》第 108 条第（2）项规定，判决只能依据诉讼参加人在诉讼程序中能发表意见的事实和根据。我国《行政诉讼法》没有直接规定直接言词原则，但是从相关的法律条文中，已经反映出有关的内容。例如，《行政诉讼法》关于合议庭组成、质证、定案证据等规定。这说明我国行政诉讼法制度实际上已经在相当程度上贯彻了直接言词原则。从学理上分析，直接言词原则主要应当包括以下几项内容：（1）案件必须由受诉法院的行政法官审理，亲自听取各方的陈述以及辩论。（2）案件事实及其证据必须由主持审理的行政法官亲自审查判断。（3）案件审理的裁判结果必须由主审法官自行作出。（4）当事人双方均有权对诉讼中的事实和证据问题在法庭上进行辩论。（5）未经过言词辩论不能作出裁判。（6）未经过质证的证据不能作为裁判的依据。

（四）辩论原则

辩论原则是指在人民法院的主持下，当事人就案件的事实和争议的问题，各自陈述自己的主张和意见，互相进行反驳和答辩，从而保护自己的合法权益。当事人为自己的利益而辩，是当事人的最起码的诉讼权利，只有在听取当事人的意见之后，才能作出影响其权利或者义务的决定，这是必须遵守的正当程序规则，是最起码的公正要求。[①]在大陆法系国家，辩论主义是行政诉讼模式的核心内容。辩论主义主要包括以下内容：其一，直接决定法律效果发生或者消灭的必要事实必须在当事人辩论中出现，当事人没有提出的事实不能作为判决的基础和依据；其二，法院应当将当事人之间没有争议的事实进行直接认定；其三，法院原则上只能就双方在辩论中提出的证据进行调查。我国没有采取典型的辩论主义，但是仍然采取了属于广义的辩论原则。例如，《行政诉讼法》关于质证证据效力的规定等。这说明，我国的行政诉讼制度基本体现了辩论原则。从法理上分析，辩论原则应当包括以下内容：

1. 语种不能成为当事人表达意见的障碍。这一内容实际上就是民族语言文字原则。[②]我国《宪法》第一百三十四条规定："各民族公民都有使用本民族语言文字进行诉讼的权利。人民法院和人民检察院对于不通晓当地通用的语言文字的诉讼参与人，应当为他们翻译。在少数民族聚居或者多民族共同居住的地区，应当用当地通用的语言进行审理；起诉书、判决书、布告或者其他文书应当根据实际需要使用当地通用的一种或者几种文字。"我国《行政诉讼法》第九条也重申了

---

① 江必新：《行政诉讼法——疑难问题探讨》，北京师范学院出版社 1991 年版，第 56 页。

② 江必新：《行政诉讼法——疑难问题探讨》，北京师范学院出版社 1991 年版，第 57 页。

这一原则。

2. 当事人有权对争议的问题进行辩论。当事人可以通过辩论权的行使，提出自己的主张和反驳对方的主张，从而达到维护其合法权益的目的。有争议的问题既包括发生争议的实体问题和程序问题，还包括法律适用问题。当事人可以采取言词形式和特殊情况下的书面形式进行辩论。尤其是保证当事人的口头辩论权利，是谓“言词辩论原则”。[①] 辩论的时机，不仅在一审可以进行，在二审和审判监督程序中都可以进行。当然，当事人的辩论必须遵循一定的规则，例如，遵守法庭的秩序，听从法庭的指挥，必须围绕案件的实质问题，不得采取侮辱或者诽谤的词句，等等。人民法院作为辩论的主持者，应当保证辩论在对等的条件下进行，给争议各方以同等的机会；引导辩论各方针对案件的焦点展开辩论；制止、追究辩论中的非法行为等。

3. 法院应当为当事人表达意见提供必要的条件。首先，要使当事人了解对方的观点和根据。人民法院应当在法定期限内将起诉状副本发送给被告。被告向人民法院提交作出行政行为的有关资料，并提出答辩状后，人民法院应当在法定期限内，将答辩状副本发送原告。其次，应当保证当事人拥有当面质证的机会。当事人应当围绕证据的关联性、合法性和真实性，针对证据有无证明效力以及证明效力大小，进行质证。经法庭允许，当事人及其代理人可以就证据问题相互发问，也可以向证人、鉴定人或者勘验人发问。其三，应当给当事人必

① 言词辩论原则包括以下两个方面的内容：第一，参加审判活动的各方当事人以及证人、鉴定人应以口头形式从事辩论、质证等诉讼行为，所有涉及未以口头形式进行的诉讼行为均应视为未曾发生或者不存在；第二，各方当事人对证据的调查应当以口头方式进行，凡未在法庭上以口头方式调查的证据，如未以口头方式询问当事人、证人、鉴定人等，不得作为认定案件事实的根据。我国行政诉讼制度确立了有限的口头辩论原则，在特别情形下允许书面辩论的形式。例如，《行政诉讼证据规定》第四十一条关于提交书面证言的规定。当然，两者的效力有所区别。例如出庭作证的证人证言优于未出庭作证的证人证言。

要的准备答辩的时间。对于案情比较复杂或者证据数量较多的案件，人民法院可以组织当事人在开庭前向对方出示或者交换证据，并将交换证据的情况记录在卷。

4. 辩论的结果应当成为裁判的基础。我国《行政诉讼法》规定，证据经法庭审查属实，才能作为定案的证据。这里的“审查”应当包括征求当事人的意见。但是，如果仅仅允许当事人表达意见而不尊重当事人的意见，则保障当事人的表达权利没有任何意义。有的国家规定法院不得以在法庭辩论中未涉及的事实为裁判依据，当事人具有实质意义的诉讼参与，是形成法官裁判的基础，此是谓约束性辩论原则。约束性辩论原则实际上反映了法院与当事人之间的相互关系：当事人主张事实并提供证据加以证明；法院则对当事人主张的事实，调查其提供的证据并对事实加以认定，最后适用法律作出判决。约束性辩论原则实质是当事人的辩论对法院有约束力。约束性辩论原则的实益在于：一是当事人与法院在诉讼中的职责权限比较明晰，法院最终的判决容易为败诉一方接受；二是由于当事人在诉讼中有充分的平等机会进行选择和表达诉讼主张，法院对当事人给予了充分的尊重，辩论就有了实质内容；三是可以避免法院在认定事实或者调查证据方面对当事人造成裁判突袭，当事人由此质疑法院的公正性；四是保持法官中立裁判，维护诉讼程序的基本公正。

5. 法院在当事人辩论过程中应当行使适当的释明权。法官的释明权实际上是辩论主义诉讼结构的适当修正，也是诉讼秩序和诉讼目的所必须的。查清案件的真实情况虽然是诉讼的重要目标之一，但是当事人不能充分地、恰当地行使辩论权就无法达致纠纷之解决。因此，在公平程序的保障下，法官的引导和释明也是必要的。从某种意义上讲，法官也有释明的职责或者义务。

（五）当事人处分权原则

我国《行政诉讼法》第六十条规定了行政案件不适用调解，但是，行政赔偿、补偿以及行政机关行使法律、法规规定的自由裁量权的案件可以调解。行政诉讼不适用调解是指人民法院在审理行政案件时，不能将调解作为结案的一种方式。实际上，即便是在行政诉讼法制定之初，对于原告具有处分其实体权利和诉讼权利的自由并无异议。[①] 对于被告的“处分权”却采取了不同的处理，即行政机关不能处分其法定职权。理由是：行政机关所拥有的行政管理权同时也是一种职责，不能随便放弃；行政机关作出行政行为是一种代表国家作出的执法行为，不能随意处分。人民法院也不能要求行政机关放弃其职权或职责，否则就是违法行为。但是，国外的司法实践和研究表明，只要法律法规赋予行政机关一定幅度或者范围的裁量权，行政义务就有变动的可能性，调解仍然是具有一定的空间的。[②] 因此，《行政诉讼法》在原先刚性条款基础上进行了修正，增加了但书条款，允许法院对行政赔偿、补偿以及行政机关行使法律、法规规定的自由裁量权的案件可以调解，但同时又对调解进行限制——应当遵循自愿、合法原则，不得损害国家利益、社会公共利益和他人合法权益。对于原告而言，其处分权是一直得到保障的。大陆法系国家的理论认为，在诉讼中何时开始、有何限度、持续至何时方面，承认当事人有主导权的

---

① 皮纯协：《行政诉讼法的概念、基本原则》，载《行政诉讼法专题讲座》，人民法院出版社 1989 年版，第 88 页。

② 参见［日］南博方：《行政诉讼中和解的法理》，杨建顺译，载《环球法律评论》，2001 年春季号、冬季号。笔者认为，中国行政诉讼制度中关于被告在诉讼过程中改变具体行政行为是一种处分行为。尽管行政诉讼司法解释对此进行了若干限制，但基本上不限制行政机关的处分行为甚至有所迁就。例如被告在一审期间改变被诉具体行政行为的，原告不撤诉，且原具体行政行为违法则法院确认其无效。对于被告的约束仅为书面告知人民法院而已。

谓之处分权主义。[①]中国行政诉讼法学界，对于处分原则的内容有以下认识：享有处分权的一般是原告；处分权的范围包括对实体权利的处分和对诉讼权利的处分；诉讼请求的范围由当事人决定，法院不能裁判当事人没有提出的事项；当事人行使处分权必须依法行使。我国行政诉讼制度确立的原告可以处分其权利主要表现为：原告享有起诉权、上诉权、撤诉权、在一定情况下选择被告的权利以及在有正当理由的情况下有提出新的诉讼请求的权利。

行政诉讼的核心原则是行政诉讼基本原则的圭臬，反映了行政诉讼基本原则的内核和价值。对于行政诉讼核心原则的探讨将深化对行政诉讼基本原则的研究，并将对行政诉讼制度的发展产生良好的促进、引导作用。

---

① ［日］三月章：《日本民事诉讼法》，汪一凡译，台湾地区五南图书出版公司1997年版，第179页。

第十一章
完善行政审判体制

党的十八大报告强调全面推进依法治国和加快建设社会主义法治国家的重要意义，并提出了“依法治国基本方略全面落实，法治政府基本建成，司法公信力不断提高，人权得到切实尊重和保障”的宏伟目标。党的第十八届四中全会通过的《中共中央关于全面推进依法治国若干重大问题的决定》进一步指出，完善行政诉讼体制机制，合理调整行政诉讼案件管辖制度，切实解决行政诉讼立案难、审理难、执行难等突出问题。十八大以来，习近平总书记就法治建设，特别是公正司法提出了一系列的重要论断，强调坚持依法治国、依法执政、依法行政共同推进，坚持法治国家、法治政府、法治社会一体建设；要求支持审判机关、检察机关依照宪法和法律独立负责、协调一致地开展工作，确保审判机关、检察机关依法独立公正行使审判权、检察权；提出了“努力让人民群众在每一个司法案件中感受到公平正义”的司法工作目标。人民法院的审判工作，特别是人民法院的行政审判工作将在推进依法治国、依法行政、尊重和保障人权等方面承担起更加繁重和突出的任务。多年来，人民法院行政审判工作在保护人民群众合法权益，监督和促进行政机关依法行政，践行依法治国方略、维护社会和谐稳定方面发挥了积极的、不可磨灭的历史作用。但是，我们也要清醒地看到，当前行政纠纷日益复杂、社会矛盾较为突出，行政审判在加强和巩固党的执政地位、保障党的路线方针政策和中央重大决策贯彻实施、化解官民矛盾等方面的职能作用，尚未得到切实和充分的发挥。在各种制约性因素方面，除了法院和法官自身能力建设有待加强外，现行行政审判体制的缺陷可以说是其中最重要的方面。本章拟结合中国行政审判的实际，就行政审判体制的改革特别是中国行政法院体系的设立提出若干个人的初步设想，供大家参考和批评指正。①

一、现行行政审判体制内在的和深层次的缺陷

《行政诉讼法》实施以来，人民法院行政审判工作在推动实现保障人民群众合法权益和促进依法行政方面取得了令人瞩目的成绩。据统计，从1990年《行政诉讼法》施行至2012年的23年中，全国法院共受理一审行政案件1912854件，年均一审收案83168件。2008年至2012年的5年中，全国各级人民法院共受理一审、二审、再审案件797894件，审结797276件，年均审结159455件。2013年至2017年间，全国各级人民法院审结一审行政案件91.3万件，同比上

① 本文曾发表于《行政法学研究》2013年第4期，本次出版进行了一定的修改。

升 46.2%。大量的行政纠纷（特别是拆迁、征地、社会保障、企业改制等行政领域）通过行政诉讼的合法理性途径得以化解，有效维护了社会和谐稳定。但是，人民法院在审判行政案件时，却出现了上诉率高、申诉率高，实体裁判率低、老百姓胜诉率低、发回重审和改判率低、老百姓服判息诉率低的“两高四低”的反常现象，人民群众对此意见极大。主要表现在以下几个方面：

第一，大量未经诉讼法定程序的行政案件直接进入信访渠道，行政诉讼呈现局部失效的状况。有学者考证，多数的行政纠纷信访都可以用诉讼的方式加以解决。法院的行政诉讼受案范围与信访案件之间存在“非常可观的重叠”。例如，每年的行政纠纷约有 400 万 ~600 万件，而每年的一审行政案件只有区区的 10 万件。[①] 据福建省统计，2012 年，该省受理的非涉法涉诉信访纯案 5.98 万件中，其中未经诉讼程序的行政案件 3.5 万件，占到 58.6%，而该省当年一审行政案件仅为 2363 件。据广东省信访部门的统计，每年到广东省政府信访的数量约 5 万件，其中 3 万件左右属于行政诉讼案件或者应当通过行政诉讼途径解决的案件。《行政诉讼法》立法之初预计的大量行政案件涌向法院的情形并没有发生。人民群众出于对“官官相护”的畏惧和对法院能否独立公正办案的疑虑，相当多原本可以通过、也应当通过行政诉讼解决的行政纠纷，仍然大量涌向上级党委、人大和政府机关。通过行政诉讼等法治化纠纷解决渠道不畅通，感受到冤屈的老百姓只能赴省进京上访甚至以暴力极端方式来表达。

第二，一审行政案件的数量出现逐年下降的趋势，行政审判职能在一些地方发生异化。目前，行政案件占法院全部案件中的比重逐年

① 张泰苏：《中国人在行政纠纷中为何偏好信访》，载《社会学研究》2009 年第 3 期。

下降，由10年前的2%降到2012年的1.3%。过去10年，行政案件数量仅增长不过20%。这一增长比例不仅远低于《行政诉讼法》实施后的第一个10年增长10倍的增幅，而且明显低于近年来人民法院其他案件的增长速度。一些年份行政案件还呈现大幅的下滑态势。2012年一审行政案件比2011年减少6770件，下降幅度达到5%。考虑到行政管理和公共服务领域不断拓宽的背景和行政行为数量激增的态势，行政案件比例不升反降，说明相当数量的行政纠纷未被纳入行政诉讼渠道。与此形成反差的是，行政机关申请人民法院强制执行的非诉讼案件却呈现增涨态势。以福建省为例，2008~2012年全省审结行政诉讼案件18193件，同比下降1.40%，相反行政机关申请强制执行的非诉案件45332件，同比上升了76.34%。

第三，未进入实体审理的案件比例畸高，立案难问题十分突出。2012年，全国法院以裁定不予受理和驳回起诉等程序方式结案的数量，占到一审行政案件结案总数的7.7%，是民商事案件的7倍以上。20多年来，行政诉讼“告状难”从来就没有获得真正解决。在最高人民法院开通的民意沟通信箱中，行政案件“受理难”问题名列前茅，人民群众对法院不依法受理行政案件意见极大。个别省份的数据显示，当事人提起的行政诉讼的案件只有1/3能够成功立案。还有很多地方为了防止官民矛盾公开化，采取“捂、堵、盖”的方式，公然实行“不受理、不立案、不收材料”的“三不”政策。据某省高院反映，2010年至2012年，辖区行政案件受理率分别只有32.85%、39.12%和35.19%，有高达17282件案件以“三不”方式处理。行政审判“告状难”问题的原因是多方面的，根据调研发现，其中很重要的在于人民法院在人、财、物等方面受制于地方，缺少有效抵御地方党政机关干扰的免疫力。

第四，行政相对人胜诉率逐年下降，司法公信力受到质疑。原告胜诉率已从早期的30%左右降到目前的不足10%。2009年至2012年，原告一审胜诉率逐年下降，分别为12.07%、11.18%、9.89%和9.87%。2012年，人民法院直接判决被告行政机关败诉的案件仅占全部一审行政案件的9.87%，而江苏法院仅为2.48%，有的地方行政机关败诉的案件甚至为零。如此低的败诉率，与人们对行政机关执法水平的认知有明显差距。原告胜诉率低，而作为掌管司法机关人财物的行政机关胜诉率逐年上升的态势，直接引发公众对行政审判司法公正的质疑。

第五，上诉率、申诉率不断攀升，案件质量问题不容小视。2012年，行政案件上诉率为70.06%，而同期刑事案件上诉率为11.27%，民事案件上诉率28.51%，行政案件上诉率分别是刑事、民事的6.2倍、2.5倍。2012年行政案件申诉率为8.38%，而同期刑事案件申诉率为1.04%，民事案件申诉率为1.11%，行政案件申诉率分别是刑事、民事的8.1倍和7.5倍。2012年浙江省行政案件数量占全部案件不到0.62%，但是行政申诉案件占到所有申诉案件的12%。在部分地区，几乎所有一审案件都引起上诉，所有二审案件都引起申诉，行政案件的质量距离“让人民群众在每一个司法案件中都感受到公平正义”的要求非常遥远。引发上诉和申诉的一个重要原因，就是下级法院不能依法裁判和案件质量存在问题。

这些异常的数据和反常的事例已经表明，现行行政审判体制中“行政诉讼管辖权范围与行政区划完全对应”的设置存在着严重的制度性缺陷，已经导致行政诉讼制度面临生死存亡的危机。修改前的《行政诉讼法》第十七条规定：“行政案件由最初作出具体行政行为的行政机关所在地人民法院管辖。”[①] 这一规定直接造成当地的法院要审理当地行政机关的案件。地方法院与当地行政区划对应设置，司法管辖区与行政管理区完全重合。由于地方法院赖以运转的人、财、物完全受制于地方政府，行政机关为避免败诉，往往利用人事任免、物资分配等手段对法院、法官施加压力，不让受理案件，受理后也不能判决政府部门败诉。法院已经成为行政案件的“利益攸关方”，法院不敢受理、不敢下判、违心下判的情况部分存在，直接导致人民法院对地方政府机关难以有效监督。可以说，人民法院不能或者不敢依法裁判行政案件，不但导致法院矛盾化解者、纠纷裁决者身份逐步丧失，最终损害宪法、法律的权威，损害党和国家的权威。如果不从制度上设立“行政诉讼管辖权范围与行政区划”相分离的行政审判体制，保障法院独立行使行政审判权，“县法院审不了县政府”乃至“县法院审不了乡政府”就只能是一种常态，行政审判也必将持续处在十分困难甚至危亡的状态中。

二、现行行政审判体制下的改革探索与成效

如前所述，行政诉讼法赋予人民法院化解行政纠纷和官民矛盾的职能无从发挥，与司法管辖区与行政管理区完全重合的体制直接相关。这一问题也引起了中央的高度重视，并要求加快行政诉讼管辖制度的改革。2006 年 9 月，中共中央办公厅、国务院办公厅在《关于预防和化解行政争议健全行政争议解决机制的意见》（中办发〔2006〕27 号）中明确要求：“积极稳妥地推进行政诉讼改革，通过探索完善行

① 修改后的《行政诉讼法》第十八条也是一致的规定。

政案件管辖制度改革等措施，保障人民法院依法独立公正地行使审判职能。”这成为人民法院推进行政诉讼管辖制度改革的基本依据。之后，最高人民法院在行政诉讼管辖制度改革方面，推行了交叉管辖、指定管辖和集中管辖三个方面的改革举措。实践中发现，这些改革探索的成效和问题如下：

（一）交叉管辖

浙江省台州市中级人民法院（以下简称浙江台州中院）从 2002 年开始试行异地交叉管辖，统计数据表明，人民群众对行政诉讼认同感逐渐上升，行政案件数量逐年增加，行政机关败诉率明显上升。异地管辖案件原告的胜诉率为 35.14%；而同期由当地法院管辖案件的原告胜诉率仅为 13.95%，异地审判案件原告胜诉率是本地审判案件的 2.52 倍。这些事例说明，通过交叉管辖，可以在一定程度上破除地方的干预。《人民法院二五改革纲要》提出，改革和完善行政案件管辖制度，从制度上排除干预行政审判的各种因素。2008 年 1 月 4 日，最高人民法院出台了《关于行政案件管辖若干问题的规定》，根据《行政诉讼法》的规定，确定了指定管辖为主、提级管辖为辅的基本原则，管辖制度改革正式上升为制度性规定。与此同时，实践中发现，交叉管辖改革所带来的成效也是极其有限的。一些法院反映，交叉管辖无法避免行政机关相互之间帮忙打招呼，从而使被告间接地、事实上地对管辖法院施加压力。以浙江台州中院为例，该院试行异地管辖初期，行政机关败诉率曾经达到 50%，排除干扰效果十分明显，但由于行政机关天然的隶属关系等原因，时间一长，新的干预、拐弯说情又会出现，行政机关败诉率回潮至 6%，甚至远远低于全省行政案件平均败诉率的水平。

（二）相对集中管辖

2010年浙江省丽水市中级人民法院出台了《关于完善行政诉讼相对集中指定管辖制度的意见》，将全市九个基层法院行政案件相对集中地指定由辖区三个基层法院管辖，集中管辖制度使得审理法院远离了被告行政机关的地域影响，有效减少了行政干预。统计数据表明，丽水实行集中管辖以来，被告败诉率一直高于平均值约10个百分点。2012年，最高人民法院在总结各地集中管辖经验的基础上下发了《关于开展行政案件相对集中管辖试点工作的通知》，决定每一个高级人民法院在2013年选择1~2个中级人民法院开展行政案件相对集中管辖试点工作，确定2~3个基层人民法院为集中管辖法院，集中管辖辖区内其他基层人民法院管辖的行政案件。这些管辖改革措施是围绕行政管理区与司法管辖区适度分离的思路开展的，客观地讲，在一定程度上特别是在试行初期都取得了一些成效。但是，管辖改革实施一段时间之后，“试行效应”逐渐呈现递减态势，甚至出现了试行法院指标低于非试行法院的反常情况。究其原因，相对集中管辖这种方式无法避免行政机关相互之间帮忙打招呼的问题。另外，这种类型的跨区域反而加剧了案件执行的难度。而且在相对集中管辖的情形下，由于管辖法院案件压力太大，不愿意受理案件的问题更加突出。

（三）提级管辖

海南省将市县级政府为被告案件提级管辖后，行政案件数量明显增多，原告胜诉率也得到了大大提升。调研中也有的同志认为，采取上提一级管辖可以解决“县法院审不了乡政府”“县法院审不了县政府”的问题。但总体来看，各地普遍反映的情况是，采取上提一级管辖已经经过司法实践反复证明不能解决根本问题。广东试行上提一级管辖，在调研过程中，一线的行政审判法官认为，上提一级管辖只能解决基层政府对基层法院的干预问题，对地市以上政府干预不起作用。“提级管辖”施行多年后，被人评价为“茶壶里的风暴”，没有从根本上解决问题。从全国范围来看，以作为公正和服判息诉指标的上诉率为例，实施提级管辖的五年间（2008 年 ~2012 年）的上诉率分别是 59.20％、63.14％、70.46％、69.31％、70.06％，上诉率甚至出现不断攀升的势头。此外，上提一级管辖还有以下几个隐忧需要认真加以对待：第一，上提一级管辖不便于人民群众行使诉权，不利于将矛盾解决在基层，也不利于中高院案件平衡。《行政诉讼法》规定基层人民法院管辖一审行政案件，目的在于便利当事人参加诉讼、便于人民法院收集证据和核查事实，也便于人民法院准确审查本地规范性文件和行政行为合法性。我国地域辽阔，如果所有行政案件上提一级，不仅会给当事人参加诉讼带来不便，也会给法院审判工作带来一定困难。实际上导致了基层产生的行政纠纷，没有充分利用基层的行政纠纷解决机制进行解决，直接将矛盾上交到地市级层面，不利于将矛盾化解在基层。此外，上提一级也将导致案件收案的极度不均衡。如果一审案件全部由中院提级审理，将导致 367 个中院行政审判庭审理 13 万件行政案件，32 个高院行政审判庭审理近 10 万件二审案件（以上诉率 70％计），以目前的行政审判力量和设在普通法院的行政审判庭无力承担如此繁重的审判任务。第二，上提一级仍然没有突破行政区划、当地干预的影响。上提一级的措施虽然使县政府作被告的案件归入中级法院管辖，但是中级法院的管辖是与地市级行政区划完全对应的。基于政府之间的上下级关系，县政府在地市级行政区划内仍然具有较大的影响力。特别是在涉及诉讼的案件中，作为当事人一方的县政府必定会全力以赴、动员一切力量争取胜诉。这种干预可以通过上级政府的影响力反映出来，同样不能从根本上破除非法干预。此外，由于行政机关之间的隶属关系、官员定期交流、案件发生地和管辖地的党委、政府、行政机关的负责人之间千丝万缕的联系、干预成本较低等原因，管辖法院行政审判工作依旧深受影响，仍然无法从根本上解决不当干预和司法不公问题。第三，上提一级仍然面临作为代表团的区县地方政府以赞成票方式的制约。当前，许多法院在行政审判上之所以不敢公正司法，还由于作为组成人大代表团的政府“赞成票”的隐形制约，这也是“县法院审不了乡政府”“中级法院审不了县政府”的内在原因。目前，上提一级管辖后由中级人民法院承担一审的职能，中级人民法院须向地市级人大报告工作，并对法院的报告投票表决。而在地市级人大，各区县人民政府、地市人民政府往往是地方人大的举足轻重的代表团，也是主要的赞成票源。即便上提一级管辖，法院也可能出于种种原因和顾虑，倾向于保持与各区县人民政府及其组成部门的良好关系，而无法、无力行使监督行政机关依法行政的职能。

三、行政诉讼管辖权范围与行政区划相脱离的必要性

实践证明，通过法院自身推进的提级管辖、指定交叉管辖和相对集中管辖的改革与探索，有着明显的局限性，无法解决体制原因造成的审判权不独立问题，必须从法院体制上进行彻底的改革。只有破除行政管理区划和司法管辖区一一对应的关系，才能保障行政审判不受非法干预。具体来说：

1. 维护宪法法律权威、确保法制统一要求行政诉讼管辖权范围与行政区划相脱离。法律的生命力在于实施。中国特色社会主义法律体

系建成后，确保已经制定的法律得到贯彻实施，在全社会实现有法必依、执法必严、违法必究，就显得更为突出、更加紧迫。依法治国的关键是依法行政；依法行政一旦落空，依法治国就会落空。我国约有80%的法律和法规属于行政法律规范，由各级行政机关负责执行；行政机关严格依法办事，法律的统一实施才有可能。实现行政诉讼管辖权范围与行政区划相脱离，人民法院才能更加及时有效地纠正行政机关的违法行为，更好地监督行政机关忠实履行宪法和法律赋予的职责。

2. 构建良性的“央地关系”、强化对基层行政机关的监督、确保中央政令畅通要求行政诉讼管辖权范围与行政区划相脱离。我国是统一的单一制国家，确保中央政令畅通和决策部署的统一实施，是人民法院的重要职责。但在某些地方，中央政令往往被打折扣、搞变通，“上有政策，下有对策”的现象比较突出。不少地方还以发展经济为借口，热衷于闯黄灯，绕红灯，不执行中央宏观调控政策。依法行政的关键在基层，法院受理的起诉人民政府的行政案件中，以市、县、乡三级基层政府为被告的占到97%。由于长期官本位思想和法治理念的缺失，许多基层政府不愿意通过法治思维和法治方式解决矛盾，地方保护主义、本位主义、各自为政的现象大量存在。借助行政诉讼管辖权范围与行政区划相脱离行政审判来监督基层行政机关，有利于强化中央对地方的监督和控制，能够更好保障中央政令畅通，维护中央权威。

3. 强化对行政权监督制约、预防和减少腐败要求行政诉讼管辖权范围与行政区划相脱离。绝对的权力导致绝对的腐败这是亘古不易的经验。作为中央集权制国家，我国的行政权一权独大。防止行政权的滥用，既要用道德约束权力、法律规范权力、权利制约权力，更要靠权力制衡权力。习近平总书记要求，要健全权力运行制约和监督体系，加强对权力运行的制约和监督，把权力关进制度的笼子里。行政诉讼制度，就是通过司法权监督、制约行政权的有效手段，是加强惩治和预防腐败体系建设的重要一环，是权力运行监控机制有机组成部分。实现行政诉讼管辖权范围与行政区划相脱离，是惩防并举、从源头上防治腐败的体制建设重要方面，将进一步强化人民法院对行政行为的审查，进一步便利人民群众对行政机关的监督，进一步促进权力和责任的统一，真正促使行政机关有权必有责、用权受监督、违法受追究、侵权须赔偿。与行政机关内部监督机制相比，行政法院体系等外部监督的建立，将从根本上加强对行政权的监督制约，将行政权力约束在法治的笼子里，完善不敢腐的惩戒机制、不能腐的防范机制、不易腐的保障机制。

4. 保障相对人合法权益、减少信访现象、维护社会稳定要求行政诉讼管辖权范围与行政区划相脱离。"没有纠纷，社会就会呆滞，就会灭亡。关键在于社会必须对纠纷进行适当的调节，使纠纷不以将会毁掉整个社会的暴力方式进行。"[①] 我国已进入行政纠纷、群体性纠纷高发阶段，社会转型正面临关键的临界点。而在这样一个复杂的转型时期，"官民关系定而天下定，官民关系乱而天下乱"。全面建成小康社会的一个关键，在于能否从源头上有效预防行政纠纷、能否引导人民群众用理性合法的手段解决行政纠纷。但受制于行政干预，人民群众通过行政诉讼解决纠纷的渠道并不畅通，大量纠纷涌入信访渠道。如果这些案件都能由行政法院受理并依法审理，将大幅减少信访数量和恶性事件的发生。

① [英] 彼得·斯坦、约翰·香德:《西方社会的法律价值》，王献平译，中国人民公安大学出版社 1990 年版，第 38 页。

总之，行政诉讼管辖权范围与行政区划相脱离，可以从根本上解决当前行政审判由于体制设计面临的严峻困难；可以从制度上维护社会主义法制的统一，保障中央政令畅通；可以从体制上破除官官相护的官场痼疾，公正化解每一起官民矛盾；可以从制度上保障人民法院群众的合法权益，让人民群众在每一起行政案件中都感受到公平正义。其必要性可以概括为：利在当代，功在千秋。

四、在我国设立专门行政法院的可行性

如前所述，行政诉讼管辖权范围与行政区划相脱离，对于行政审判而言极为必要。行政诉讼管辖权范围与行政区划脱离有两种方式：一是整个法院系统都与行政区划相脱离；二是行政审判部分与行政区划相脱离。鉴于中国司法制度的历史与现状，整体脱离恐不现实。为了贯彻落实党的十八届三中全会决定中的“探索建立与行政区划适当分离的司法管辖制度”以及“法院实行省以下人财物统管”的要求，以及十八届四中全会关于“最高人民法院设立巡回法庭，探索设立跨行政区划的人民法院和人民检察院”的要求，修改后的《行政诉讼法》第十八条第二款规定：“经最高人民法院批准，高级人民法院可以根据审判工作的实际情况，确定若干人民法院跨行政区域管辖行政案件”，也取得了一定的效果。但从长远来看，设立与行政区划相脱离的专门行政法院是最好的选择。笔者认为，我国行政法院的设立，是建设社会主义法治国家的必要步骤，也应是司法体制改革的重要内容。其可行性可以概括为以下几个方面：

第一，设立行政法院更有优越性。世界范围内行政诉讼实践说明，社会需要什么样的行政诉讼制度、是否需要设立专门法院来审理

行政案件，从来就不单纯是一个理论问题，更是政治架构的设计与机制的选择问题，是立法、行政与司法之间的权力分配问题，反映着立法者的价值取向和政治决策。与刑事、民事相比，行政法院、行政法官更加需要独立于行政权。在我国，设立行政法院更能从体制层面，即能从根本上解决司法权难以监督行政权的问题，与现行做法相比，无疑更具有优越性。

第二，设立行政法院有明确的宪法和组织法依据。行政法院属于专门人民法院的一种。根据《宪法》第一百二十四条的规定，国家可以设立专门人民法院。《人民法院组织法》第二条规定："中华人民共和国的审判权由下列人民法院行使：……（二）军事法院等专门人民法院……"该法第二十八条规定："专门人民法院的组织和职权由全国人民代表大会常务委员会另行规定。"这是宪法和人民法院组织法关于国家设立专门人民法院的规定。宪法和人民法院组织法没有对设立何种专门人民法院进行完全列举，事实上也不可能做到完全列举。目前专门人民法院除了军事法院之外，还有海事法院、铁路法院、森林法院、农垦法院、石油法院等。鉴于专门法院种类较多，人民法院组织法采取了"等外"的列举方式，即"军事法院等专门人民法院"。因此，《宪法》和《人民法院组织法》的规定已经为设立专门行政法院提供了充分的法律依据，不涉及《宪法》和《人民法院组织法》的修改。此外，现行行政审判体制是通过全国人大常委会制定行政诉讼法确定的。

第三，设立行政法院有利于节约行政审判队伍资源。人民法院行政审判工作经过近 30 年的发展和积淀，已经形成一支总数近 2 万人、政治和业务素质总体较高的行政审判队伍。设立专门行政法院，可以将目前各级人民法院的行政审判庭整合缩减，将行政审判庭现有审判人员和部分与行政审判工作相关的立案、审监、执行以及其他行政部门的人员置换进来，不仅不会大幅增加人员编制，还可以降低改革的难度和成本，通过精兵简政，实现司法资源的优化配置。

第四，设立行政法院具有较高民意和广泛的群众基础。行政法院设立后数量将比目前的人民法院有所减少，为避免给人民群众行使诉讼权利带来不便，在行政法院的设置上需要综合考虑辖区人口、案件数量、地域交通等因素。辖区较大的基层行政法院必要时可以设立派出法庭或者巡回法庭。随着我国交通条件的不断改善，应当不会过多增加人民群众的诉讼成本。在调研听取意见过程中，一些基层群众表示：在司法公正和路途遥远之间，我们宁愿选择前者。因此，这项改革的实施具有广泛的群众基础，将会受到人民群众的普遍欢迎。

第五，设立行政法院有可资借鉴的本土资源和域外经验。我国历史上曾有过行政法院的司法实践。清末时期即筹设"行政审判院"，北洋政府和国民党政府时期则有平政院、行政法院等专门行政审判机构。目前，我国台湾地区和澳门特区都设有行政法院体制。在世界范围内，由于行政法院具有的独立性、专业性和公平性等特殊优势，设立专门行政法院系统几乎成为所有大陆法系国家普遍采用的模式，有的英美法系国家也出现了设立专门行政法院的动向。目前，最高行政法院国际协会已经拥有 70 多个会员国和 30 多个观察员国。这些国内外的制度设计和司法实践，为我国设立专门行政法院提供了良好借鉴。

五、我国设立专门行政法院的模式选择

从世界范围来看，设立行政法院主要有三种模式：

第一，司法系统内独立行政法院模式（又称为德国模式）。德国行政法院制度是此种模式的典型代表。德国联邦最高行政法院是该五个终审司法法院之一，行使除社会和财政之外其他行政案件的终审权。德国行政法院体系形成于19世纪70年代，受法国大革命影响，德国部分地区建立了性质各异的行政法院来控制行政权。目前，德国行政法院已经成为与宪法法院、社会法院、劳动法院等并列的专门法院。德国行政法院分为三级：联邦行政法院（最高行政法院）、州高等行政法院（或者行政法院）、初等行政法院。行政案件审理实行三审终审制。初等行政法院设在各州，数目因州的大小而异。较小的州（例如汉堡、不来梅、柏林等）只设一个初等行政法院，一些较大的州（例如巴威略等州）设立了6~7个初等行政法院。每个州设置一个高等行政法院，既受理一审案件，也受理二审案件。我国台湾地区的“行政法院”亦属于此种模式。

第二，名义上隶属行政系统行政法院模式（又称为法国模式）。这一模式的特点是行政法院名义上属于行政系统。法国的行政法院是资产阶级革命的产物，为了防止代表封建势力的普通法院干扰资产阶级政策推行，法国在行政系统内部设立了行政法院。自1872年起，法国政府总理一直兼任最高行政法院院长，但事实上是最高行政法院副院长履行院长职责。最高行政法院作为最高行政审判机关，对中央政府、地方行政机关、独立权力机构和公共行政机构或具有公共权力的机构的活动享有最终裁判权。目前，行政法院系统由最高行政法院、8个行政上诉法院、42个行政法庭和某些专门的行政法院（例如国家收容法法院）组成。值得注意的是，行政法院虽然名义上属于行政系统，但其作为司法机关的独立性已经为20世纪80年代宪法委员会的两个裁决所明确，不能认为其属于行政机关。[①]法国模式主要为法国和原属于法国殖民地的国家所采取。

第三，最高司法机关下设行政法院模式（又称为俄罗斯模式）。这种模式的特点是在最高法院之下设置行政法院。2000 年，国家杜马一读通过了《俄罗斯联邦行政法院法》，基本确立了在最高普通法院下设行政法院的方向。根据该法案，俄罗斯行政审判分为四级，分别为：俄联邦最高法院行政审判庭；21 个联邦司法管辖区行政法院；500 个共和国最高法院、边疆区、州、联邦直辖市、自治州、自治区法院的行政审判庭；联邦区际行政法院。[②]邻国中，蒙古国和韩国大体上采取这种模式。蒙古在最高法院下设行政审判庭，全国 21 个省和首都设有行政法院；韩国由最高法院统一行使司法权，但也建立了首尔行政法院审理初审行政案件。我国澳门特别行政区行政诉讼体系则分别为行政法院、中级普通法院和终审法院。对行政法院裁判不服的，可向中级法院上诉，行政法院作为初审法院存在。

笔者认为，在我国设立的行政法院应当借鉴俄罗斯模式，即在最高人民法院之下建立一套接受最高人民法院监督指导的专门行政法院系统。主要理由是，在现行司法体系内部设立行政法院符合我国宪法的规定。我国宪法确立的司法制度为一元模式，审判权完全归属于司法机关，必须在最高人民法院之下设立专门人民法院。《宪法》第一百二十七条规定："最高人民法院是最高审判机关。最高人民法院监督地方各级人民法院和专门人民法院的审判工作。"《宪法》第一百二十八条规定："最高人民法院对全国人民代表大会和全国人民

① 刘育喆：《法国行政法院宪法地位的确立——兼评法国宪法委员会第 119 号（119DC）和第 224 号（224DC）两个决定》，载《法学家》，2004 年第 1 期。
② 周翠：《俄罗斯联邦行政诉讼制度研究》，西南政法大学硕士论文，第 10~20 页。

代表大会常务委员会负责。”将行政法院作为专门法院设置在最高人民法院之下，不仅有充分的宪法依据，也有利于贯彻落实人民代表大会制度，有利于接受人民代表大会的监督。

有个别观点认为，我国可以参照法国在行政系统内部设立行政法院的经验，建立从属于行政系统的行政法院。笔者认为，这种观点并不可取，主要理由如下：

第一，审判权专属于司法机关。我国《宪法》第一百二十三条规定：“中华人民共和国人民法院是国家的审判机关。”《宪法》没有规定行政机关可以行使审判权力。因此，赋予人民法院之外的任何机关以审判权，都是违反《宪法》规定的。

第二，在行政机关内部设置行政法院难以做到司法公正。《宪法》第一百二十六条规定：“人民法院依照法律规定独立行使审判权，不受行政机关、社会团体和个人的干涉。”行政法院如果从属于政府序列，将使上述规定完全落空，行政案件不仅更加容易受到行政机关的干预，也有“自己作为自己案件的法官”之嫌，公正司法将因此而丧失基础。

第三，与行政机关的现有职能相互重叠。根据我国《行政诉讼法》和《行政复议法》的规定，行政复议与行政诉讼是有效化解行政纠纷的两个重要渠道，这种制度设计是各国普遍采用的模式，既体现了“穷尽行政救济”原则，也可发挥行政救济与司法救济互为衔接补充的良好作用。与行政复议相比，居中裁判的行政诉讼显然更具公正性。如果在行政机关设置行政法院，不仅与现有的行政复议、行政监察等内部监督制度功能重合，而且司法公正也将因就技术层面而言，在政府内部已设有行政复议机构和监察机构的情况下，再设类似机构会造成职能上的不必要重合。

第四，法国模式不宜全盘复制。法国之所以将行政法院归入行政系统，系因大革命时期，行政代表革命的力量，而普通法院受到封建势力的控制，革命者为了防止封建势力以司法阻碍革命而剥夺了普通法院对行政机关的司法审查权。其后，经过了100多年的发展，法国的行政法院独立性不断增强，尤其是法国宪法委员会的两个裁决中已经确认，行政法院的独立性与普通法院具有同样的宪法意义之后，行政法院已经与完全意义上的司法机关无异。法国将行政法院归入行政系统的历史背景极其特殊，我国没有必要亦步亦趋，更没有必要走法国的弯路。

六、在我国设立专门行政法院的具体方案

党的十八大强调，要进一步深化司法体制改革，完善中国特色社会主义司法制度，确保审判机关依法独立公正行使审判权。习近平总书记多次强调要支持审判机关依照宪法和法律独立负责、协调一致地开展工作。设立全新的行政法院系统，必须严格按照中央要求，必须符合中国国情，必须切合行政审判实践。特别是，设立行政法院必须严格贯彻行政管理区域与司法管辖区两相分离的基本原则，建立起确保行政审判权依法独立运作的机制，构建起法院与行政机关之间的“隔离墙”，让被告行政机关难以“控制”审判机关，切断受案法院与当地行政机关之间利益上的联系，防范行政机关不正当干预，实现司法公正。主要有两种可以选择的方案：

第一种方案：设立三级行政法院。具体来说：（1）最高人民法院行政审判分院。在最高人民法院之下设立行政审判分院（或者最高行政法院），主要负责司法解释和司法政策的制定、代表最高人民法院

行使行政案件终审权，并统一监督、领导全国各级行政法院工作。行政审判分院（或者最高行政法院）的院长由最高人民法院院领导兼任，重要的司法解释和重大疑难案件，由行政审判分院（或者最高行政法院）的院长提请最高人民法院审判委员会讨论决定。（2）高级行政法院。在华北、东北、华东、华中、西北、西南、华南设立 7 个高级行政法院，主要审理对辖区内行政法院判决不服的上诉案件和最高人民法院认为应当由其审理的案件。高级行政法院的院长及审判人员由全国人大常委会任命，经费及物质保障由中央财政负责。（3）基层行政法院。在 3~4 个地级市范围内设立 1 个中级法院架构的行政法院，负责一审行政案件的审理。案件多、地域广的行政法院，可设立巡回法庭。行政法院院长及审判人员由全国人大常委会任命，经费及物质保障由中央财政负责。

第二种方案：设立两级行政法院。即最高人民法院仍保留行政审判庭，适当增加审判力量。高级行政法院和基层行政法院的设置同第一方案。

设立行政法院，必须考虑可能出现的困难及其对策。

第一，关于基层行政法院的受案负担的问题。根据《行政诉讼法》的规定，每个县区都应当设立行政审判庭，目前，全国大约有 3300 多个行政审判机构，12000 余行政审判人员。设立打破地方区划的行政法院之后，行政审判机构将大大缩小。基层行政法院将面临在短时间内出现激增的局面。特别是，行政法院体系设立后，立案难的问题将得到根本缓解，大量行政案件也将涌入行政法院。例如，1998 年韩国汉城行政法院（现首尔行政法院）审理之前受理行政案件 1000 余件，当年就达到了 7422 件，三年后则达到了 11696 件的新高。目前全国一审行政案件大约在 12 万件左右，通常认为如果依法正常受理，还有大约3~4倍案件的增长。大体上，基层人民法院一般要受理50万件左右的一审行政案件。全国基层行政法院初步考虑设置100个，每年每个法院需要受理5000件。每个行政法院配备法官50名左右，人均100件左右。这个案件负担是可以承受的。

第二，关于高级行政法院和最高人民法院行政审判分院（或者最高人民法院行政审判庭）的受案负担的问题。近10年来，全国二审行政案件年均30794件，假定此部分案件全部由7个高级行政法院来审理，每个高级行政法院将审理4400余件。按照每个高级行政法院配备50名法官来计算，人均80余件，是可以承受的。但是，如果一审行政案件增长后，二审案件也会出现相应的增长。以50万的一审行政案件基数来看，二审案件在短期内也会出现增长的态势。但是考虑到设立行政法院之后，地方干预的因素完全消失，司法公信也将大幅提升，上诉率将会呈现低位状态，高级行政法院的受案负担也基本能够承受。而行政法院体系设立后，将进一步强化二审终审制，最高人民法院行政审判分院将仅审理再审案件，行政案件将大幅度减少。

第三，关于行政法院人员是否需要增加的问题。目前，全国法院行政审判系统共计行政审判人员12700余名，加上在立案、审监、赔偿办、执行等部门从事行政审判工作的人员，总数约在2万名左右。全国设立100个基层行政法院、7个高级行政法院和1个最高人民法院行政审判分院，以每个行政法院50名法官计算，共需5400名法官。与目前近2万名行政审判人员相比，足以保证今后行政法院的人员编制问题。经过遴选等方式优化组合的行政审判人员将充实到行政法院，剩余的大量行政审判人员还可以充实到民事、刑事审判等部门。与原先3300多个行政审判机构相比，目前行政法院只有108个；与原先2万名行政审判人员相比，行政法院的行政法官只有约5400

名，既精简了机构，又精简了人员，完全符合中央的有关精神。

第四，关于群众诉讼成本增加问题。设立 100 个左右的行政法院，意味着在 3.5 个中级法院辖区才有 1 个行政法院。这会直接造成部分当事人距行政法院办公地较远，不方便诉讼的问题。但大部分当事人反映，只要能得到公正，他们宁愿多跑路。同时，行政法院能够在一定程度上化解“官官相护”问题，有利于提高一审服判息诉率，实际上将减少了群众上诉、申诉机率，总体上利于降低诉讼成本。同时，对交通不便的、较偏远地区可以设立行政法院的巡回法庭；行政法院还可到当事人所在地集中巡回审判，也可委托所在地基层法院收取案件材料，以减轻当事人负担。

第十二章
推进跨行政区划法院建设

司法管辖制度改革是人民法院司法体制改革的重要组成部分。长久以来，为摆脱地方干扰，提高司法独立性和公信力，最高人民法院一直高度重视诉讼管辖改革。从目前来看，从最高人民法院到地方人民法院的探索实践中，提级管辖、指定管辖、异地管辖等改革均取得了一些成效，但也暴露出一些问题。党的十八大以来，全国各级人民法院按照中央和最高人民法院的统一部署，积极探索建立与行政区划适当分离的行政案件管辖制度，通过异地管辖、交叉管辖、集中管辖等多种方式，探索出各具特色的管辖制度，积累了丰富的改革经验，取得明显成效。特别是党的十八届四中全会提出“设立跨行政区划的人民法院和人民检察院，办理跨地区案件”以及2014年《行政诉讼法》的修改、全国铁路运输法院改革试点的推行，全国首批跨行政区划法院在上海、北京相继设立，跨行政区划法院成为人民法院全面深化司法改革的前沿阵地。由于案件管辖制度是跨行政区划法院赖以存在的前提和基础，在跨行政区划法院制度中居于基础和核心地位。因此，有必要加强对跨行政区划法院案件管辖制度的研究，为构建形成普通案件在行政区划法院审理、特殊案件在跨行政区划法院审理的诉讼格局打下坚实的基础。

一、中央关于司法管辖制度改革构想的提出及实践

中央关于司法管辖制度改革的构想肇始于党的十八届三中全会。2013 年 11 月，党的十八届三中全会通过的《中共中央关于全面深化改革若干重大问题的决定》提出："探索建立与行政区划适当分离的司法管辖制度，保证国家法律统一正确实施。""探索建立与行政区划适当分离的司法管辖制度"是中央关于司法管辖制度改革的最初构想。2014 年 10 月，党的十八届四中全会通过的《中共中央关于全面推进依法治国若干重大问题的决定》进一步提出："探索设立跨行政区划的人民法院和人民检察院，办理跨地区案件。"由此，中央从全会决定的高度提出了设立跨行政区划人民法院的改革部署。建立与行政区划适当分离的司法管辖制度是确保人民法院依法独立行使审判权，提升司法公信力，推进法治中国建设的有力保障。中央对司法管辖制度直接提出改革构想并作出具体部署，说明司法管辖权改革对于当前人民法院的改革和发展具有十分重大的意义。

根据中央的改革精神，2014 年 11 月 1 日修正的《行政诉讼法》第十八条第二款规定："经最高人民法院批准，高级人民法院可以根据审判工作的实际情况，确定若干人民法院跨行政区域管辖行政案件。"2014 年 12 月 2 日，中央全面深化改革领导小组第七次会议审议

通过了《设立跨行政区划人民法院、人民检察院试点方案》，并指出："探索设立跨行政区划的人民法院、人民检察院，有利于排除对审判工作和检察工作的干扰、保障法院和检察院依法独立公正行使审判权和检察权，有利于构建普通案件在行政区划法院审理、特殊案件在跨行政区划法院审理的诉讼格局。"

在中央提出管辖改革构想以前，最高人民法院及地方法院有过一些探索和试验。我国行政诉讼制度的雏形要追溯到1982年的《民事诉讼法（试行）》。该法第三条第二款规定："法律规定由人民法院审理的行政案件，适用本法规定。"1989年制定《行政诉讼法》时，行政诉讼制度的设计受到了民事诉讼模式的深刻影响，特别是在管辖原则上参考了民事诉讼一般地域管辖的原则，也确定为"原告就被告"。该法第十七条规定："行政案件由最初作出具体行政行为的行政机关所在地人民法院管辖。经复议的案件，复议机关改变原具体行政行为的，也可以由复议机关所在地人民法院管辖。"这种管辖原则有以下几个优点：一是便利法院调查；二是便利被告应诉；三是利于证据收集；四是有利于信访维稳；五是利于裁判的执行。另外，该法从第三章第十三条至第二十三条，对级别管辖、地域管辖、指定管辖、管辖权的转移等予以全面系统规定，为法院依法行使审判权提供了制度支撑。

但是，经过一段时间的司法实践，这种管辖原则的弊端也逐步显现。其中，主要问题在于，由于地方保护主义和地方行政权的强势，行政诉讼按照"原告就被告"确定管辖法院，易受地方干扰，不利于案件的公正审判。面对这种困境，最高人民法院于2000年3月8日颁布了《最高人民法院关于执行〈中华人民共和国行政诉讼法〉若干问题的解释》（法释〔2000〕8号，以下简称《执行解释》），对管辖问题予以进一步解释和调整，针对“本辖区内重大、复杂的案件”的内涵进行描述，对中级法院管辖的案件种类予以明确，规定“被告为县级以上人民政府，且基层人民法院不适宜审理的案件”由中级法院管辖，使管辖制度的相关规定更加具有操作性。在此基础上，2008 年 1 月 14 日，最高人民法院颁布了《关于行政案件管辖若干问题的规定》（法释〔2008〕1 号，以下简称《行政案件管辖规定》），进一步强化确认了被告为县级以上人民政府的行政案件由中级法院一审管辖，并重点对指定管辖制度的运用机制进一步细化。

在这一时期，全国部分法院对行政诉讼管辖制度进行了不同程度、不同方式的探索和实践。比如，浙江高院开展了行政诉讼提级管辖改革试点；山东济宁、浙江台州两中院开展了行政诉讼异地管辖改革试点；浙江丽水中院开展了行政案件集中管辖改革试点。在总结各地试点经验的基础上，2013 年 1 月 4 日，最高人民法院印发了《关于开展行政案件相对集中管辖试点工作的通知》（法〔2013〕3 号，以下简称《通知》），《通知》充分肯定了部分法院“以行政案件管辖制度改革为突破口，通过提级管辖、指定管辖、交叉管辖和相对集中管辖等方式，在现行法律框架下实现了司法审判区域与行政管理区域的有限分离”的实践探索，并决定在部分中级人民法院辖区内开展行政案件相对集中管辖试点工作。《通知》要求，各高级人民法院应当结合本地实际，确定 1~2 个中级人民法院进行试点。试点中级人民法院要根据本辖区具体情况，确定 2~3 个基层人民法院为集中管辖法院，集中管辖辖区内其他基层人民法院管辖的行政诉讼案件；集中管辖法院不宜审理的本地行政机关为被告的案件，可以将原由其管辖的部分或者全部案件交由其他集中管辖法院审理。非集中管辖法院的行政审判庭仍予保留，主要负责非诉行政执行案件等有关工作，同时，协助、配合集中管辖法院做好本地区行政案件的协调、处理工作。”

为深入贯彻党的十八届三中、四中全会决定精神和2014年《行政诉讼法》的相关规定，在开展相对集中管辖试点工作的基础上，根据中央的改革部署，2014年10月16日，最高人民法院下发了《最高人民法院关于开展铁路法院管辖改革工作的通知》，确定北京、上海、吉林、辽宁、江苏、陕西、广东等7个省（市）在全国先期开展铁路运输法院管辖改革试点（吉林、辽宁两省因故未开展）。后甘肃、河南两省经报最高人民法院批准也开展了铁路运输法院管辖改革试点。另外，天津、浙江、云南等3省也在本省内根据自身实际开展了铁路运输法院集中管辖改革工作。2014年12月2日，中央深改组第七次会议审议通过《设立跨行政区划人民法院、人民检察院试点方案》后，最高人民法院制发了《关于北京、上海跨行政区划人民法院组建工作指导意见》。2014年12月28日，上海市第三中级人民法院（以下简称上海三中院）依托上海铁路运输中级法院正式挂牌设立，成为我国首个跨行政区划的人民法院。2014年12月30日，北京市第四中级人民法院（以下简称北京四中院）依托北京铁路运输中级法院正式挂牌设立，成为经中央批准的第二家试点审理跨行政区划案件的人民法院。至此，作为本轮司法体制改革重要组成部分的跨行政区划法院得以落地。为了进一步推动跨区划法院改革走向深入，并描绘蓝图，2015年2月26日，最高人民法院发布《关于全面深化人民法院改革的意见——人民法院第四个五年改革纲要（2014~2018）》（法发〔2015〕3号，以下简称《人民法院四五改革纲要》），明确提出：“以科学、精简、高效和有利于实现司法公正为原则，探索设立跨行政区划法院，构建普通类型案件在行政区划法院受理、特殊类型案件在跨行政区划法院受理的诉讼格局。将铁路运输法院改造为跨行政区划法院，主要审理跨行政区划案件、重大行政案件、环境资源保护、企业破产、食品药品安全等易受地方因素影响的案件、跨行政区划人民检察院提起公诉的案件和原铁路运输法院受理的刑事、民事案件。”

为全面贯彻党的十八届四中全会决定精神，认真落实2014年《行政诉讼法》第十八条第二款的规定，2015年6月17日，最高人民法院印发《关于人民法院跨行政区域集中管辖行政案件的指导意见》（法发〔2015〕8号，以下简称《意见》），对全国各级人民法院跨行政区划集中管辖行政案件提出了具体指导意见和要求。该《意见》要求：“行政案件集中管辖改革以普通人民法院为主，同时可以充分挖掘其他可利用司法资源，诸如铁路运输法院、林区法院、农垦法院、油田法院及开发区法院等潜力。”“普通人民法院条件允许或者其他可利用司法资源比较丰富的地方，可以将行政案件全部或者大部向指定的管辖法院集中，普通人民法院条件有限或者可利用司法资源较少的地方，可以实行局部集中管辖或者按照案件类型指定管辖。”“已经设立跨行政区划人民法院的北京、上海，可以逐步将行政案件向跨行政区划法院及两地铁路运输基层法院集中。”“非集中管辖法院的行政庭，可以审理当事人选择由本地法院审理的案件或者事实清楚、权利义务关系明确、争议不大且可以适用简易程序审理的案件，办理部分非诉行政申请执行案件，协助集中管辖法院办理有关委托事项。”该《意见》的出台，标志着全国行政诉讼管辖改革由“相对集中管辖”迈入“跨行政区域集中管辖”的新阶段。根据意见要求，全国各高级人民法院根据各自实际和特点，相继开展了行政案件跨行政区划集中管辖改革工作，取得了一些丰富的改革经验和丰硕的改革成果，有的地方、有的模式成效显著。

二、全国法院行政案件跨区划管辖改革实践

（一）改革基本模式

目前，除西藏自治区和安徽省（已制定相对集中管辖改革实施方案，但由于机构编制等问题暂未解决，故改革方案尚未正式实施）以外，全国其余30个省、市、自治区均开展了不同形式、不同程度的跨区划集中管辖改革试点工作。综合来看，各地改革模式主要有：

1. 由跨行政区划法院集中管辖行政案件。此种模式目前只有上海和北京采用。上海三中院集中管辖以上海市人民政府为被告的一审行政案件和以市级行政机关为上诉人或者被上诉人的二审行政案件（不包括知识产权行政案件）以及上铁法院实行集中管辖审理的行政案件的二审案件。北京四中院集中管辖以本市区（县）人民政府为被告的第一审行政案件。另外，上海三中院还集中管辖涉环境资源保护、食品药品安全、企业破产等特殊类型的跨地区重大刑事、民事案件以及原铁路法院专属管辖的案件等；北京四中院还管辖跨地区的重大环境资源保护案件、重大食品药品安全案件，应由本市中级人民法院管辖的金融借款合同纠纷案件、保险纠纷案件、涉外及涉港澳台的商事案件以及原铁路法院专属管辖的案件等。

2. 依托铁路法院跨行政区划集中管辖行政案件。目前采取此种模式的共有10个省份的21个铁路运输法院，其中铁路运输中级法院6个，铁路运输基层法院15个。其中广西、甘肃、河南、陕西、云南5省由基层、中级两级铁路运输法院实施集中管辖辖区内全部或部分一、二审行政案件，其余5省由铁路运输基层法院集中管辖辖区内全部或部分一审行政案件。各地依托铁路运输法院实施行政案件集中管辖的具体方式有很大差异，主要有以下四种情形：（1）由铁路运输

法院集中管辖试点地区几乎全部一、二审行政案件。主要有广东、甘肃、江苏、上海、陕西、云南等 6 省。如广东省的广州铁路运输法院和广州铁路运输中级法院集中管辖广州地区全部行政案件；甘肃省的兰州铁路运输法院和兰州铁路运输中级法院集中管辖原由兰州市、白银市、定西市所辖的 20 个县（区）基层人民法院和兰州新区人民法院管辖的一、二审行政诉讼案件以及被告为兰州市县处级以上行政机关（人民政府除外）的一审行政案件。（2）由铁路法院集中管辖试点地区部分行政案件。主要是河南省。河南省的郑州铁路运输中级法院主要集中管辖以郑州市内六个区人民政府为被告的一审行政案件，郑州铁路运输法院集中管辖以省直厅局机关为被告的一审行政案件，洛阳铁路运输法院集中管辖以洛阳市直机关为被告的一审行政案件。（3）由上级法院指定铁路运输法院管辖部分行政案件。主要是湖北省。湖北省采取由省高院“一案一指”的方式向武汉铁路运输中级法院、武汉及襄阳铁路运输法院指定审理行政案件。（4）由铁路运输法院集中管辖试点地区的部分类案。主要是天津、浙江 2 省市。天津市的天津铁路运输法院集中管辖天津市的环境保护行政案件；浙江省的杭州铁路运输法院集中管辖以杭州 13 个区（县）政府经行政复议后作为共同被告的行政案件。

另外，江西省经报最高人民法院批准，即将实施由南昌铁路运输两级法院（中院和基层院）集中管辖南昌、新余、鹰潭三市的行政诉讼案件。广西壮族自治区也已向最高人民法院提出实施铁路运输法院跨行政区划集中管辖行政案件的试点请示。

3. 由普通基层法院开展相对集中管辖。此种模式主要有以下几种情形：（1）在全省范围内开展相对集中管辖。主要有福建、广东、甘肃、贵州、江西、山西等 6 省。福建省在全省除龙岩地区以外的八个设区市各确定2~4个基层法院实行相对集中管辖；广东省在全省所辖21个地市各选定1~2个基层法院全面开展行政案件集中管辖改革工作；甘肃省在全省确定13个基层法院实施相对集中管辖和交叉管辖；贵州省在全省88个基层法院中确定25个基层法院实施相对集中管辖和交叉管辖；江西省在全省8个地级市全面推开行政案件相对集中管辖工作；山西省在全省开展了行政案件集中管辖工作。（2）指定部分地区实施相对集中管辖。主要有广西、河北、湖北、湖南等19个省、市、自治区。如广西壮族自治区将南宁市作为全区唯一试点单位开展行政案件集中管辖试点工作；河北省确定保定、邢台两个市部分基层法院作为相对集中管辖试点法院；湖北省确定黄冈、荆门地区实施集中管辖试点工作；湖南省确定郴州市和永州市进行集中管辖试点工作。

其中，广东、甘肃、湖北、江苏、陕西、天津、云南、浙江等8省市，既实施了铁路运输法院集中管辖改革又实施了普通基层法院集中管辖改革。

4. 由铁路法院以外的专门法院实施集中管辖。采取此种模式的主要是海南省和新疆高院兵团分院。海南省自2011年8月开始由海口海事法院集中管辖全省海事行政案件。新疆高院兵团分院在南疆指定一师中院作为试点单位，确定阿拉尔市垦区法院作为三个基层法院当中的相对集中管辖法院，负责一师范围内所有行政案件的审理。

5. 在全省实施异地交叉管辖。采取此种模式的主要是重庆、福建、甘肃、贵州、河南5省市。其中，重庆、福建、甘肃、贵州等4省市在实施基层法院行政案件相对集中管辖的基础上，又对中级法院部分一审行政案件实行了异地交叉管辖。如重庆市除在重庆三中院辖区开展相对集中管辖试点外，在其他四个中级人民法院推行行政案件交叉指定管辖制度；福建省对中级人民法院一审行政案件采用指定交叉管辖，将全省九个设区市划分为三个司法管辖片区，各片区范围内原属各中级人民法院管辖的一审行政案件，统一指定给片区内其他中级人民法院管辖，且不对应交叉管辖；甘肃省将临夏、甘南两个民族自治州法院和矿区、林区、铁路专门法院外的其他 12 个中级人民法院分成 4 组，每组 3 个中级人民法院，循环交叉管辖以县级以上人民政府、其他县处级以上行政机关为被告的一审行政诉讼案件；贵州省实施交叉管辖的案件系由各中级法院选取其受理的被告为市、县（区）级人民政府的一审行政诉讼案件，每年以 30 件的固定配额，实行异地交叉管辖；河南省未实施相对集中管辖，而是在全省范围内对基层人民法院一审行政案件和中级人民法院以地市级政府为被告的一审行政案件采用异地循环交叉管辖方式，即“推磨”方式实施交叉管辖（A 地法院管辖 B 地案件，B 地法院管辖 C 地案件，C 地法院管辖 A 地案件）。

6. 由当事人选择管辖。有部分试点地区赋予了当事人管辖选择权，起诉人既可以要求由原管辖法院管辖，也可以选择异地集中管辖法院管辖。例如福建省规定，起诉人明确要求由原管辖法院管辖，经释明仍不愿跨行政区域管辖的案件，仍由原管辖法院管辖。浙江省在宁波地区实行选择集中管辖，将法院指定与原告选择相结合，每一个县、市、区分别对应两家异地法院，起诉人既可以选择被告所在地法院，也可以在所对应的两家异地法院中选择一家提起诉讼。山东省自 2016 年 4 月 1 日开始在枣庄开展了“以当事人选择管辖”为核心的跨区域管辖改革试点，将枣庄中院辖区划分为两个片区，每个片区包括 3 个基层法院，原告可以在片区范围内选择管辖法院，如果当事人愿意选择在本辖区法院提起行政诉讼的，由其所在辖区法院受理；当事人如不愿意在本辖区法院起诉的，可以选择片区内其他法院起诉。江苏无锡地区在宜兴和江阴两个县级市赋予原告管辖选择权，两地的原告可以选择另一地法院管辖。

（二）试点成效

从全国法院跨行政区划管辖行政案件的改革实践来看，主要有以下几点成效：

第一，保证了国家法律得到统一实施，保证了中央政策的落地生根，有效克服了“上有政策下有对策”的现象发生。习近平总书记指出，随着社会主义市场经济深入发展和行政诉讼出现，跨行政区划乃至跨境案件越来越多，涉案金额越来越大，导致法院所在地有关部门和领导越来越关注案件处理，甚至利用职权和关系插手案件处理，造成相关诉讼出现主客场现象，不利于平等保护外地第三人合法权益、保障法院独立审判、监督政府依法行政、维护法律公正实施。习总书记的重要指示明确了行政案件作为特殊案件的性质，指明了跨行政区划法院改革的重要方向。跨区划管辖的最明显的实效是完全摆脱了过去一段时间以来司法活动受到地方影响的不利态势。司法权是中央事权，实行跨区划法院管辖改革的目的就在于维护宪法和法律权威，确保中央政策令行禁止，就在于避免行政干预司法，去除司法的行政化和地方化。从跨区划法院管辖试点情况来看，绝大多数的试点法院都深刻感受到改革带来的变化。特别是从体制机制上避免了原来司法体制下司法辖区和行政辖区高度重合所导致的行政干预司法、行政裁判不公的现象。跨行政区划法院在推动行政机关正确贯彻中央政策，确保法律法规有效实施，有力维护中央权威方面具有突出重要的意义。

第二，立案登记取得举世瞩目的成效，推动“信访不信法”痼疾得到有效解决。在过去的司法体制下，由于有的地方违背科学发展观，在房屋拆迁、土地征收、城乡规划、招商引资等领域有法不依、急功近利。引发了大量的行政纠纷。由于一些法院害怕得罪政府，不敢碰硬，造成行政诉讼的法定渠道功能虚置，导致“信访不信法”“信上不信下”现象泛滥，有的地方甚至酿成恶性事件。据统计，过去一段时间每年的行政信访案件在600万件左右。“立案难”问题一直是人民群众反映强烈的突出问题。实施行政案件集中管辖改革后，地方政府行政干预难度增大，以往由于地方保护不予立案的弊病得以有效缓解，除依据法律规定明确不能予以立案以外，其他案件均能在法定期限内立案，行政案件在立案环节的障碍明显减少，对行政相对人的诉权保护力度明显增强。通过管辖机制改革与立案登记制改革的双重推动，有效破解了各地限制立案的土政策以及各种人为设置的立案藩篱，有效克服了“不敢立”的心态，畅通了依法立案受理的渠道。同时，通过管辖范围的改变，很大程度上消除了人民群众“官官相护”的疑虑，进一步增强了老百姓对行政审判的信任与信心。改革以来，行政案件受案数量增长十分明显。例如福建省2016年全省法院受理一审行政案件7410件，同比2015年上升35.47%。甘肃省2016年全省法院受理一审行政案件数是改革前2013年的2.67倍、2014年的2.08倍、2015年的1.28倍。北京四中院行政案件立案率从建院初的不足1/3上升至90%以上，以区政府为被告的行政案件从2014年的216件大幅上升至2016年的2893件，增长14倍之多。在诉权保护更加充分，受案数量显著提高的同时，受案类型也明显增多，新类型案件大量涌现。例如广东省法院实施管辖改革一年来，行政协议纠纷、规范性文件附带审查、滥用行政权限制或排除竞争等新类型案件均有出现并顺利得到立案受理。调研中，有的集中管辖法院法官坦言：“集中管辖改革后不论是在对案件的受理中还是在审理中，明显感觉到思想无负担，工作无压力，完全可以放开手脚大胆积极受理案件，依法公正审理。”集中管辖改革也普遍得到了人民群众的认可，如原告刘某在诉甘肃省某区政府土地行政登记案庭审后称：“行政案件异地管辖，消除了我对审判不公的疑虑，增强了对法院公正审判的信心，宁愿多跑路，心里图个踏实！”从以上事例可以看出，管辖机制改革在保护当事人诉权方面发挥了重要作用，使行政诉讼“立案难”问题得到根本扭转，成效显著，也使行政诉讼越来越成为人民群众解决行政争议、维护合法权益的一条重要途径。

第三，制度保障公正效果凸显，行政案件“审理难”问题明显改善。管辖机制改革后，行政区域与司法管辖区域相对分离，行政案件实行异地审理，极大减少了案件审理所受到的非正常干预和地方保护主义的影响，极大减轻了管辖法院和法官的压力，克服了“不敢审”的心理，集中管辖法院和法官的办案独立性、公正性明显增强。调研中，行政审判法官普遍反映，实施集中管辖改革使依法审理的内外压力明显降低，法官办案的独立性和责任心明显增强，司法审查的监督力度明显加大，为依法独立公正行使行政审判权提供了制度性保障。改革以来，试点地区的原告胜诉率有了较大提高，突显了管辖机制改革的良好成效。例如广西壮族自治区南宁市青秀区法院在集中管辖后的 2014、2015 年原告胜诉率高达 30% 以上；南宁市西乡塘区法院在集中管辖后原告胜诉率平均在 28% 左右。河南省在改革前的 2013 年，一审行政案件的原告胜诉率只有 10.17%，2014 年 5 月实行异地管辖后，当年原告胜诉率提升到 16.38%，2015 年提升到 17.55%，2016 年又提升到 19.38%。以上数据反映出集中管辖改革使法院增强了排除地方干预的能力，打破了当事人原有的“民告官胜诉难”的心理，增强了人民群众通过行政诉讼方式进行维权的信心。

第四，行政诉讼外部环境得到极大改善，行政机关依法行政和应诉意识进一步增强。由于行政案件的管辖、受理、审理和执行法院均脱离了被告的行政管理区域，在行政机关干预减少的同时，集中管辖法院可以加大依法审查的力度，对行政机关依法行政的监督更加严格。改革以来，全国大部分试点地区的行政机关败诉案件数量都有了显著增长，行政机关败诉率有了较大幅度提高。例如北京四中院，2015 年审结的一审行政案件中，判决行政机关败诉案件占其全部实体判决案件的 25.24%。西安铁路运输两级三院 2016 年 1 月 15 日至 2017 年 5 月 31 日行政机关败诉案件占已审结行政案件的 17.09%。辽宁省 2016 年行政机关平均败诉率为 14.04%，而沈阳地区集中交叉管辖法院行政机关败诉率为 17.6%，葫芦岛地区集中交叉管辖法院行政机关败诉率为 20.1%，集中管辖法院行政机关败诉率均大大高于全省败诉率。同时，渐趋严格的行政审判运行机制和败诉率的提升明显加大了行政机关的危机感，促使行政机关逐步意识到，只有通过规范行政行为才能根本上避免败诉的结果。据试点地区反映，目前，有部分行政机关在作出行政行为前，主动与法院沟通依法行政的细节，以避免对簿公堂后败诉的可能。行政案件的集中管辖改革已成为各级行政机关提高依法行政意识和水平的重要"催化剂"。试点改革以来，集中管辖法院抓住 2014 年《行政诉讼法》实施契机，采取发送出庭通知等形式积极推动行政机关负责人出庭应诉，取得较好效果，行政机关应诉积极性明显提升，行政机关负责人出庭应诉率大幅提高，"告官不见官"现象明显改观。就全国来看，部分试点地区行政负责人出庭率已经达到 90% 以上，有的甚至达到 100%。例如江苏省徐州铁路运输法院实施跨行政区划集中管辖改革一年来，行政机关负责人出庭应诉率达到88.84%，2017年1至6月，应诉率进一步提升至92.03%。北京四中院建院两年来行政案件庭审实现行政机关工作人员出庭应诉率100%，并实现了全市16个区政府的负责人出庭应诉的全覆盖。湖北省荆州市掇刀区法院自2016年7月1日实施集中管辖以来，行政机关负责人出庭率保持在100%。另外，集中管辖法院积极加强与行政机关的良性互动，通过召开座谈会、提出司法建议等方式，帮助行政机关查找行政执法中存在的问题和漏洞，促使行政机关更加正面、积极地对待行政诉讼，推动行政机关从源头上加强执法程序意识，不断规范执法行为，依法行政的意识和水平都有了较大提高。

第五，行政诉讼审判队伍持续良性整合，行政审判专业化水平进一步提升。集中管辖改革有利于整合审判资源，加强审判力量，促进行政审判的专业化，为行政审判的可持续发展奠定基础。一方面，通过管辖改革将案件数量少、办案经验缺乏的法院的行政案件和部分优秀法官集中到具有审判优势的法院管辖，配齐配强集中管辖法院行政审判力量，增强集中管辖法院行政审判队伍的整体专业水平，使集中管辖法院能够集中优质审判队伍投入到行政审判工作中，为公正审理好行政案件提供了坚强保障；另一方面，采取集中管辖后集中管辖法院所受理的行政案件类型不断增多、案件数量不断增大，使行政审判人员能够快速积累更加丰富的行政审判经验，不断增强纠纷化解能力，同时也倒逼行政审判法官进一步增强自身素养，有利于专业化法官的培养和造就。另外，非集中管辖法院专司非诉行政执行案件的审查和执行，集中管辖法院和非集中管辖法院优势互补，紧密配合，将极大优化行政审判资源，提高案件审理质量和提升司法公信力。通过集中管辖改革，目前，试点地区已初步形成了以省法院、跨区划法院、集中管辖法院和交叉管辖法院行政审判庭为骨干的行政审判专业化新格局。

第六，法律适用的统一性效果明显，裁判尺度统一性进一步提高。统一裁判尺度一直是行政审判领域改革的重点和难点。实行行政案件相对集中管辖后，行政审判权由分散在各个基层法院相对集中到少数几个集中管辖法院行使，影响裁判尺度差异的因素减少，有利于行政案件裁判尺度的统一。一方面，集中管辖后各地法院均加强了审判团队专业化建设，提升了团队分析研判的能力，形成了一致的裁判标准，一定程度上减少了同案不同判现象的发生；另一方面，由于管辖法院减少，上级法院对集中地区的类案指导加强，集中地区专业化提升，有利于裁判尺度的进一步统一。同时，案件裁判标准的统一也促进了案件质量的提高。实施集中管辖改革以来，各试点地区改判、发回重审率明显下降，服判息诉率、协调和解率、维持率有了明显提升，一定程度上提升了司法公信力。例如上海三中院自 2015 年 1 月 1 日正式履职至 2017 年 5 月底，一审服判息诉率为 33.89%，二审瑕疵改判发回率、裁定再审率、生效案件改判发回数均为 0。湖南省永州地区集中管辖法院 2016 年度上诉案件发改率仅为 6%。广西南宁市在 2013 年 7 月以前，全市基层法院行政案件二审发改率近 20%，实施管辖改革以来，发改率降为不超过 10%。另外，集中管辖在对行政审判自由裁量权集中统一的同时，在程序操作、庭审流程、文书样式等多方面实现了全方位多层次的统一，进一步推动行政审判走向专业化、规范化。

第七，审判资源正向对流，行政审判质效进一步提升。通过实施集中管辖改革，行政审判逐渐成为集中管辖法院的主流审判业务，越来越多的审判骨干投身到行政审判事业，较好地缓解了行政审判法官人员不足、素质不高、力量分散等问题。随着审判资源的整合，行政审判质效有了较大幅度的提高。例如广东省的江门、中山、深圳、珠海、佛山等较早开展试点的法院在收案数保持大幅增长的情况下，呈现出上诉率下降、服判息诉率提升的良好态势，其中广州、惠州、珠海、佛山、深圳的服判息诉率同比增加超过 10% 到 20%，佛山的发改率下降了 51.3%。甘肃省法院实施集中管辖以来，行政案件的上诉率从 2015 年的 48.8% 降至 2016 年的 34.3%。再比如，徐州改革后，一审服判息诉率达到 60.8%，较改革前上升了 23%，2017 年 1~7 月，一审服判息诉率进一步上升到 66.29%。另外，集中管辖改革在减少地方政府干预的同时，也畅通了管辖法院与涉诉行政机关、行政相对人的依法沟通渠道，增强了实质性化解行政纠纷能力。一方面，部分行政机关对自身行政执法中存在的问题能够正确认识，继而积极出庭应诉，主动纠错或者积极采取补救措施，最后与行政相对人之间的矛盾得以协调解决；另一方面，行政相对人对法院的释明工作更具信任感，更容易接受协调撤诉工作。同时，各试点地区加大多元化解行政纠纷力度，通过设立法律援助工作站、与行政机关建立联系沟通机制、建立诉前协调机制等方式，力促行政争议得到实质性化解。试点改革以来，全国多数试点法院协调结案率有了不同程度的提高。例如辽宁省沈阳地区改革试点以来协调结案率达到 22%，比全省法院高出 6.47%。甘肃省法院实施集中管辖改革以来，在收案数大幅增长的情况下，协调撤诉率从 2015 年的 21.7% 提升至 2016 年的 26%。

第八，司法环境进一步优化。由于集中管辖法院的人、财、物等都不受制于案件当地的政府部门，在案件的受理和审理中杜绝了行政机关及相关部门的干预。与过去相比，行政案件集中管辖的实施，为行政审判工作创造了前所未有的宽松和优质的司法环境。从行政机关的变化来看，行政机关改变了以往“凡败诉必上诉”的错误观念，更加理性对待败诉结果，随着实质性化解行政争议力度的加大，行政机关更倾向于主动改变行政行为。从与行政机关的关系来看，集中管辖法院的行政审判法官感受到来自行政机关的说情和压力明显减少，判案更加单纯，独立行使审判权更加容易。从行政相对人的反应来看，行政相对人普遍反映异地集中管辖虽路途稍有不便，但对异地法院审理案件更为放心，解决了相对人最为担心的“官官相护”问题，使行政相对人更愿意采取诉讼的方式解决争议，逐渐扭转了“信访不信法”的尴尬局面。从行政审判人员自身方面来看，因实行异地集中管辖，行政机关“说情”不再像以前那样方便，“说情”次数明显减少，拒绝的难度也明显降低，客观上降低了法官的廉洁风险。

第九，司法公信力进一步增强。长期以来，行政诉讼收案数量低、行政机关败诉比例低，严重挫伤了人民群众对行政诉讼的信心。集中管辖改革使行政区划与行政案件司法管辖区域适当分离，使人民群众看到了国家规范行政行为、监督行政机关依法行政的决心，感受到集中管辖法院因不受案件所在地党委政府非法干预，敢于依法公正裁判的勇气，相信人民法院能够秉公办案，依法纠正行政机关不依法行政的行为。因此，老百姓参与行政诉讼的信心得到空前增强，对司法公正的信心大为提高。集中管辖制度的实施，既得到了行政案件原告方的极力拥护，也得到了行政机关的理解和支持。例如在甘肃省某集中管辖法院案件审理中，律师王某在庭审最后陈述时说：“感谢行政诉讼异地管辖制度的设立，感谢法院能受理案件，使当事人能感受到司法为民的温暖。”出庭应诉的行政机关负责人章某说：“以前在本地法院审判本地行政案件，即使依法公正审判，老百姓也总犯嘀咕，怀疑是不是案件背后有猫腻。现在打破地域藩篱，排除干扰，相对独立的异地审判环境，更容易让群众从每一起行政案件中感受到公平正义。”随着集中管辖机制的优势逐渐显现，当事人从天然质疑转为更愿意信任法院的处理。例如上海铁路运输法院 2016 年 7 月至 2017 年 5 月在审理当事人可以选择管辖法院的复议机关作共同被告的案件中，选择到该院起诉的比例为 45.2%；其中，2017 年 1 月至 5 月，当事人选择到该院起诉的比例为 50%。有的当事人甚至来电主动要求该院管辖其案件。该院审理的首案当事人郭某在结案后感慨地说：“集中管辖改革机制好，真正做到了司法为民。”上海市静安区政府也给该院写来感谢信，认为，“试点初显成效，为化解社会矛盾、监督政府依法行政发挥了积极作用”。在赋予当事人管辖选择权的试点地区，大多数的当事人宁愿多花钱、多跑路，也要选择到异地集中管辖法院起诉。例如浙江宁波地区自 2015 年 5 月 1 日实施选择集中管辖以来，当事人选择异地起诉的比例始终保持在 40% 以上。河南省实施交叉管辖的同时，也赋予当事人管辖选择权，但改革以来，几乎没有当事人选择在本地起诉。行政案件集中管辖改革真正实现了行政审判的异地化，使行政相对人对法院审判活动的信任感和信服感进一步增强，极大地提高了行政审判的司法公信力，获得了诉讼当事人的广泛认可。

（三）集中管辖改革试点中发现的问题

集中管辖改革特别是跨行政区划集中管辖试点改革以来，各试点地区勇于探索，敢于创新，使改革取得明显成效。但由于此项改革打破了传统的行政案件管辖模式，而原有的体制机制和配套措施未能及时创新或调整到位使之与管辖改革相适应，以及各地情况的巨大差异，导致管辖制度改革在实施过程中，不可避免地出现了一些新情况、新问题。主要有：

1. 集中管辖法院行政审判力量不足，案多人少矛盾逐渐凸显。集中管辖工作开展后，由于立案登记制与管辖机制改革的实施，集中管辖法院行政案件数量急剧上升，异地案件大幅增多，个案工作量显著加大，行政审判力量严重不足。无论是跨行政区划法院设立，还是行政案件跨区划集中管辖改革，由于受制于编制、职级等原因，集中管辖法院难以从其他法院调入行政审判法官，又由于异地安置、住房、福利待遇等原因，许多非集中管辖法院行政法官也不愿意调动到集中管辖法院工作，审判资源无法进行有效整合，致使全国大部分试点地区普遍存在案件集中易、法官集中难问题，形成了集中与非集中法院“有案无人办、有人无案办”的被动局面。另外，目前集中管辖法院普遍存在行政审判力量薄弱，审判辅助人员配备尚未到位，审判团队建设需要进一步加强的问题。从全国范围来看，由于大部分地区没有实现优秀审判人员的集中，导致集中管辖法院只能内部挖潜，从其他审判业务庭调整审判人员到行政审判岗位，导致现有从事行政审判的人员之间业务水平存在明显差异，除少数有过行政审判经验的人员外，大多数人员此前并无从事行政审判的经历。这就使得在一定时期内，集中管辖法院的行政审判团队内部还需要磨合，裁判思路还有待转变，行政审判的专业化还有待进一步强化。例如郑州铁路运输两级法院（包括郑州铁路运输中级法院、郑州铁路运输法院、洛阳铁路运输法院）集中管辖改革以来，行政案件受理数量每年都有大幅增长，但是由于编制、职级等问题，三个铁路法院无法从辖区内选调行政审判法官，只能从本院其他审判业务庭调整集中到行政审判岗位。再如江苏省南京铁路运输法院，其作为南京中院下辖的一家基层法院，职级、待遇等比照南京中院的标准，导致很多待遇优于南京中院的基层法院行政审判法官不愿意进入铁路法院，使其难以补充优秀审判力量。而江苏省徐州铁路运输法院在改革后仍隶属于省法院，虽然职级待遇比徐州市其他基层法院好，具有一定吸引力，但由于编制的限制，短期内也无法大量招录优秀人才，只能采取借调的方式应急，现有从事行政审判的 9 名借调人员因为编制问题一直未能解决正式调入的问题。

2. 当事人的诉讼成本及法院办案成本增加。由于集中管辖是将部分基层人民法院管辖的一审行政案件交由其他基层人民法院集中管辖，非集中管辖法院辖区的当事人必须到异地集中管辖法院所在地进行诉讼，其在住所地和集中管辖法院所在地需多次往返，导致时间和经济成本明显上升。我国现实多数地区的交通状况是区县到地市比较方便，而到其他区县的交通反而不方便，特别是对于地处偏远、多山和地域辽阔的试点地区，当事人到集中管辖法院应诉，往往需要耗费数天时间，诉讼成本增加更是明显。试点过程中，集中管辖法院通过采取远程视频接访、预约立案、网上立案、巡回审判、电子送达等多种措施力求减轻当事人诉累，虽取得了一定效果，但总体上还是不能改变当事人诉讼成本增加的大趋势。虽然就公平、公正的司法结果而言，增加诉讼成本的负面效应似乎有所弱化，但较原有诉讼管辖模式下增加的诉讼成本和因此带来的诉讼不便，还是一定程度上影响了当事人的诉讼积极性，特别是对于经济困难的当事人，可能因无法负担增加的诉讼成本而出现放弃诉讼的现象。实践中，有的集中管辖法院受案数量呈现出下降趋势，其中交通不便和诉讼成本增加是一个重要原因。例如贵州省毕节市七星关区人民法院，作为集中管辖法院，由于地处偏远多山地区，其 2015 年的行政诉讼一审案件受案数较 2014 年同期下降了 7%。另外，集中管辖不仅导致当事人的诉讼成本有所增加，法院的办案成本也有不小的上升。与原管辖方式相比，集中管辖增加了法院上门立案、勘验、调查取证、巡回审判、跨区域送达等成本，另外也给法院的协调工作带来诸多不便，增加了司法资源的消耗，部分试点法院出现了办案经费不足的问题。例如据湖北黄冈基层法院测算，试点工作开展以前，审理常规行政诉讼案件的个案成本约在 1500 元左右；试点工作开展以后，集中管辖法院个案成本上升到 3000 元左右。

3. 案件协调调解和实质化解难度加大。化解行政争议是行政诉讼的目的之一，通过协调化解工作，可以实质性化解行政纠纷，实现案结事了。在实行管辖制度改革后，由于集中管辖导致了行政案件与被集中地区之间的分离，原本依托当地党委政府化解矛盾的纠纷解决机制逐渐被打破，再加之集中地法院与被集中地区行政机关之间的地域联系减弱，新的纠纷解决机制尚未建立，行政机关实质性化解矛盾的意愿不强，很多能够依托当地化解的矛盾也缺少了相应的途径，部分案件法院虽然作出了裁判，但矛盾并未实质化解。另外，集中管辖法院法官对案件原管辖地的行政执法环境、当地风土人情缺乏深入了解，对协调化解工作也存在一定的畏难情绪。调研发现，由于集中管辖法院与原管辖地党委、政府及其相关部门尚未建立广泛的、常态化的联络机制，现有沟通协调渠道不畅，导致部分集中管辖法院与行政机关在异地开庭、协商等具体工作中的沟通联系存在不便，就案办案的多，协调化解的少，实质性化解行政争议的力度减弱，部分试点地区出现了协调撤诉率下降的现象。例如青海省 2016 年审结的 514 件一审行政案件中，有 125 件原告撤诉，协调撤诉率为 24.32%，与上年同期的 25.49% 相比，下降 1.17 个百分点；西宁市城西区法院的协调撤诉率从 2015 年的 33.34% 下降到 28.79%；西宁市城北区法院从 17.86% 下降到 16.28%；海东市民和县法院从 40.82% 下降到 26.42%。再如贵州省 2015 年全省行政诉讼一审案件的调撤率为 16.66%，较

2014年同期的24.65%同比下降了7.99个百分点。

4. 集中管辖法院与非集中管辖法院间协同机制的落实存在不利因素。集中管辖法院与非集中管辖法院之间的协调配合是否到位直接关系集中管辖改革的成效好坏。集中管辖工作的顺利开展需要非集中管辖法院在安全保障、审判法庭、办公用房、沟通协调、委托送达、调解纠纷等方面对管辖法院给予大力支持。但随着非集中管辖法院行政审判业务的弱化和剥离，其原有的行政审判人员的工作重心必将调整到其他工作领域，长期来看，非集中管辖法院难以对集中管辖法院的行政审判业务提供经常性的专项保障，法院内部的协调配合存在不利因素，制度化落实较为困难。实践中发现，部分法院之间的协助、配合仅停留在情感层面，有一定随意性，刚性约束不足。而且，对于原管辖法院的协助、配合的具体要求存在盲区或模糊，在协调配合的要求细化方面存在不足。另外，在管辖改革推进过程中，部分集中管辖法院与非集中管辖法院之间在立案审查、受案标准、文书送达、调查取证、纠纷化解等方面还存在理解不一致、衔接不紧密、沟通不及时等情形，甚至在工作中出现互相推诿，增加当事人讼累，浪费司法资源等问题。

跨区划法院改革中存在的这些问题，从另一个角度来讲，也是由于跨区划法院改革推动不够快速、不够彻底带来的问题。由于跨区划法院管辖改革并非全盘改革，而是各地采取的点状分布的改革措施，这就导致不可避免地存在行政审判力量不足、吸引力不强、诉讼成本较大等问题；具有管辖权的法院的法官通常由同级人大任命，甲县人大任命的法官去审乙县人大产生的政府，不仅在法理上存在疑问，而且在工作上具有诸多困难，这是纠纷难于通过协调解决和实质性化解的根本原因。目前，跨行政区划法院的不合理的结构、不均衡的分布以及法官任免机制上的问题，已经对跨区划法院改革的推进造成了制度设计上的肠梗阻。只有充分发挥跨区划法院的优势，全面推广跨行政区划法院的经验，推动扩大跨区划法院的规模以及分布，将从根本上解决跨区划法院管辖改革中出现的这些阶段性问题。

三、设立跨行政区划法院是管辖制度改革的必然要求

（一）正确认识跨行政区划法院的特殊性

应当说，跨行政区划法院既不同于军事法院、海事法院、知识产权法院等专门法院，也不是传统意义上在省、自治区内按区划设立，或在直辖市内设立的不对应行政区划的地方普通法院，而是一种特殊类型的法院。其特殊性体现在：一是跨行政区划设置。与我国传统意义上按行政区划设置的地方高级、中级、基层人民法院相区别，跨行政区划法院没有对应的行政区划单位。二是跨行政区划管辖特殊类型案件。我国传统司法管辖制度以级别管辖和一般地域管辖为主，即按照一定的原则和标准划分上下级法院之间受理第一审案件的分工和权限，以及确定同级法院在各自辖区，也就是行政区划内受理第一审案件的分工和权限。而跨行政区划法院的管辖制度则以案件符合易受地方干扰、跨行政区划、重大等标准为基础构建，从而实现司法管辖区与行政区划相分离。三是具有独特的诉讼格局。与传统的按行政区划一一对应的审级制度和案件受理相区别，在跨行政区划人民法院的辖区内，普通案件应当由对应的行政区划人民法院实行地域管辖，特定类型案件由跨行政区划人民法院行使管辖权。这与我国当前存在的无对应行政区划的中级人民法院和无对应行政区划的基层人民法院具有本质区别。类似湖北省汉江中级人民法院、河南省第一中级人民

法院、海南省第一中级人民法院、海南省第二中级人民法院这一类型的法院，虽然也属于某种制度创新，但只能说其管辖范围是跨行政区划的，这类法院由于不符合跨行政区划管辖特殊类型案件的特征，因此，并不属于跨行政区划人民法院范畴。

（二）深刻认识设立跨行政区划法院的必要性

1. 设立跨行政区划法院，是维护中央权威，确保中央政令畅通，确保司法权统一行使的必然要求。从世界范围来看，司法权在保障国家法律法规统一实施方面具有重要意义。我国是单一制国家，司法权属于中央事权，具有国家权力属性。地方法院是国家设在地方代表国家行使审判权的司法机关。从现行司法体制来看，我国现有3500多个地方法院，除专门法院外，绝大多数的设置对应或依附于行政区划，这样的设置具有一定优越性，如便于明确管辖、便利诉讼、便于就地化解矛盾等，但所受制约也很明显。特别是在地方人财物省级统管改革以前，地方法院的编制、人事和经费保障都依赖和受制于地方，不但未能将司法权的中央属性充分体现出来，反而在有的案件处理中，出现了诉讼主客场、地方保护、行政干预等严重影响司法公正的问题。有鉴于此，党的十八大后，中央提出探索设立跨行政区划的人民法院，其中一个重要的初衷就是要让司法权回归国家或中央事权的本来属性，从司法管辖区调整的角度使司法管辖与行政区划适当分离，以此强化中央司法权统一行使，从体制上排除地方因素对公正司法的干扰，促进国家法律统一正确实施，保证中央政令畅通。

2. 设立跨行政区划法院，是畅通法定救济渠道，引导当事人合法理性解决争议和冲突，彻底解决“信访不信法”问题的优方良策。“信访不信法”问题已经成为一个具有中国特色的难题痼疾。其根源在于人民群众对于司法的不信任心理，对于官官相护的痛恨情绪，对于法定渠道化解矛盾的观望态度。一年数百万件行政纠纷流入信访渠道，实际上也表明过去的司法体制机制已经到了必须改革的时候。目前，所有跨行政区划法院都彻底实施了立案登记，立案登记数量出现短时间的增长，也表明人民群众对于跨行政区划法院抱有极大的信任和希望。这就从根本上排除了人民群众的疑虑，增强了人民群众对于司法的信心，司法最终解决纠纷的功能得到彻底彰显。

3. 设立跨行政区划法院，是优化司法环境，确保人民法院依法独立公正行使审判权的制度保障。长期以来，我国地方各级法院大多依行政区划而设立，在不同级别的行政区域内设立相对应的人民法院。在这种体制下，人民法院的人财物管理等各方面都受制于地方政府。在计划经济时代，这种体制的弊端显现尚不够明显。随着社会主义市场经济的确立和发展，原有司法体制的弊端就逐步显露出来。随着我国经济社会的发展和改革的不断深化，地方人民法院受理的案件数量越来越多，争议数额越来越大，特别是跨行政区划乃至跨境的案件越来越多。近年来因城市拆迁、房屋征收、农村征地、环境污染、企业破产等引发的大量行政案件和民商事案件多牵涉地方利益，案件处理结果与地方经济社会发展和社会稳定的联系越来越紧密，导致法院所在地党政机关的有关部门和领导越来越关注案件处理，甚至利用职权和关系插手、干预案件处理，造成相关诉讼出现“主客场”现象。跨行政区划设立人民法院，在某种程度上避免了司法对同级政府的依赖，地方保护主义对司法的干扰也会大大降低，为人民法院依法独立公正行使宪法赋予的职权提供了组织保障。

4. 设立跨行政区划法院，是优化管辖结构，满足人民群众司法新需求的现实需要。积极回应人民群众的司法需求一直都是人民法院司法改革的重要目标。长期以来，由于管辖制度设置的不科学、不合理，导致出现地方保护、管辖不明等问题，因管辖争议和管辖权异议而增加当事人讼累，影响司法效率。设立跨行政区划人民法院，通过集中指定管辖，实现普通案件在行政区划人民法院办理、特殊案件在跨行政区划人民法院办理的诉讼格局，将易受地方因素干扰的行政诉讼案件及重大的民商事案件、环境资源保护案件、食品药品安全案件等特殊类型案件，集中划入跨行政区划法院管辖审理，不仅有利于确保特殊案件的裁判公正，也有利于避免产生管辖争议，防止出现老百姓求告无门、有案不立的情况，有利于保障当事人诉权，有助于提升人民群众对人民法院司法审判工作的信任感，使人民群众能切身感受到司法的公平和正义，有效回应人民群众的司法新需求、新期待。

5. 设立跨行政区划法院，是进一步优化司法资源配置，降低当事人诉讼成本的切实需要。我国地域辽阔，地形复杂，经济社会发展不平衡。从全国情况来看，按照行政区划设立的法院存在忙闲不均、司法资源配置失衡的现象。有的法院一年受理案件达上万件，有的法院仅有几百件；有的法院法官年人均办案数量超过二百件，有的只有几件。从当事人来说，人民法院的管辖范围决定了当事人的诉讼成本。我国现行的司法管辖制度不仅导致司法管辖区与行政区划完全重合，司法机关的规模过于庞大，而且刚性过强，柔性不足。简单依据行政区划设立司法管辖区，必然会受到行政区划设置不合理的影响，一些地方当事人只能舍近求远，到离家较远的区划内人民法院进行诉讼，而不能到近在咫尺的非区划内法院寻求帮助。设立跨区划人民法院，可以从便利诉讼的原则出发确立人民法院的管辖权，通过建立与行政区划适当分离的司法管辖制度，既可以优化司法资源配置，又可以方便人民群众参与司法活动，有效降低诉讼成本，可谓一举两得。

6. 设立跨行政区划法院，是贯彻中央关于与行政区划适当分离要求，完善现行司法管辖制度的必由之路。我国诉讼法确立了以级别管辖和一般地域管辖为基础的司法管辖制度，并辅以指定管辖、选择管辖、专属管辖等管辖制度。这种司法管辖制度的设计，突出了便利当事人诉讼的管辖原则，有利于减轻当事人诉讼负担。但由于司法管辖区与行政区划高度重叠，导致其容易助长地方保护和行政干预，形成司法权地方化、诉讼主客场的弊端。当然，对于多数案件而言，这种管辖制度并不存在影响司法公正的问题，然而，对于少部分易受地方因素影响的特殊案件，单纯以方便诉讼为原则确定管辖制度，就容易产生此种弊端，从而与法院公正行使审判权这一管辖确定原则相背离。近年来，司法实践中针对特殊案件进行的提级管辖、异地管辖、指定管辖、集中管辖的探索和实践，虽然取得了一定成效，但均未能完全摆脱司法地方化、行政化的现实困境。因此，探索设立跨行政区划法院，建立与行政区划适当分离的司法管辖制度是对我国既有司法管辖制度的有益补充和完善，该制度设计本身具有以往管辖制度所不具有的优越性，有助于从整体上摆脱司法体制面临的现实困境。

7. 设立跨行政区划法院，是加强和改进党对人民法院工作的领导，确保人民司法公信力的制度保证。我国宪法确立了中国共产党的领导地位。党的领导是中国特色社会主义最本质的特征，是全面推进依法治国、加快建设社会主义法治国家的根本保证。党的十八届四中全会《决定》指出："必须加强和改进党对法治工作的领导，把党的领导贯彻到全面推进依法治国全过程。"深刻理解和贯彻这一要求，对于保证全面推进依法治国正确政治方向，保证司法改革各项任务顺利完成，具有重要意义。只有在党的领导下依法治国、厉行法治，人民当家做主才能充分实现，国家和社会生活法治化才能有序推进。在现行体制下，各级人民法院是在同级党委领导下开展工作，实践中，个别党的领导干部以“党”自居，对法院工作横加干涉，有的以“大局”为由要求法院服从和配合地方经济发展，有的甚至直接插手过问案件，严重损害了国家法律的严肃性和人民法院的司法公信力。通过司法管辖体制的改革，设立跨行政区划的人民法院，人民法院工作可以在更高级别的党委领导和更高级别的人大监督下开展工作，可以更有效地强化“四个意识”，维护中央权威，从而更加有效地保证党的路线方针政策在地方、在人民法院得到全面贯彻执行，确保地方各项工作始终沿着正确的政治方向不断迈进。

（三）准确领会中央设立跨行政区划法院的部署精神

探索建立与行政区划适当分离的司法管辖制度，设立跨行政区划的人民法院，积极探索构建“普通案件在行政区划法院审理、特殊案件在跨行政区划法院审理”的诉讼格局，是党的十八届三中、四中全会提出的司法体制改革的顶层设计方案。从我国国情出发，全面正确解读中央部署精神，准确领会改革目的，是顺利推进管辖体制改革的前提，也是准确把握跨行政区划法院制度设计的关键所在。

习近平总书记在《中共中央关于全面推进依法治国若干重大问题的决定》向全会所作说明中指出：“随着社会主义市场经济深入发展和行政诉讼出现，跨行政区划乃至跨境案件越来越多，涉案金额越来越大，导致法院所在地有关部门和领导越来越关注案件处理，甚至利用职权和关系插手案件处理，造成相关诉讼出现‘主客场’现象，不利于平等保护外地当事人合法权益、保障法院独立审判、监督政府依法行政、维护法律公正实施。全会决定提出，探索设立跨行政区划的人民法院和人民检察院。这有利于排除对审判工作和检察工作的干扰、保障法院和检察院依法独立公正行使审判权和检察权，有利于构建普通案件在行政区划法院审理、特殊案件在跨行政区划法院审理的诉讼格局。”上述“说明”是中央关于设立跨行政区划法院制度设计最为权威的解读。从中可以看出中央提出设立跨行政区划法院的几点考虑：一是在我国现行司法管辖区与行政区划高度重叠的体制下，行政诉讼案件、重大跨行政区划案件容易受地方干扰，影响司法公正；二是设立跨行政区划法院的目的是排除地方干预，平等保护当事人诉讼权益，保障法院依法独立行使审判权；三是其最终目的是要构建普通案件在行政区划法院审理、特殊案件在跨行政区划法院审理的诉讼格局。

改革不应脱离中国实际。中央部署精神中所体现出的“探索建立与行政区划适当分离的司法管辖制度”“探索设立跨行政区划的人民法院”“合理调整行政诉讼案件管辖制度”的改革思路是在立足现实国情、降低改革成本的前提条件下，探索建立一种能使司法管辖区划与行政区划适当分离而非完全分离的司法管辖制度。其实质就是将一部分原由行政区划法院管辖的具有跨区划性质、易受地方干扰的特殊案件交由跨行政区划法院或具有跨行政区划性质的专门法院集中管辖审理，从而构建起普通案件在行政区划法院审理、特殊案件在跨行政区划法院审理的新型诉讼格局。这就要求我们所采取的改革措施应当具有适法性和适度性。原因在于：第一，当前的行政区划法院系统仍然具有存在的必要性和合理性。我国现有的3500多个地方法院，虽然绝大多数设置与行政区划相对应，容易受地方政府影响和干扰，但这样的司法体制具有便于诉讼、利于管辖、方便协调调解、有利维稳的优势，也容易获得地方政府的大力支持。第二，大多数普通案件在行政区划法院也可以得到公正审理。从实践来看，易于受地方因素干扰的案件数量只是案件总量的一部分而非全部，多数案件通过适当调整管辖规则就可以确保在行政区划法院得到公正审理。第三，配套制度的不断完善也能确保行政区划法院依法独立行使审判权。排除地方干扰，确保人民法院依法独立行使审判权的改革措施不只是设立跨区划法院一项，还包括法院人财物省级统管、审级制度改革、行政诉讼管辖制度改革等配套改革措施。相关配套制度建立完善后，会极大地提升行政区划法院依法独立行使审判权的能力。第四，重建司法管辖区需要付出巨大改革成本。在全国范围内重新划分司法管辖区，使法院与行政区划彻底分离，需要巨大的改革成本。而设立跨区划法院的改革可以在对我国现有铁路运输法院等专门法院进行改造的基础上进行。相对来说，铁路运输法院等专门法院承担的办案任务不算繁重且其本身就具有跨区划管辖案件的特点，对其进行跨区划法院的改造既可以充分利用其人财物等资源，实现资源的有效整合，大幅降低改革成本，又可以充分发挥其跨区划管辖的优势。可见，中央改革思路的着眼点在于跨区划法院的设置与特殊案件管辖的确定并举，而非单纯通过对司法管辖区的重建实现全部案件的跨区划管辖。这就要求我们下一步的司法管辖区划调整措施应当具有适度性，而不是对现有司法区划进行彻底性改变。

（四）目前跨行政区划法院改革存在的问题和困难

1. 立法及制度障碍

目前，我国跨行政区划法院仅在直辖市中级法院范围内进行试点，并未涉及省、自治区及基层范畴，主要原因在于现行立法和制度存在一定障碍。目前关于司法体制和审判组织设置的法律主要有《宪法》《人民法院组织法》以及《行政诉讼法》等相关诉讼程序法。我国《宪法》并未对司法管辖区域作出明确规定。尽管2014年《行政诉讼法》对跨行政区划集中管辖行政案件作了规定，最高人民法院在《关于人民法院跨行政区域集中管辖行政案件的指导意见》中就跨行政区划集中管辖行政案件的具体工作也提出了指导性意见，但人民法院组织法并未对跨行政区划法院的具体职责和定位作出规定。人民法院组织法是规定人民法院机构设置及其职责权限的重要法律。根据《人民法院组织法》的有关规定，基层人民法院包括县、自治县、市、市辖区人民法院；中级人民法院包括在省、自治区内按地区设立的中级人民法院，在直辖市内设立的中级人民法院，省、自治区辖市的中级人民法院，自治州中级人民法院；高级人民法院包括省、自治区、直辖市高级人民法院。因此，在现行法律框架下，设立跨省、自治区、直辖市的人民法院或在省、自治区内设立跨行政区划人民法院尚存制度障碍。因此，目前只能优先考虑将直辖市内铁路运输中级法院改造为跨行政区中级法院。

2. 跨区划法院的管辖原则、标准、范围尚不够明确

根据《跨行政区划人民法院、人民检察院试点方案》的规定，跨行政区划人民法院管辖下列案件：（1）跨地区的行政诉讼案件；（2）跨地区的重大民商事案件；（3）跨地区的重大环境资源保护案件、重大食品药品安全案件等；（4）跨行政区划人民检察院提起公诉的案件和公益诉讼案件；（5）高级人民法院指定管辖的其他特殊案件。为保持管辖范围上的连续性，跨行政区划人民法院仍管辖原铁路运输法院受理的刑事、民事案件。根据《人民法院四五改革纲要》的规定，跨行政区划法院主要审理跨行政区划案件、重大行政案件、环境资源保护、企业破产、食品药品安全等易受地方因素影响的案件、跨行政区

划人民检察院提起公诉的案件和原铁路运输法院受理的刑事、民事案件。上述规定虽然明确了跨行政区划法院主要审理跨行政区划、重大、易受地方因素影响等特殊类型案件，但是其规定仍然较为原则。由于我国跨行政区划法院的案件管辖制度设计是以实现对易受地方干扰的特殊案件进行集中管辖为核心，而非简单的使司法管辖区与行政区划相分离，因此，确定案件管辖制度就显得尤为重要。如果管辖范围过宽，可能使跨区划法院失去存在的价值，如果管辖范围过窄，则又可能无法充分发挥跨区划法院的职能作用。因此，如何准确界定跨区划法院对行政案件的管辖原则、标准与范围，科学设置跨行政区划法院案件管辖体系，是当前和今后改革推进过程中必须要明确的关键问题。

3. 跨行政区划法院职能作用发挥不够

从目前北京、上海两家跨行政区划法院的试点情况来看，由于政策不明确、落实不到位等因素，转制进程较为缓慢，或者转制不够彻底，一定程度上影响了跨行政区划法院职能作用的发挥。例如北京四中院，目前该院的级别规格（副局级单位）与改造前的北京铁路运输中级法院相当，低于直辖市普通中级法院的级别（正局级），因此，缺乏对优秀人才的吸引力，不利于审判资源的优化配置，还可能造成现有审理力量的流失。另外，该院还存在审级不完整、案件管辖单一的问题。北京四中院作为跨行政区划综合性中级人民法院，应当履行中级法院的审判职能，发挥二审审级监督职能。但是，目前北京四中院管辖的刑事、民事案件均包含一、二审案件，唯独行政案件只管辖全市部分一审案件，不管辖行政上诉案件。此外，该院仅集中管辖以本市区（县）人民政府为被告的第一审行政案件，案件单一且总量有限。以上问题已经成为制约该院审判职能充分发挥和干部队伍稳定的重要因素。

（五）关于推进跨行政区划法院改革的几点思考

1. 尽快推动法律的修改完善。习近平总书记强调："凡属重大改革都要于法有据。"政策、方针难以克服自身的不稳定性和不可持久性，跨行政区划司法管辖改革亦必须与立法相衔接，实现于法有据，才能确保改革的顺利推进和改革成果的不断巩固。设立跨行政区划法院是司法体制改革的破冰之举，必须坚持立法先行。虽然2014年《行政诉讼法》第十八条第二款规定，经最高人民法院批准，高级人民法院可以根据审判工作的实际情况，确定若干人民法院跨行政区域管辖行政案件。该法第一次在正式的法律文件中提出跨区域管辖的概念，在我国诉讼管辖制度史上具有开创性意义，但还远远不够。要通过修改相关法律，赋予跨行政区划法院以正式的法律地位，使跨行政区划人民法院与普通法院、专门法院一同构成行使国家审判权的三大法院体系，为进一步设立跨省、自治区、直辖市人民法院或在省、自治区内设立跨行政区划人民法院扫清制度障碍。同时，明确跨行政区划法的组织规范和人员选举、任免等问题。此外，今后在修订《民事诉讼法》《刑事诉讼法》时，还可以在管辖条款中增加跨行政区划法院案件管辖范围等内容，为跨区划管辖重大民商事案件、刑事案件提供立法保障。可喜的是，2018年10月26日，第十三届全国人民代表大会常务委员会第六次会议表决通过了《中华人民共和国人民法院组织法（修订草案）》，并于2019年1月1日正式实施新法。2018年修订后，《人民法院组织法》共6章59条，修改完善的量较大。增加的主要内容包括：一是新《人民法院组织法》第十五条明确规定了专门人民法院包括军事法院和海事法院、知识产权法院以及金融法院等，健全了人民法院组织体系。二是深化司法体制改革的有关成果。其中在人民法院的设置和职权上，草案在现行《人民法院组织法》的基础上，根据党的十八届四中全会决定增加规定："经全国人民代表大会常务委员会决定，可以设立跨行政区划人民法院，审理跨地区案件。"草案还根据最高人民法院设立巡回法庭的实践，规定："最高人民法院可以设巡回法庭，审理跨行政区划重大行政、民商事等案件。"本次修法，对完善司法管理体制和审判权运行机制，巩固司法体制改革成果，进一步提高司法公信力，具有重要意义，同时也将为下一步跨行政区划法院的设立与发展提供充足的法律保障和支持。

2. 统筹构建完善的跨行政区划法院组织体系。在相关立法及制度障碍消除后，可以尝试构建我国跨行政区划法院组织体系。对于如何构建，目前专家、学者提出了若干设想。比如，有的学者建议，在全国范围内，设置三级跨区划法院：在省、自治区、直辖市内，可以根据地理位置、交通状况、人口数量、辖区面积、案件数量等因素，设置若干跨区划基层法院；设置 1~3 个跨区划中级法院；将全国划分为华北、东北、华东、中南、华南、西南、西北等几个司法区域，每个区域设置 1 个跨区划高级法院。不过，根据中央和最高人民法院的改革部署，出于减少改革成本，优化审判资源的考虑，设立跨行政区划法院的改革应首先在改造以铁路运输法院为代表的专门法院的基础上进行，在未设铁路法院的地区，可充分利用其他司法资源，如林区法院、农垦法院、油田法院和开发区法院等，也可以考虑利用与行政区划不存在对应关系的普通基层或中级法院资源，改造为跨区划法院。对于下一步如何打造跨区划法院的组织体系，还需要根据我国的国情和下一步发展的需要，进行多方论证，科学谋划，通盘考虑。

3. 协同推进与跨区划法院设置相关的各项司法改革措施。习近平同志曾指出，全面深化改革是一项复杂的系统工程，需要加强顶层设计和整体谋划，加强各项改革关联性、系统性、可行性研究。全面深化司法改革亦是如此，涉及司法权配置、管理体制、运行机制等一系列重要问题，需要方方面面的配合，特别是目前实施的一系列相互联系、相互配套的改革措施要协同推进。例如，法院人财物省级统管与设立跨行政区划法院两项改革都是针对司法地方化提出，两者目标一致，可以互相补充、协调推进。跨区划法院的设立优化了司法资源配置，减少了司法资源浪费，有利于法院人财物的省级统管和司法成本的降低，而跨区划法院的人财物也需要省级统管，以彻底排除地方干扰，确保司法公正。而审级制度的改革也与跨区划法院的改革息息相关，二者协同推进，有助于探索构建完善的跨区划法院审级体系。另外，行政诉讼体制机制改革也与跨区划法院的管辖设置问题紧密联系，合理调整行政诉讼案件管辖制度，实现跨行政区域集中管辖行政案件，将更有利于推动行政审判质效的提升和行政审判司法公信力的加强。因此，有必要将各项改革措施协同推进，以推动跨区划法院制度的快速落地生根。

4. 进一步完善跨行政区划法院的案件管辖制度。案件管辖的合理设置是跨区划法院保持生命力的核心要素。虽然中央和最高人民法院在相关文件中，对跨区划法院管辖的案件类型作出了较为明确的规定，但在实践操作中，尚存在一些问题。一是对案件的跨区划性强调过多，忽视了排除地方干扰的关键因素。实践中，由于对案件的跨区划性较好理解和掌握，因此，过多关注案件的跨区划因素，从而忽视了案件本身具有的易受地方干扰、重大等因素，从而将一些本应当纳入跨区划法院管辖范围的案件排除在外。对此，应当予以明确，跨行政区划审理案件固然是跨区划法院案件管辖的一个重要标准，但非唯一标准，有效排除地方干扰，确保法院依法独立行使审判权才是跨区划法院案件管辖的根本目标。二是跨区划法院案件管辖标准不够具体，需要进一步明确跨行政区划法院管辖“特殊案件”的类型和界定标准。跨行政区划法院管辖的“特殊案件”应主要包括：易受地方干扰的案件、跨地区重大利益之争的案件、涉及重大民生的案件，具有公益性质的案件以及适于统一指定管辖的案件等。要进一步厘清特殊案件管辖制度的原则，建立起普通案件在行政区划法院审理、特殊案件在跨行政区划法院审理的新型诉讼格局。

值得注意的是，跨行政区划法院的设置及其管辖是一项具有中国特色的司法制度，是一项新生事物，缺乏既有经验可供遵循。但从试点情况来看，我国首批跨行政区划法院设立以来，跨区划法院试点工作稳步推进，在组织结构、内部管理、案件管辖等方面都积累了宝贵的经验，另外，以铁路运输法院为依托进行的跨行政区划集中管辖改革亦取得丰硕成果，初步证明了以专门法院为基础探索跨行政区划人民法院的设立具备可行性和合理性。这些改革实践为我国跨行政区划法院的设立和跨区划审理特殊案件制度的发展与完善奠定了坚实的基础。改革应“蹄疾而步稳”。在跨区划法院以及铁路运输法院履职过程中，也发现了一些亟待解决的问题，如立法缺失、跨的不够、管的不清等，这些都需要我们认真思考和妥善解决。推进集中管辖改革工作是一项系统工程，既要有科学的总体设计，又要有具体的机制保障；既要有基层的探索，又要有上级的指引；既要有法院自身的努力，也离不开各方的支持。从目前的实践探索看，跨行政区划法院改革是一项可以提高行政审判质量，树立司法权威，构建科学合理司法管辖制度的重要举措和有效方式，必须始终坚定信心，毫不动摇地推进此项改革，为建立一套科学合理、衔接有序、确保公正的新型司法管辖制度而不懈努力。

第十三章
行政诉讼法制度之再完善——宏观思路

行政诉讼制度的建立和发展，是中国行政法治建设史上的不朽丰碑，是中国民主法治建设史上的华丽篇章，其重要意义无论如何强调也不过分。但不容忽视的是，制定于计划经济时代、实施至今近三十年的《行政诉讼法》已经不能充分满足人民群众日益增长的司法需求，不能充分回应行政法治建设的客观需要，亟需进一步修改完善。

一、中国当代行政诉讼制度产生的背景及再完善的必要性

在当代中国，行政诉讼制度的建立是改革开放的重要成果，经历了一个从无到有、从不完善到逐步完善的过程。邓小平同志在党的十一届三中全会的预备会议上指出："为了保障人民民主，必须加强法制。""应该集中力量制定刑法、民法、诉讼法和其他必要的法律，

例如工厂法、人民公社法、森林法、草原法、环境保护法、劳动法、外国人投资法等等，经过一定的民主程序讨论通过，并且加强检察机关和司法机关，做到有法可依、有法必依、执法必严、违法必究。”特别是在吸引外资方面，保障外商利益特别是保障外商提起行政诉讼的权利，不仅是完善相关经济法律制度的必然要求，也是对外开放的必然要求。全国人大常委会于 1980 年 9 月 10 日通过的《中外合资经营企业所得税法》第十五条规定：“合营企业同税务机关在纳税问题上发生争议时，必须先按照规定纳税，然后再向上级税务机关申请复议。如果不服复议后的决定，可以向当地人民法院提起诉讼。”[①] 这是新中国成立以来，有关行政诉权的最早的、较为明确的规定。类似的法律规定还包括《外国企业所得税法》等。[②] 随后，统一的行政诉讼制度在民事诉讼法中正式确立。1982 年 3 月 8 日第五届全国人大常委会第 22 次会议通过的《民事诉讼法（试行）》规定，法律规定由人民法院审理的行政案件，适用本法。此为新中国行政诉讼制度的肇始。随后，一些涉及治安管理、交通运输、环境保护等单行法律开始明确规定行政诉讼的相关内容，涉及的行政管理领域不断扩展，行政诉讼受案范围不断扩大，制定单行的行政诉讼法典势在必行。

1989 年 4 月 4 日，第七届全国人大第 2 次会议通过了《行政诉讼

① 该法已被第七届全国人民代表大会第 4 次会议于 1991 年 4 月 9 日通过的《外商投资企业和外国企业所得税法》替代，后《外商投资企业和外国企业所得税法》又被第十届全国人民代表大会第 5 次会议于 2007 年 3 月 16 日通过的《企业所得税法》替代。

② 1981 年 12 月 13 日第五届全国人民代表大会第 4 次会议通过的《外国企业所得税法》第十六条规定：“外国企业同税务机关在纳税问题上发生争议时，必须先按照规定纳税，然后再向上级税务机关申请复议。如果不服复议后的决定，可以向当地人民法院提起诉讼。”该法已被第七届全国人民代表大会第 4 次会议于 1991 年 4 月 9 日通过的《外商投资企业和外国企业所得税法》替代，后《外商投资企业和外国企业所得税法》又被第十届全国人民代表大会第 5 次会议于 2007 年 3 月 16 日通过的《企业所得税法》替代。

法》。这一法律的制定、通过和颁布，标志着我国行政诉讼制度全面建立起来，成为新中国立法史上最辉煌的一页。[①] 我们著名的宪法和行政法学家龚祥瑞先生则认为，行政诉讼法的颁布，标志着当代人治时代的终结和法治时代的开始，意味着一场“静悄悄的革命”，具有划时代的里程碑意义。[②] 甚至有人认为，中国真正的、实质意义上的民主政治建设和政治体制改革，是从行政诉讼制度的建立开始的。因为行政诉讼制度第一次明确承认了行政相对人具有独立的法律主体地位。而在此之前，公民的行政救济权利停留在宪法条文层面，公民权利相对于国家公权力来说空洞而虚幻。只有在进入行政诉讼之后，公民权利才变为一种现实的、受到制度保障的权利。在政治体制改革层面，行政诉讼制度建立以后，真正意义上的党政关系才成为实际的议题。行政审判以合法性审查为原则，判断一个行为的合法性不是领导人的指示、批示、讲话，也不是政策文件，而是法律规范。因此，行政诉讼制度首先要求正确处理党政关系，并且明确被告败诉的实际法律责任承担者是作为公法人的行政机关，而不是党委领导干部个人。所以，从这个意义讲，行政诉讼法真正启动了党政关系的改革。同时，行政诉讼制度的建立，也是我国建构法治政府和依法治国的开端。依法行政和依法治国的根本问题，是行政权力的制约问题，是公权力的合法性和有效性的问题。一个国家，如果没有任何机制来评价公权力行为的合法性和效力，并对其效力作出相应处理，就谈不上法治国家，也谈不上依法行政。

行政诉讼制度的建立确实是我国一场深刻而广泛的革命。但是，

---

① 参见王名扬先生为《行政诉讼法通论》一书所作的序言。于安主编：《行政诉讼法通论》，重庆出版社 1989 年版，第 1 页。

② 龚祥瑞主编：《法治的理想与现实——〈中华人民共和国行政诉讼法〉实施现状与发展方向调查研究》，中国政法大学出版社 1993 年版，第 148 页。

众说称颂、影响深远的优良制度，为什么还要发展，为什么还要改革？笔者认为，主要是基于以下几点考虑：

（1）《行政诉讼法》主要围绕行政处罚行为设计，缺乏对全部行政行为的科学全面把握。由于我国行政诉讼制度起步比较晚，经验还不够丰富，所以，当时起草《行政诉讼法》时，对行政行为的理解基本上仅限于司法实践中常见的、一定范围内的行政处罚行为。行政处罚行为虽然是重要的行政行为种类，但并不能涵括所有行政行为种类。可以说，我国行政诉讼制度在很大程度上是以行政处罚行政案件为模型而建立起来的，造成了案件种类非常单一、制度设计缺乏通盘考虑。所以，在制度建立的科学性和合理性方面，显然需要作出较大幅度的修改和完善。

（2）《行政诉讼法》采取逐步扩大受案范围的立法思路，已经与行政执法现状、行政法治水平不相适应。在制定《行政诉讼法》时，立法机关当时的主导思想是首先确立这一制度，不求一步到位。建立行政诉讼制度是党的十三大提出的重要政治任务。这个任务是作为我国政治体制改革、建设社会主义民主法治的一个重大步骤提出的。可以说，只要制度建立起来就是巨大的成果。至于诉讼程序如何完善，受案范围如何扩大，整个制度如何精雕细刻，都付诸于今后的推进和发展。行政诉讼法实施二十多年来，行政管理领域快速扩展，行政行为的类型也不断丰富，《行政诉讼法》的规定已大大落后于社会现实。

（3）《行政诉讼法》是在计划经济时代制定的，已经不能完全适应和回应社会主义市场经济制度建立等社会现实。任何国家的行政诉讼制度都有一个不断发展的过程，不能指望制度建立以后一成不变。《行政诉讼法》实施后，我国的经济制度、政治制度、文化制度、社会制度都发生了巨大而深刻的变革。《行政诉讼法》是在计划经济向市场经济转轨的“前夜”公布的，带有很深的历史烙印。之后，社会主义市场经济逐步确立，社会主义民主制度逐步健全，行政相对人的法治需求日益增长，行政管理和服务的领域日益宽广。在这种情况下，《行政诉讼法》如果不改革不发展，就跟不上时代的发展，跟不上社会转型的需要，不能适应我们社会管理创新的要求，也不能适应构建社会主义和谐社会的要求。

完善制度或者修改法律，首先应当对法律规定和法律实施中存在的问题进行梳理，并针对存在的问题进行周密设计和科学修改。历史上改革的经验告诉我们，如果改革纯粹按照脱离了现实土壤的“理想”，或者对它的病灶把握不准就强行、盲目推进的话，往往导致事倍功半，最终将有损于制度本身。改革制度本身是有成本的，不关注现实和缺乏论证的“纸面改革”可能打破原有的制度架构，更可能对原有的社会关系造成不当的冲击和扰动，带来很多负面效应甚至不可预测的风险。因此，制度革新必须坚持问题意识和“问诊”意识，坚持关注现实需要和对症下药。在《行政诉讼法》修改过程中，一些对于行政诉讼现状的重大共识逐步达成，主要是：

（1）权利救济不足。对行政相对人予以充分有效的救济，是行政诉讼的首要宗旨。行政诉讼法是救济相对人权益的法律，在行政诉讼法实施20多年里，人民法院审理了将近180万件一审行政案件，极大地保障公民、法人和其他组织的合法权益。多年来，被告的平均败诉率大约在20%左右。据了解，这个比例即便在世界上也是比较高的。但是，我们认为对统计数据进行简单比较是不科学的，容易忽略我国行政诉讼制度实际存在的权利救济不足的问题。这是因为：第一，在行政诉讼制度历史发展进程上，我们与西方国家不可比的因素较多。西方国家经过近200多年的发展，有着比较成熟、科学、规范的行政执法制度，行政行为的合法率和正确率较高，其行政行为的撤销、变更率等败诉率指标必然较低。而我国行政行为的合法率和正确率尚处在较低水平，被告稍高的败诉率也不能认为对相对人的救济已经充分有效。第二，从目前的行政案件申诉情况来看，行政申诉率仍处在高位状态。在人民法院审理的所有的案件中，行政案件数量的比例在 1.5% 左右，但是我们的申诉、上诉率通常是 20% 以上，甚至达到 30%。行政案件上诉率、申诉率远远高于其他类案件的上诉率、申诉率。此外，在所有上诉、申诉案件中，被告一方提出上诉或者申诉的仅仅占 1%，也就是说 98% 以上的案件是由原告一方提出上诉或者申请再审。这也从侧面说明行政诉讼对原告一方的权利救济存在着严重问题，特别是对被告一方存在“官官相护”的问题。

（2）诉讼成本偏高。目前，行政诉讼成本偏高，诉讼效率也很不理想。从诉讼效率来看，行政诉讼超审限率远远高于民事诉讼和刑事诉讼。虽然存在行政诉讼案件相对复杂、协调难度较大的客观因素，但是行政审判法官人均审理案件数量比民事刑事法官整体要低 10 倍左右，这也从侧面反映出行政诉讼效率低下的问题。此外，行政诉讼中超审限的问题，还源于行政案件大量的案外协调工作，协调不成就寻机再调，导致案件久调不决。对于相对人而言，由于案件本身存在的受理问题、人民法院司法职权配置问题、裁判方式选择问题等导致其诉讼的隐性成本也很高。

（3）司法功能错位。行政诉讼的功能错位表现在：第一，过分强调维护行政机关依法行使职权的宗旨。《行政诉讼法》在总则中将“维护和监督行政机关依法行使职权”作为《行政诉讼法》的立法宗旨之一。之所以明确这一宗旨，主要是考虑当时一些行政机关对行政诉讼有一定的抵触情绪，甚至还有人坚决反对制定《行政诉讼法》。

立法者为了赢得包括行政机关在内的更大层面的支持，将“维护”行政机关依法行使职权也作为行政诉讼的宗旨。但是，这一规定违背了《行政诉讼法》规定的“当事人法律地位平等”的原则，在实践中带来许多负面效应。第二，过分强调监督职能。《行政诉讼法》过分强调人民法院对行政行为的监督功能，忽视当事人处分权利。例如，原告申请人民法院撤诉，人民法院还要对其申请进行审查，认为不能撤诉的，裁定不准予撤诉。当事人对于自身权利处分权受到严格限制。监督功能固然重要，但是人民法院的超职权主义也应当有所改善。第三，忽视非诉执行的审查功能。《行政诉讼法》规定的非诉行政执行，是“维护”行政机关依法行使职权的重要方面。由于《行政诉讼法》没有明确对非诉行为的合法性审查，导致有的地方法院成为了行政机关的“执行庭”。第四，忽略纠纷解决功能。行政诉讼仅对行政行为合法性进行审查，对于原告诉讼请求没有充分重视，导致许多案件出现“案结事未了”的情况，背离了行政诉讼的基本职能。

（4）授权赋权不当。《行政诉讼法》对应当授予的审判权没有充分授予，导致影响行政诉讼的实际效能；《行政诉讼法》赋予相对人的权利还不太充分，以至于不能有效制约和监督审判权。《行政诉讼法》授权不足主要体现为：缺乏对规范性文件的合法性判断权、缺乏一定程度的合理性审查权等；相对人的权利授权不充分，主要体现在：受案范围仍然偏窄，诉讼权利尚不完整，不能有效监督和制约行政权。授权不足会带来司法监督和司法救济不力；赋权不当会带来审判权的滥用，滋生司法腐败现象等问题。

（5）法律理性缺失。《行政诉讼法》从其工具理性、技术理性、立法技术等方面来看，还存在较多的不足和缺陷。例如，受案范围中肯定的范围不全面、排除的范围不完整；受案范围规定的标准不统一；维持判决、撤销判决和变更判决的条件之间在逻辑上存在不对应；缺乏科学的诉讼类型划分等等。当然，《行政诉讼法》是在当时的历史背景下制定的，不能用现时的观念苛责当时的立法技术，而应当采取历史的和辩证的观点。此外，《行政诉讼法》许多问题在制定当时就已经出现，立法者为了均衡各方意见，采取了折中方案。随着司法实践的丰富和发展，一些司法实践证明已经成熟的理念和做法应当上升到法律层面。

（6）2014 年的修正案仍然有诸多缺憾。2014 年 11 月 1 日，第 12 届全国人大常委会第 11 次会议通过了《行政诉讼法》的修正案，适当扩大了行政诉讼受案范围、解决了复议机关作被告、被告负责人出庭应诉、规范性文件附带审查等问题，但仍有一些问题未能得到解决，需要通过进一步修改不断完善。

二、基本方向与指导思想

尽管颁布于 1989 年的《行政诉讼法》于 2014 年已经进行了一次修改，但该次修改属于“小修”，《行政诉讼法》仍有诸多可以完善的空间。进一步完善我国行政诉讼制度不仅关系我国公民权利的保护，而且关系行政机关行为的合法性和正当性；不仅关系行政纠纷的妥善化解，而且关系全社会的和谐稳定；不仅关系建设法治政府和服务型政府，而且关系推进国家治理体系和治理能力现代化；不仅关系法治中国能否如期建成，而且关系民主法治的发展；不仅关系人民法院行政审判事业的命运，而且关系司法审判的公信力。因此，必须做好顶层设计，明确进一步完善的基本方向与指导思想。

（一）积极主动回应新形势下广大人民群众对行政诉讼的需求，通过改革不相适应的体制和机制，解决制约公正司法和司法能力的深层次问题

体制机制改革是进一步完善行政诉讼制度的“一号问题”。《行政诉讼法》实施二十余年来，人民法院通过行政审判工作审理了二百余万件行政案件，使行政诉讼成为化解官民矛盾的重要渠道。但是，不容忽视的是，由于体制机制制约，还有大量的行政案件无法进入行政诉讼渠道；由于受到地方保护主义和部门保护主义的影响，不少行政纠纷无法通过行政诉讼渠道得到妥善化解，而是涌入信访渠道；由于受司法环境等问题的制约，在行政审判中还没有实现使人民群众“在每一个案件中都感受到公平正义”的工作目标。行政机关既是行政诉讼的被告，又是司法机关人财物的管理者，难以给人民群众弃访从诉的信心。如果没有体制机制改革的跟进，法律赋予人民法院的审判职责就难以实现。因此，必须采取切实的措施，通过不懈的努力，解决影响司法公正、制约司法能力的体制性、机制性和保障性障碍。要按照十八届三中全会的要求，坚决破除体制机制的弊端，推动省以下地方法院人财物统一管理，探索与行政区划相分离的司法管辖制度。要积极探索有利于各级人民法院独立行使行政审判权的审判机构设置制度，初步实现行政区划和司法管辖权两相分离。在实行全部或者系统分离尚不具备的情况下，也可以积极探索通过提级管辖、集中管辖等方式，使审判主体跨行政区域审理行政案件，将公权力机关对行政审判的不当干扰降低到最低限度，同时也要高度重视此种方式带来的新问题的解决。从近期来看，可以探索在若干省份先行试行特定法院专门审理行政案件，为下一步改革积累经验；从长远来看，要积极回应社会各界的呼声，建立跨行政区域审理行政案件的专门法院，为人民法院独立行使行政审判权提供坚实的体制机制保障。此外，要积极探索率先在行政审判领域试行三审终审制，解决行政审判中存在的“无限申诉”和“信访不信法”的突出问题，从而缓解维护生效裁判权威性与“有错必纠”之间的紧张关系。

（二）积极贯彻党的十八大以来对国家治理、法治中国建设和司法审判工作的新要求，加强人权的司法保障，促进政府有效治理，推进国家治理体系和能力的现代化

十八届三中全会提出全面深化改革的总目标是完善和发展中国特色社会主义制度，推进国家治理体系和治理能力现代化。如何发挥行政诉讼在推进国家治理现代化进程中的作用，是进一步完善行政诉讼制度的“最大课题”。对此，要做到十二个“注重”：一要注重维护宪法法律权威，贯彻《立法法》所确立的法律适用原则，坚持行政诉讼法关于以法律和法规为依据的规定，维护社会主义法制的统一和尊严；二要注重适应行政管理方式创新的形势，强化对行政协议、行政指导、行政允诺、行政监管尤其是行政不作为等行为的司法审查；三要注重完善人权司法保障制度，对于涉及公民人身权、财产权、知情权、受教育权、劳动保障权等基本权利的，都要依法纳入行政诉讼受案范围；四要注重规范行政执法的自由裁量权，加强对明显不合理的行政裁量行为的司法监督，做到严格规范公正文明执法；五要注重完善规范性文件合法性审查机制，探索通过适当方式对涉及广大人民群众合法权益的“红头文件”进行审查，推动建设法治政府和服务型政府；六要注重推动转变政府职能，加快政社分开，激发社会组织活力，对于承担公共行政职能的组织的行政行为，要依法实施司法监督，避免出现法律保护的漏洞；七要注重对于经过行政复议的行政案件，一律将复议机关列为被告之后，如何进一步完善相关制度，促进行政复议机关依法履责，增强政府公信力和执行力；八要注重维护国家利益和社会公共利益，进一步扩大公益诉讼的范围；九要注重切实保障公民的人身权利，对被限制人身自由的公民给予更多选择管辖的权利；十要注重严格实行非法证据排除规则，对于行政机关在行政卷宗之外提供的证据，原则上不予认可；十一要注重贯彻“裁执分离”原则，进一步规范查封、扣押、冻结涉案财物程序；十二要在坚持合法性审查的基础上，严格审查和规范非诉执行行政行为。

（三）要使行政诉讼法更加符合行政诉讼的规律，全面加强行政诉讼的功能，实现解决争议、救济权利与监督权力的平衡，促进行政审判水平提高，确保法律统一实施

行政诉讼不仅是司法监督和支持行政机关依法行政的制度设计，也是人民法院化解社会矛盾的有效机制，还是国家治理体系逐步制度化、科学化、法治化、程序化的重要指标。行政管理活动愈加复杂，行政行为种类不断日新月异，行政诉讼面临着崭新的形势和任务：要适应行政行为类型化的特点，探索建立包括撤销诉讼、给付诉讼和确认诉讼在内的科学完整的诉讼体系；要适应行政案件的多样化趋势，根据行政法律关系来确定行政诉讼受案范围；要针对不同行政案件的特点，设定不同的当事人资格、起诉期限、诉讼程序和举证规则。既要履行对行政行为合法性的审查职责，也要注意回应原告的诉讼请求；既要注重对行政作为行为的审查，也要加强对涉及人民群众切身利益食品安全、安全生产、环境保护、劳动保障等监管不到位、行政不作为的审查力度；既要对具体行政行为进行合法性审查，也要对规章以下的抽象行政行为进行合法性审查；既要注重充分运用行政诉讼的普通程序，也要注意正确运用简易程序、紧急程序等特别程序；既要注意审理好一般行政案件，也要注意处理好基础行为为民事法律关系的“民行交叉”的案件；既要注意审查行政行为合法性，也要注意从公共行政法律关系的角度化解争议；既要准确适用法律法规，也要注意审查规章以下规范性文件的合法性，保证国家法律统一正确实施。

（四）坚持从中国国情出发，立足于解决实际问题，着眼于解决长远问题，推动具有中国特色行政诉讼制度的完善和发展

十八届三中全会以来，党中央高度重视改革的系统性、整体性和协同性，特别强调要注意整体推进与重点突破相结合。重点突破的问题必须是中国行政审判现状反映出来的突出问题。问题导向要求高度聚焦存在的问题，不宜预设修法是大修、中修还是小修。众所周知，我国的《行政诉讼法》是一部具有鲜明中国特色的法律，其中一些先进制度在国际上享有盛誉，受到了国外同行的关注和好评，这些好的做法必须继续坚持。但客观上其中也存在不少的问题影响了行政诉讼功能的发挥。为此，要坚持从中国国情出发，立足于解决实际问题和长远问题。要注意完善主审法官、合议庭办案责任制度，让审理者裁判，让裁判者负责；要积极保护人民群众的诉权，进一步巩固立案登记制度，建立“飞跃起诉”制度；要科学合理设定起诉期限，在维护当事人合法权益的同时尽快恢复行政法律秩序；要积极推进审判公开，增强裁判文书的说理性，加大审判程序的透明度，依法公开法院的生效裁判文书；要大力解决当前存在的非法强迫撤诉、以撤诉方式损害公共利益的问题；要探索建立行政诉讼和解制度，允许对特定案件进行调解但要进行适度限制；要注意确保行政机关和公民在行政法律关系中的地位平等，在举证责任制度的设立上要对弱势一方适当倾斜；改革再审制度，设立有限抗诉和再审的制度，确立申请再审案件的“路线图”，切实解决无限申诉和信访乱象；要下大力气解决行政裁判“执行难”的问题，对于行政机关拒不执行生效裁判的直接责任人员，要提高罚款数额，并将行政机关拒绝履行裁判以及相关处理情况予以公告；健全司法权力运行机制，强化司法机关对行政行为的监督和制约。

总之，行政诉讼制度的进一步完善必须立足于维护人民权益，立足于让人民群众在每一个司法案件中都感受到公平正义，立足于健全行政审判运行机制，立足于确保人民法院依法独立公正行使行政审判权。要遵循行政诉讼固有的规律，切实体现权责统一、权力制约、公开公正、尊重程序、高效权威的要求。要坚持国情意识，既要认真研究和吸收借鉴域外行政诉讼的有益成果，又不照抄照搬域外行政诉讼制度，推动具有中国特色行政诉讼制度的不断完善和深入发展。

三、再完善的宏观思路

《行政诉讼法》从 1989 年 4 月 4 日颁布到今天已经过去 30 年，它的颁布和施行是中国法治建设的一个重要里程碑，对于化解行政争议、实现社会公平正义，推进依法行政、加快法治政府建设，服务改革发展稳定大局、推进国家民主法治进程，都发挥了举足轻重的作用。随着时代的发展，《行政诉讼法》暴露出一些问题和不足，如对行政相对人权益救济的有效性不够，相当的行政争议游离在制度设计之外，为行政审判功能的发挥带来负面影响，在体例、结构、表述等方面的科学性上仍存在不足等。如何实现解决行政争议的有效性问题、解决行政诉讼救济的广泛性问题、实现行政诉讼制度的科学性问题，它们是当下行政诉讼制度进一步完善要着重解决的三个问题。

（一）关于《行政诉讼法》的体例和结构问题

进一步完善行政诉讼制度，不能不涉及《行政诉讼法》的体例和结构问题。对此，学术界有不同的方案：第一种方案，主张维持《行政诉讼法》的体例和结构，基本上按照行政诉讼实务中的顺序来谋篇布局。[①] 第二种方案，主张按照行政诉讼的类型来进行谋篇布局。如有学者建议参照《日本行政诉讼法》的模式，除设置“总则篇”规定行政诉讼的基本原则等事项、“一般程序篇”规定各类诉讼共同的程序、“附则篇”规定某些必要事项以外，设立九章对撤销诉讼、规范性文件审查诉讼、确认诉讼、课予义务诉讼、给付诉讼、行政公益诉讼、机关诉讼、当事人诉讼、预防性诉讼等九种类型的诉讼分别进行规定。[②] 第三种方案，主张强化行政诉讼的特点，突出行政诉讼区别于其他诉讼的一些特殊内容。基本结构为：第一编总则，第二编受理条件，第三编审查的标准和方式，第四编审理程序，第五编执行程序。这种方案突出了司法审查的特点。

笔者赞同按照第三种方案进行总体架构，同时，在每一章中注意诉讼类型的区分，照顾到每种诉讼类型的需要。从行政法的长远发展和行政诉讼的实践来看，最终要逐步地从体例上对行政诉讼法作一些

① 马怀德主编：《司法改革与行政诉讼制度的完善——〈行政诉讼法〉修改建议稿及理由说明书》，中国政法大学出版社 2004 年版，第 508~545 页；胡建淼主编：《行政诉讼法修改研究——〈中华人民共和国行政诉讼法〉法条建议及理由》，浙江大学出版社 2007 年版，第 3~27 页。

② 杨海坤、章志远：《我国行政诉讼类型化之初步探索——兼论我国行政诉讼法修改之方向》，载《诉讼法理论与实践（下）》，中国政法大学出版社 2004 年版，第 442 页。

大的调整，才有利于实现行政诉讼法整体结构的科学性。

（二）关于行政诉讼法的功能定位

法律的目的就是立法者所追求的目标。任何的法律都有它所追求的核心价值和核心目标。行政诉讼法有直接目的和间接目的，还有形式目的和实质目的。作为诉讼法，行政诉讼法的直接目的是为了保障人民法院正确、及时地审理行政案件。从客观法的功能来看，它是为了维护和监督行政主体依法行使行政职权。从主观法的功能来看，它又是为了保护公民和组织的合法权益。[①] 此外，行政诉讼法还有支持行政机关依法行使职权，化解行政争议，维护社会稳定和国家长治久安等功能。

法的功能之间存在一定关系，有些功能是一致的、互补的，有些功能是交叉的，甚至是矛盾的、冲突的。法的功能和核心价值在一定意义上决定着法的具体制度设计。作为立法者，必须对法的功能和价值作出定位和选择。《行政诉讼法》的功能定位，兼顾了三种目的，既有保证人民法院正确、及时审理行政案件的目的，保护公民、法人和其他组织的合法权益目的，还有维护和监督行政机关依法行使行政职权的目的。事实上，还有规范法官的行为，解决行政争议的目的在里面。笔者认为，现代社会意识和价值是多元的，法律追求实现多种价值无可厚非，但是一定要有核心价值，否则就不能自成体系，容易产生内在的冲突。[②]

① 江必新、梁凤云：《行政诉讼法理论与实务》，北京大学出版社 2011 年版，第 26~27 页。

② 正如有论者所言：“在行政诉讼制度的目的问题上，关键并不在于究竟应当设置几个目的，而是要弄清楚在一个国家特定的历史时期行政诉讼的根本目的应当是什么。很显然，这里的根本目的只能是唯一的。”参见杨海坤、章志远：《社会转型时期的行政诉讼法修改》，载《江苏行政学院学报》，2007 年第 1 期。

行政诉讼法的功能问题，是学术界最有争议的问题之一。从大陆法系国家行政诉讼目标模式演变进程来看，主要出现了五种不同的观点，即实体权利保护说、维护公法秩序说、纠纷解决说、程序保障说和功能兼顾说。实体权利保护说认为，国家设立行政诉讼制度是由法院依照行政实体法对当事人进行保护；维护公法秩序说认为，是为了维持自身公法秩序并确保公法实施的有效性；纠纷解决说认为，行政诉讼就是一种纠纷解决机制而已，是在以判决方式合理解决公法纠纷的过程中逐渐形成的；程序保障说认为，初衷在于确保诉讼法律关系各方在诉讼程序中获得法律地位的平等；功能兼顾说认为，国家设立行政诉讼制度不能片面强调某一方的功能，而应当兼顾不同功能。①

对于我国行政诉讼法的功能定位，我国法学界大多数持功能兼顾说。② 其中又有几种不同观点：第一种观点主张以监督行政机关行使职权作为它的主要功能定位。主要理由为：（1）解决争议有很多机制，如调解、和解、复议、信访等等。行政诉讼在解决争议的时候，核心作用的是司法对行政权行使的监督制约。（2）所有的行政诉讼法，包括国外的，域外的一些行政诉讼制度，大体上都遵循合法性审查这一基本原则。合法性审查，事实上就是监督行政机关依法行使职权。（3）合法性审查原则，自然包括了对公民权利的救济。第二种观点认为应以救济为主。③ 理由主要为：（1）任何诉讼都是以权利救济作为它的基本价值定位。行政诉讼的产生和发展正是为了切实保障行

① 江必新、梁凤云：《行政诉讼法理论与实务》，北京大学出版社 2011 年版，第 50~56 页。

② 姜明安：《行政诉讼功能和作用的再审视》，载《求是学刊》，2011 年 1 月第 38 卷第 1 期。

③ 姜明安主编：《行政法与行政诉讼法》，法律出版社 2006 年第二版，第 335 页。又见杨海坤、章志远：《社会转型时期的行政诉讼法修改》，载《江苏行政学院学报》2007 年第 1 期。论者认为，在《行政诉讼法》的修改过程中，应当旗帜鲜明地将“权利救济”作为我国行政诉讼制度的根本目的，并以此作为整个行政诉讼法典修订的轴心。

政相对人的合法权益。（2）从我国国情来看，“官本位”思想传统深厚，权利救济观念比较薄弱，需要着力强化。（3）真正的权利救济，也包含了对行政机关行为的监督。

笔者认为，我国行政诉讼法修改应当以权利救济为主，同时兼顾监督行政机关依法行使职权以及争议的解决。首先，以兼顾多元、区分主次的思路来定位行政诉讼的功能和目的，有利于增强行政诉讼法的稳定性，有利于行政诉讼具体制度的建构。毕竟，完全单一的功能无法满足现实对诉讼制度的多样需求。其次，以权利救济为主，符合我们当前行政诉讼的具体特点和我国的基本国情。从国家政治体制来看，对行政机关的监督职能并不是法院核心职能；从实际情况来看，由于法院资源有限，能力也有限，也无法将行政权力的监督作为行政诉讼的核心。综合来看，以权利救济为主，同时兼顾监督行政机关依法行使职权，以及争议的解决，是一种比较妥当的选择。

（三）关于行政诉讼的主管机关问题

行政诉讼主管机关的设置问题，是行政诉讼制度完善中的另一个重要问题。从世界范围来看，行政案件的主管机关设置，主要有以下几种模式：

第一种是以法国为代表的行政法院模式。法国的行政法院原为国家参事院，从历史上、理论上或者制度架构上看，总体上属于行政机关范围。它不属于立法机构，也不属于司法机构，而是属于行政机关。行政法院的院长法定由总理兼任，地方的行政法院过去也是地方的行政长官兼任。行政法院总体上带有很强的行政机关自身救济的性质。第二种模式是以德国为代表的行政法院模式。德国也设立有行政法院，但是德国的行政法院比较特殊，它既不属于立法机关，也不属于行政机关，又不属于普通的司法机关。根据《德国联邦基本法》规定，德国的法院系统由联邦宪法法院、普通法院、行政法院、财政法院、劳动法院和社会法院构成。《德国行政法院法》规定，行政审判管辖权由独立的、与行政当局分离的法院行使。也就是说，德国的行政法院，是议会立法单独确立的一个行政法院，它没有上级机关，只对法律负责。第三种是英美模式。在英国和美国，行政案件由普通法院受理并审判。在英国，行政案件一般由高等法院中的王座分院受理，郡法院对行政案件没有管辖权。在美国，各级各类的法院都可以进行行政诉讼，只是审判权限不同。地区法院是初审的基层法院，具有一般的审判权限。但是一切重要的行政决定，由法律规定直接由上诉法院审查。赔索法院受理与政府签订合同提出的金钱要求的案件。最高法院通常受理不服上诉法院的判决。[①] 普通法院内部没有专门的行政审判庭，法官各种案件都审理。第四种是在普通法院设置行政审判庭来审理行政案件的模式。目前，我国采取的这一模式。不仅在中国，世界上特别是一些普通法系国家，也采取了这种审判模式。现在有的英美法系国家，为了提高审判质量和效率，也在法院内部逐步设立了专门机构。

我国现行的行政审判体制，在行政诉讼制度创设之初，对于完善我国政治制度和国家权力的监督制约，发挥了重大而深远的作用，也存在一些缺点：一是行政诉讼主管机关与行政区划相重合，法院由于人力、财力、物力受制于地方政府，法院工作报告需要地方党政领导支持，独立行使审判权难以落实。二是全国每年受理行政案件在二十万件左右，平均每个基层法院受案不到一百件，绝大多数基层法

① 王名扬：《美国行政法》，中国法制出版社 2005 年版，第 585~589 页

院受案不多，审判资源浪费，同时也导致行政审判队伍量小质弱。[1]三是专业性不够，特别是员额制改革后，许多基层法院行政庭的员额法官仅靠行政案件无法完成工作量而不得不办理其他案件（有些甚至以办理其他案件为主业）。行政审判的质效不仅没有提高反而在有些地方出现下降。理论界和实务界呼吁对现行体制进行改革和完善。

对我国行政诉讼的主管机关的设置，学术界主要有以下几种观点：第一种观点认为，应当设立专门的脱离普通法院系统的行政法院，类似于德国的行政法院。[2]第二种观点主张维持现状。第三种观点认为，行政案件的主管机关仍然设在普通法院，但是设在中级法院，基层法院不再设立行政审判庭，或者设立跨区域的专门法院，类似于过去的铁路运输法院和海事法院。[3]设立跨区域的与行政区划不相对应的基层法院或者中级法院，高院的行政审判庭作为高级法院，在最高人民法院还是由行政审判庭来审理。第四种观点主张，在普通法院即最高人民法院下，分为高等行政法院、中级行政法院、基层行政法院三级，由最高人民法院来进行监督和指导。[4]

笔者认为，最为理想的方案，是在普通法院系统设立三级行政法院，高级、中级和基层。[5]高级行政法院可原则上按照过去的大区来设，中级行政法院可以跨地市设立，基层行政法院可以跨区县设立。

---

① 江必新、梁凤云：《行政诉讼法理论与实务》，北京大学出版社 2011 年版，第 303 页。

② 江必新、梁凤云：《行政诉讼法理论与实务》，北京大学出版社 2011 年版，第 303 页。

③ 王学辉主编：《行政诉讼制度比较研究》，中国检察出版社 2004 年版，第 369 页；陈光中主编：《诉讼法理论与实践——民事行政诉讼卷》，人民法院出版社 2001 年版，第 547 页。

④ 马怀德主编：《司法改革与行政诉讼制度的完善——〈行政诉讼法〉修改建议稿及理由说明书》，中国政法大学出版社 2004 年版，第 5 页。

⑤ 江必新主编：《中国行政诉讼制度的完善——行政诉讼法修改问题实务研究》，法律出版社 2005 年版，第 35 页。

（四）关于行政诉讼客体的表述问题

按照《行政诉讼法》，人民法院审理行政案件，对具体行政行为是否合法进行审查，诉讼客体是具体行政行为。将具体行政行为作为诉讼客体，存在很多弊端：第一，它排除了抽象行政行为进入行政诉讼的可能性，或者作为审查对象的可能性。第二，它排除了行政协议进入行政诉讼的可能性。第三，它排除了其他一些行政争议进入行政诉讼的可能性。如确定行政法律关系是否存在，就很难进入诉讼。

行政法学界在起草《行政诉讼法》的时候，就提出了一些不同看法。第一种观点认为，维持行政行为作为诉讼客体的模式，可以把具体行政行为变成行政行为，扩大行政行为的内涵，采取广义上或者中义上的行政行为的概念。[①] 第二种观点认为，应该将诉讼客体表述为与行使行政职权有关的行为。主要理由是：目前我国学术界对行政行为这一概念的理解不一致。现在至少有六种观点，不便于统一思想。与行政职权有关的行为，囊括所有的行政行为以及所有的相关行政行为，如不作为就可以包括其中。行政行为过去一般认为是不包括不作为的。在难以给行政行为下一个确切的定义的情况下，可以使用与行使行政职权有关的行为，这样可以包括作为和不作为。第三种观点认为，应当使用行政争议作为行政诉讼的客体。[②] 只要产生了公法上的争议，不属于严格私法上的争议、非刑事而且是非平等主体之间的争议，就应当属于行政诉讼的范围。第四种观点认为，要以行政法律关系作为诉讼的客体。理由在于，行政法是用来调整行政关系的，解决

① 胡建淼主编：《行政诉讼法修改研究——〈中华人民共和国行政诉讼法〉法条建议及理由》，浙江大学出版社 2007 年版，第 67 页。

② 马怀德主编：《司法改革与行政诉讼制度的完善——〈行政诉讼法〉修改建议稿及理由说明书》，中国政法大学出版社 2004 年版，第 115 页；莫于川：《关于修改我国行政诉讼法的若干建议》，载《检察日报》，2011 年 10 月 10 日第 3 版。

的是行政法律关系的形成、变更和消灭中出现的一些问题。

笔者认为，如果从长远来看，为行政诉讼制度发展留有更多空间，以行使公共管理职权作为行政诉讼的客体较为合适。第一，这一表述涵盖的内容更加全面。既包括了作为，也包含了不作为。第二，这一表述涵盖的主体更加准确。现代政府职能，包括两方面，一方面是管理，另一方面是服务。随着政府服务的社会化，很多事业单位、社会组织也在行使公权力，履行政府服务职能。因此，在有些国家，如法国、德国，把医院、公立学校造成相对人的损害，也纳入行政诉讼的范围。这在我国目前可能性还不太大。如果真正从科学性的角度出发，统一调整确有好处，但是在我国现代公共财政体制还没有完全建立起来的情况下，统一调整对国家来说负担过重，解决这个问题，还有难处。所以在目前来看，以行使公共管理职权的行为作为行政诉讼的客体，相对来说要稳妥一些。

（五）关于行政诉讼的类型化问题

根据请求内容不同，行政诉讼可以分为撤销之诉、确认之诉、给付之诉、变更之诉等。诉讼请求的内容不同，决定了法院的受理条件、审理方式、裁判内容、裁判方式，以及执行方式也不完全相同。如果说对行政诉讼不加区分，笼统地作出规定，是不科学、不理性的。根据不同的诉讼类型，来规定不同的诉讼制度，进行类型化处理，具体问题具体对待，才是科学的做法。

《行政诉讼法》是 20 多年前在行政审判实践还不充分的背景下制定出来的。当时行政诉讼的客体，基本上局限于行政处罚。当时受案比较多的是治安案件，有的地方治安型的案件占受案总数的一半以上，全国平均占总数的三分之一多。除了治安处罚还有一些其他的处罚，处罚案件占了绝大多数。所以，《行政诉讼法》基本上是以行政处罚作为原型来构建的，故很难进行分类。后来的审判实践逐渐增加了一些行政诉讼的类型，如行政许可、行政确认、行政裁决等很多其他类型的案件。这些行政诉讼类型的内容，并没有明确规定在《行政诉讼法》中，而是隐含在判决方式之中。但是诉讼类型的不同还表现在受理条件、审查方式、审查强度、实体裁判要件等诸多方面。《行政诉讼法》单一型诉讼程序，在实践中暴露出很多缺陷和不足，对诉讼类型的不同诉讼程序缺乏明确规定。①

对于行政诉讼类型化，主要有两种观点：第一种主张根据不同的类型来制定不同的制度，进行充分、详细的类型化。如有学者认为，应当确定确认之诉、撤销之诉、变更之诉、履行之诉和赔偿之诉五大类型诉讼在对适用于所有的诉种的诉讼程序进行规范的同时，对上述五种类型的诉讼分别确定其起诉条件、审理规则和权限等具体制度。② 第二种观点认为，不能简单照搬国外的诉讼类型。因为类型化越复杂，人民群众就越难把握，就越难保护自己的权益。如没有按照类型化的方法提起诉讼，就很容易被驳回起诉，不利于保护相对人的权益。一些国外学者在进行交流时也提出这样的观点。例如，罗马法有一个时期，就特别讲究程式，诉讼活动中连回答提问都要求标准规范，不过运行不久，由于不便于当事人诉讼，就被抽象、简单的非类型化方式取代了。

笔者认为，在诉讼类型化的问题中，存在一个科学性、学理性与适用性、可操作性之间的矛盾和冲突。目前我们不宜照搬国外的结

① 江必新、梁凤云：《行政诉讼法理论与实务》，北京大学出版社2011年版，第690页。

② 刘飞：《行政诉讼类型制度探析—德国法的视角》，载《法学》2004年第3期。

构，以完全的类型化来进行诉讼构造，而要做到两方面兼顾。一方面，要防止笼而统之地进行规定；另一方面，也要避免过于类型化，导致诉讼不便。可以以相同的内容为“经”，以不同的内容为“纬”，先从各种行政诉讼类型中抽出具有共性的内容进行规定，然后再就一些特殊的内容或事项，作出分类规定。有些情况，可以授权法院作一些司法解释，避免过于复杂，让当事人难以把握。

（六）关于合法性审查的原则问题

《行政诉讼法》规定，人民法院审理行政案件，对具体行政行为是否合法进行审查。合法性审查原则，是《行政诉讼法》的基本原则，不仅体现了行政诉讼的基本特点，也体现了人民法院审理行政案件的基本特征。合法性审查原则的积极作用在于，明确了法院审查的基本依据、基本范围，以及审查的基本功能，但是也有明显缺陷。第一，合法性审查不包括合宪性审查。合法性审查只能对既定的行政行为是否符合法律规定进行审查，而不能对作为行政行为依据的法律本身进行审查。第二，合法性审查不包括合理性审查。立法过程中，有两种截然不同的观点。一种观点主张取消合法性审查的原则。理由除了上述两点之外，还有很多。另外一种观点，仍然认为要坚持合法性审查原则。[①] 理由是：第一，合理性审查应当属于行政机关自由裁量权的范围，法院如果审查自由裁量权，就有司法权干预行政权的嫌疑，是司法权过度干预。第二，司法机关的职能在于贯彻立法机关制定的法律，如果对合理性进行审查，就超越了职权范围。

---

① 这种观点认为，合理性审查原则是合法性审查原则的例外，它是在合法性审查原则不足以控制行政权的行使时，国家法律设定的另外一种审查途径。参见胡玉鸿：《合法性审查原则新论》，载《福建政法管理干部学院学报》2000 年 8 月第 3 期。

笔者认为，仍然要坚持合法性审查原则，但应有例外规定。[①]这种例外方式可以有两种表述方式。第一种表述方式，行政机关的行政行为明显不合理，不公平，或者说滥用自由裁量权的例外。第二种表述方法，以合法性审查为原则，将明显不合理、不正当或者权力滥用的，视为合法性问题。

2014年《行政诉讼法》尽管规定了合法性审查原则，但是在判决部分规定，人民法院可以以滥用职权、明显不当作为审查理由。事实上，这里将滥用自由裁量权视为了一个违法问题。同时还规定了，行政处罚显失公正的可以变更。在最高人民法院的司法解释中，进一步明确了对行政处罚显失公正的情形，也是可以审查的。不过，尽管滥用职权还可以有解释、扩充的余地，但是在司法实践中，却难以得到运用。因为一旦法院认定行政机关工作人员滥用职权，很有可能直接导致相关工作人员受到滥用职权罪的追究，所以法院一般不轻易地使用这一条款，以致出现很多明显不合理，实际上是滥用自由裁量权的行为，未能得到有效纠正。另外，对行政处罚显失公正的审查，也仅仅局限在行政处罚这一个领域，范围过于狭窄，现在大量行政行为显失公正问题在其他领域也存在，例如拆迁补偿问题，就不能运用这个条款来进行审查。所以，笔者主张在立法中，可以将明显不合理、明显不公正、明显不正当的行为视为违法，或者作为合法性审查的例外，这在立法技术上完全是可行的。

---

① 早在16世纪，英国司法上就有了合理性审查原则的适用。1946年《美国联邦行政程序法》第706条规定：对专横、任性、滥用自由裁量权或其他不符合法律的行为，法院可认定其不合法而撤销。在德国，虽然《德国行政法院法》第68条第1款确立了行政审判的合法性审查原则，但其所谓的合法性审查，并不意味着行政裁量不受司法约束。参见江勇、管征：《行政诉讼合法性审查原则再思考》，载《人民法院报》2007年1月4日第6版。

（七）关于行政诉讼的受案范围问题

在 1989 年通过《行政诉讼法》的时候，我国行政法制才刚刚起步，立法机关对司法机关有没有足以监督行政机关依法行使职权的能力没有把握。行政机关接受司法监督的意识还不强。有相当一些部门，对司法机关的监督持不同意见，甚至是反对的。考虑到当时的国情，行政诉讼的受案范围没有规定得太宽。王汉斌副委员长当时在行政诉讼法的立法说明中特别强调，行政诉讼的受案范围有一个逐步扩大的过程，不能一步到位。[①] 所以我国的行政诉讼法，与现在世界上的行政诉讼法相比，至少从文字上来看，是受案范围较小的一个诉讼法。《行政诉讼法》实施近 30 年来，由于行政行为的类型不断增多，当事人请求司法救济的期待也在不断增多，所以在修改行政诉讼法过程中，无论是法院、立法机关，还是社会公众，一致的意见是要扩大行政诉讼的受案范围。现在主要争论的问题在于，到底扩大到什么样的一个范围为止？哪些内容是应当扩大的？是一步扩大到位，还是逐步地扩大，或者是阶段性地扩大？

第一个问题，规章以下的规范性文件，也就是部分的抽象行政行为，是否纳入行政诉讼的受案范围？大多数的意见认为应该将抽象行政行为纳入受案范围。[②] 理由主要有：抽象行政行为与具体行政行为密不可分；实践中抽象行政行为侵害人民群众合法权益的现象比较严重；违法的抽象行政行为不纠正，影响政府和行政机关的形象；对规范性文件的其他的监督机制很难有效地发挥作用，如果人民法院不能受理，就有可能导致不当抽象行政行为造成的侵害在一定范围内连续

① 王汉斌：《关于〈中华人民共和国行政诉讼法（草案）〉的说明——1989 年 3 月 28 日在第七届全国人民代表大会第五次会议上》。

② 江必新、梁凤云：《行政诉讼法理论与实务》，北京大学出版社 2011 年版，第 249 页。

发生，使更多的相对人蒙受损失；另一方面，我国人民代表大会制度也并不排除法院审查抽象行政行为。但是也有同志持不同意见，认为抽象行政行为，可以通过其他的途径来进行解决。例如，可以通过立法机关，或者上级机关来加以纠正。法院不适合对抽象行政行为进行审查，而且对抽象行政行为进行审查以后，有很多相关的问题不好解决，比如赔偿问题。抽象行政行为被撤销或者宣布无效以后，是不是所有受它影响的都要进行赔偿？这就是一个难以解决的问题。笔者认为，抽象行政行为还是要逐步纳入行政诉讼受案范围之内。

第二个问题，内部行政行为是否应当排除。所谓内部行政行为，特指行政机关对它的工作人员，所作出的一些奖惩任免等决定。内部行政行为不受司法审查的观点始于德国的特别权力关系理论。所谓特别权力关系，是指国家或者公共团体等行政主体，基于特别之法律原因，在一定范围内，对其成员有概括性的命令强制之权力，其成员负有服从义务。特别权力关系的重要特征之一即是行政主体的成员不得针对行政主体提起行政诉讼。不过，二战以后，随着德国法治的发展，传统的特别权力关系理论在德日等国受到强烈批评，并进行了很大的修正。[①] 从德国的立法例和我国台湾地区的“立法例”来看，内部行政行为并不是完全排除在行政诉讼的受案范围之外的，特别是开除公职这一类的行为，通常是纳入行政诉讼受案范围的。就连美国这样由普通法院承担行政审判任务的国家也将某些内部行政行为纳入行政诉讼的范围。笔者倾向于不管是内部还是外部行为，如果一个行政行为，产生了外部效果，就应当纳入行政诉讼的受案范围。就现代法治理念来看，凡影响到公民身份、地位的事项，无论涉及的是外部关

① 江必新主编：《中国行政诉讼制度的完善——行政诉讼法修改问题实务研究》，法律出版社 2005 年版，第 76~77 页。

系还是内部关系，均应向当事人提供有效的救济途径，尤其是诉讼渠道。行政机关内部涉及其工作人员基本权利的管理行为应当纳入行政诉讼的受案范围。具体可以分为两类：一类是公务员的录用等决定，这类行为分别影响公务员的职业前途、工资、福利等待遇，涉及公务员的基本权利；另一类是公务员的免职、辞退、开除、强令退休等决定。因这类行为涉及公务员自身资格的存废，对公务员的人身关系有着重要的影响，故应赋予公务员对这类行为提起行政诉讼的权利。[①]

第三个问题，要不要取消行政机关终局裁决权的问题。在行政复议和一些单行法律法规中，设定了一些行政机关的终局裁决权。比如过去的公民《出境入境管理法》规定，当事人可以选择救济途径，要么选择到法院起诉，要么选择行政复议。如果选择了行政复议，就不能提起诉讼，复议结论就是终局结论。行政终局裁决的规定，受到广泛批评。一般认为，行政终局裁决存在以下弊端：不符合有权利必有救济的行政法原理，不符合司法最终裁决的法律原则，不符合 WTO 规则的相关要求。[②]那么，终局裁决权是不是应该取消？笔者认为，如果这个终局裁决权设定不属于国家行为，或者不属于纯粹的内部行为，原则上都应该取消。

（八）关于基层法院的行政诉讼案件管辖权问题

在起草《行政诉讼法》的时候，对于是否在基层人民法院设立行政审判庭来管辖行政案件，就有不同看法。一种观点，尤其是很多行政机关认为，当时基层法院能力有限，很难受理行政案件，基层法院

① 江必新主编：《中国行政诉讼制度的完善——行政诉讼法修改问题实务研究》，法律出版社 2005 年版，第 76~79 页。

② 江必新、梁凤云：《行政诉讼法理论与实务》，北京大学出版社 2011 年版，第 272 页。

级别太低，觉得审理行政案件的法院级别应当高一些，面子上才过得去。还有一种观点认为，鉴于行政诉讼的特殊性，应采取法院级别与被诉行政机关级别基本对应的原则来确定其级别管辖，即某一行政机关作被告时，只能由同级或上一级法院审理，保证法院级别不低于被告行政机关，以利于司法排除干扰。[①]

进一步完善行政诉讼制度，是否在基层人民法院设立行政审判庭，是否赋予基层人民法院管辖行政案件的权力？一种观点认为，要维持基层人民法院的审判权。这是很多基层人民法院的意愿。也有相当一部分同志，认为应当取消基层人民法院的行政案件管辖权，统一收归中级人民法院或者高级人民法院进行管辖。[②]主要理由是，基层人民法院审理行政案件，除了经过法院的协调工作行政机关改善行政行为、当事人撤诉的以外，凡是基层人民法院判决的案件几乎都在上诉，有的地方上诉率达到百分之百，很难对行政机关进行有效的监督。还有一种观点认为，如果完全收归中级人民法院进行管辖，有些地方地域比较辽阔，交通不便，不便于群众诉讼。能不能采取变通的方法，在中级人民法院设立行政审判庭，在基层人民法院设立派出庭。它不受基层法院管辖，就比较独立一些。不过也有学者调查指出，对当事人而言，“路远不是问题，不公正的裁判是最大的问题”。当事人宁愿多跑一点路，也不希望裁判结果不公正。

笔者认为，要在中级人民法院设立行政审判庭，或者至少是几个基层人民法院，设立一个行政审判庭，或者将管辖权相对集中于某个基层法院。更理想的设计是，几个区县设立一个跨区基层行政法院来

① 柴发邦主编：《行政诉讼法教程》，中国人民公安大学出版社 1990 年版，第 170 页；金俊银、蒋惠岭、刘莘、张树义、董占东：《行政诉讼概论》，人民出版社 1990 年版，第 62 页。
② 刘莘：《提高审级，摆脱地方干预》，载《法制日报》2002 年 3 月 3 日第 3 版。

主管行政案件。在目前尚不能完全实现这种设计的情况下，可以考虑中级人民法院设立派出庭，或者中级人民法院采取巡回审理的方式，到基层人民法院开庭受理案件。英美法系国家，有很多巡回法院，实际就是上级法院到基层法院审理案件。这样，既可以实现诉讼目的，实现对行政机关进行有效的监督，又能兼顾方便群众进行诉讼。

第十四章
行政诉讼制度之再完善——功能强化

从完善和强化行政诉讼和行政审判功能出发，行政诉讼法的完善应当从以下六个方面来展开：

一、确保权利救济的有效性

1. 合理建构行政审判体制。修改《行政诉讼法》首先必须解决的是合理建构行政审判体制的问题。这个问题既具有鲜明的中国特色，也具有鲜明的行政诉讼特色。在所有的行政案件中，申诉上访的案件的绝大多数是相对人上诉或者申诉，说明现行司法体制下裁判整体偏向被告。偏向被告的主要原因固然有法官裁判不公或者腐败因素，但一些地方党委政府的非法干预，导致法院不敢判决被告机关败诉也是重要因素之一。从基层人民法院的调查发现，审理难度较大的案件集中在县政府甚至乡政府作被告的案件中。例如，县法院一旦判决乡政府败诉，直接后果是在人大评议法院时，失去一个代表团的赞成票票源。过去为了解决这一问题，最高人民法院司法解释规定了交叉管辖、提级管辖等措施，但这些都不是解决问题的根本途径。行政区划与审判体制高度一致、高度契合，必然导致行政案件受到干预太多。行政审判体制必须改变，已经成为学术界和实务界的共识。合理建构行政审判体制成为《行政诉讼法》修改的重中之重。有很多学者建议仿照设立海事法院的成例，设立独立的行政法院系统；也有学者从逐步完善的角度，主张根据行政区划和司法审判区相分离的原则，在中级人民法院以下实行基层人民法院行政诉讼集中管辖改革。笔者认为，无论采取何种体制完善方式，都应当以破除地方干预、维护司法公正为第一要义。

2. 弱化人民法院维护行政机关职权的功能。《行政诉讼法》对于“维护”行政机关依法行使职权的功能过分强化。由于 1989 年《行政诉讼法》中第一条“维护”的规定，在司法实践中，有些地方党政领导据此认为不论行政行为是否违法法院都要判决维持，负面效应极为明显。事实上，合法行政行为的效力并不基于法院的裁判，而有其固有效力，不需要法院通过司法程序予以维护。《行政诉讼法》当时规定维持判决主要是为了获得行政机关一方的可接受性，随着司法实践的发展和行政机关法治意识的提高，取消《行政诉讼法》关于“维持”行政机关行使职权的时机已经成熟。2014 年修正案取消了“维持”的规定。但是，行政诉讼法虽然取消了“维持”功能，但在实践中“维持”的思维仍然不同程度存在。

3. 进一步扩大行政诉讼的受案范围。目前包括行政相对人、行政机关甚至党政领导人都主张扩大行政诉讼受案范围，主张将行政纠纷纳入法治渠道解决。将行政纠纷纳入行政诉讼的法律程序，而非单纯依靠信访途径，更有助于纠纷公平公正解决的观念，已经得到了司法实践的可靠验证和社会各界的广泛认同。尽管2014年《行政诉讼法》修正案作了些许扩大，但仍没有达到应然状态。扩大行政诉讼受案范围主要应当关注以下几个维度：第一，重新界定行政诉讼标的。《行政诉讼法》规定，人民法院对行政行为的合法性进行审查。行政行为是撤销诉讼的核心概念，也是行政诉讼最重要的审查对象。但是，行政行为难以涵括事实行为、行政合同行为、不作为行为等，实际上无法涵盖行政诉讼的所有审查对象。因此，有必要将行政行为修订为行政相对人与行政机关之间产生的"行政争议"。第二，权利保护范围。《行政诉讼法》由于当时历史条件所限，仅仅规定对人身权和财产权进行司法保护，对于其他权利没有作出规定。从目前的行政行为涉及的公民权利来看，劳动权、受教育权、知情权、了解权、表达权、监督权、公民住宅权、通信自由和通信秘密权、救济权等还没有纳入行政诉讼受案范围。最高人民法院司法解释虽然采取了只要行政行为对"公民权利义务产生不利影响的"均属于行政诉讼受案范围的观点，但还需要上升为法律条文。[①]第三，适当放开可诉行政行为的范围。也就是说，要适当限制由行政机关终局裁决的行为。对于终局裁决行为应当仅局限于国家行为。对于可以通过合法性审查来判断的行为，原则上都应当纳入行政诉讼受案范围；对于行政机关针对其工作人员作出的处理行为，一般可以由行政机关处理，但涉及公民基本

① 《最高人民法院关于执行〈中华人民共和国行政诉讼法〉若干问题的解释》（以下简称《若干解释》）第一条第二款规定，对公民、法人或者其他组织权利义务不产生实际影响的行为，不属于人民法院行政诉讼受案范围。该条文也可以反向推导为对公民、法人或者其他组织权利义务产生实际影响的行为，属于人民法院行政诉讼受案范围。

权利的撤职、开除等行为，应当纳入行政诉讼受案范围。第四，将行政规范性文件纳入司法审查范围。学术界对于抽象行政行为的司法审查问题，研究比较深入，将其纳入行政诉讼受案范围已经成为共识。不同观点主要是纳入审查的规范性文件是否包括规章。尽管 2014 年修正案规定对规章以下规范性文件可以附带审查，但远没有达到应然状态。多数观点认为，对于规章以上的规范性文件的审查，应当按照《立法法》以及相关法律法规的规定解决，人民法院对于规章以下的规范性文件的合法性应当进行审查。

4. 适当放宽行政诉讼原告资格。从某种意义上讲，权利救济不足在很大程度上是又与原告资格设置的不太科学有关。《行政诉讼法》第二条规定，公民、法人或者其他组织认为行政机关和行政机关工作人员的行政行为侵犯其合法权益，有权依照本法向人民法院提起诉讼。“认为”标准是一个主观性非常强的标准，在实践中也带来不好把握的问题。最高人民法院又通过司法解释将原告资格限定在“法律上的利害关系”，但是这一标准又显得过于严格，不利于保障公民、法人和其他组织的合法权益，需要重新进行科学界定。[①] 此外，不同诉讼类型对于原告资格的限制亦不相同，因此应当注意区别情况。例如，公益诉讼的原告资格必须由单行法律明确规定才能提起。

5. 科学设定行政诉讼起诉期限。《行政诉讼法》第三十九条规定了两种起诉期限：公民、法人或者其他组织直接向人民法院提起行政诉讼的，应当在知道作出行政行为之日起 6 个月内提出，法律另有规定的除外。目前，单行法律对于起诉期限的规定长短不一，有的期限太短，导致当事人很容易超过起诉期限；有的期限太长，导致行政行

① 《若干解释》第十二条规定，与具体行政行为有法律上利害关系的公民、法人或者其他组织对该行为不服的，可以依法提起行政诉讼。

为效力长期处于不确定状态。因此，应当合理设定行政诉讼起诉期限。在设定起诉期限时应当注意三个问题：（1）设定特殊起诉期限制度。对于起诉事由在短时间内很难发现的、行政机关作出决定的先行行为发生改变、依据的规范性文件发生改变、涉及不动产等重大财产权益的情形，应当另行设定较长的特殊起诉期限。（2）设定最长起诉期限制度。对于利害关系人不知道行政行为的，应当规定从知道之日或者应当知道之日起6个月内提起诉讼。（3）设定起诉期限的延长制度、除斥期间制度。通过设立相应制度，解决由于特定事由不计入起诉期限的问题。

6. 调整经过复议的案件的适格被告制度。1989年《行政诉讼法》规定，经复议的案件，复议机关决定维持原具体行政行为的，作出原具体行政行为的行政机关是被告；复议机关改变原具体行政行为的，复议机关是被告。当时作这样的规定，主要是考虑尽可能降低被告的级别，同时复议机关维持原行政行为，原行政行为的效力仍然存续，所以应当以原行政行为的作出机关为被告。但在实践中，有的复议机关担心改变行政行为之后作被告，采取尽量维持甚至一概维持原行政行为的做法，特别是涉及容易信访缠诉的案件，复议机关更倾向于将矛盾解决在基层或者下级机关，更倾向于作出维持决定，以至造成复议虚化。复议机关亦被讥讽为“维持会”。据此，不少学者建议，强化复议机关的监督职能，在复议机关维持原行政行为的情形下，也应当将复议机关列为被告；有的学者建议复议机关可以作共同被告；还有的学者认为可以统一由复议机关作为代理人出庭应诉、复议机关委托原行政行为作出机关出庭应诉等等。2014年修正的《行政诉讼法》，规定复议机关作出维持决定时要作为共同被告，但也带出应诉成本增加的问题。应当采取适当方式减轻应诉负担和成本。

7. 合理调整管辖制度。《行政诉讼法》关于管辖的规定比较简单，应当根据行政审判实践中存在的问题，对管辖制度进行适当调整。主要是：其一，中级人民法院以下实行适度的集中管辖。为了解决基层法院存在的"立案难""审理难"和"执行难"的问题，最佳方案是设立跨区域的行政法院体制。如果行政法院方案难于实现，也可以考虑在中级人民法院以下打破行政区划，由特定基层人民法院对行政案件实行集中管辖和交叉管辖。其二，在法律规定的范围内，更多地赋予相对人以选择权，强化对当事人权利的保护。对于公民、法人和其他组织以案件重大复杂为由或者认为有管辖权的人民法院不宜行使管辖权的，可以申请由上级人民法院指定管辖。其三，吸收现有司法解释的规定，强化上级法院提审或者指定管辖的权力，以尽可能排除地方非法干预。对于上级人民法院认为下级人民法院管辖的案件自己审理或者指定管辖更为适宜的，可以决定自己审理或者指定辖区内其他法院管辖。

8. 建立逾期不受理起诉的起诉人可以向上级法院另行起诉的制度。将立案审查制改为立案登记制，行政案件"立案难"的问题已基本解决。但由于某些原因，一些地方尚未根本解决，一些地方又出现了"回潮"现象。原因大都是来自各方面的非法干预或对难案的规避。这不仅极大地侵害了当事人的诉权，使当事人的请求救济权不能得到有效实现，同时，也使违法行政行为不能得到及时纠正，恶化行政主体与行政相对人之间的关系。因此，应当建立逾期不受理即可"飞越"起诉的制度。对于受诉人民法院在 7 日内既不立案，又不作出裁定的，起诉人可以向上一级人民法院起诉。上一级人民法院认为符合受理条件的，应予受理；受理后可以移交或者指定下级人民法院审理，也可以自行审理。

9. 增设诉讼保全和先予执行制度。为了保证特定案件生效裁判得到有效执行，要借鉴《民事诉讼法》的有关规定，明确规定诉讼保全制度，特别是要在财产保全制度的基础上，增设行为保全制度。明确先予执行制度，特别是对行政机关没有依法发给抚恤金、社会保险金、最低生活保障费等案件，可以根据原告申请，依法书面裁定先予执行。但是，对于在国有土地上房屋征收和补偿案件中，行政机关恶意通过行政诉讼申请人民法院先予执行的，要予以适当限制。

10. 适度强化职权调查。在以往司法实践中，借鉴民事诉讼的做法，过度强调了当事人举证，法院依职权调取证据的功能被弱化。纵观世界各国的行政诉讼制度，除了英美法系外，大陆法系国家都赋予法官依职权主动调取证据的职权。[①] 在行政诉讼中，相对人处于弱势一方，特别是在举证能力方面，更是无法与具有调查权力的行政机关相提并论。因此，有必要强化法院的职权调查。

11. 实行有限制的合理性审查。《行政诉讼法》规定的合法性审查原则仍然需要坚持和强调，但是，法院的司法审查不能仅限于合法性审查。从司法实践来看，随着合法性审查的加强，行政行为违反合法性原则的比例越来越少，违反合理性原则的比例越来越高，行政行为“明显不合理”的情况非常突出。不合理的行政行为，一般认为包括两个方面：裁量滥用和程序滥用。实际上，《行政诉讼法》规定的“滥用职权”是一个内涵极为丰富的概念，法院在司法实务中还没有充分地掌握和运用这一概念，影响了审理的实际效果，也不利于保护相对人的权利。《行政诉讼法》规定的“滥用职权”可以结合合理性

① 例如，《德国行政法院法》第 86 条规定，法院依职权调查案情；调查时应取得诉讼参与人的协助。法院不受参与人有关证据请求及其内容的约束。《日本行政案件诉讼法》第 24 条规定，法院认为必要时，可以依职权进行证据调查。

审查来进行。合理性审查涉及人民法院行政诉讼审查强度的问题。对于专业性判断，一般情况下应当尊重行政机关的判断权，只有在裁量明显滥用、明显不正当的时候才能判决撤销。① 但是在程序滥用方面，法院具有完全的审查权，可以根据正当程序原则进行判断，审查的强度较对实体问题的监督要更为有力。

12. 要明确赋予法院对一定范围内法律规范的合法性的判断权和选择适用权。《行政诉讼法》规定人民法院审理行政案件，以法律和法规为依据。该规定没有解决法律之间、法规之间发生冲突时如何适用的问题，例如，前法和后法、一般法和特别法、上位法和下位法可能会发生冲突，有冲突就会有选择适用问题。制定《行政诉讼法》时,《立法法》还没有颁布。法院无法对法律规范进行选择适用，只有“拒绝适用权”。《立法法》对于法律规范冲突解决规则作了规定，应当在《行政诉讼法》中明确法院可以依据《立法法》的规定进行选择适用。② 根据《立法法》的规定，法院能够确定如何适用的，法院可以直接进行选择适用；不能确定如何适用的，送请有权机关进行裁决。对于规章以及规章以下规范性文件，法院应当进行合法性审查，对于合法、有效、适当的，法院可以适用；对于违法、无效、不当的，法院有权拒绝适用。

13. 要进一步加大对不履行裁判的制裁力度。目前，不履行法院生效裁判的情况仍然存在，在有些地方还比较严重。解决这个问题可以采取以下几种方式：其一，对不履行法院判决的行政机关采用公告

① 《美国行政程序法》第 706 条规定，复审法院认定行政机关独断专横、反复无常、滥用自由裁量权或者其他不合法行为的，应当宣布其违法并判决撤销。我国台湾地区“行政诉讼法”第一百零一条规定，行政机关依裁量权所为之行政处分，以其作为或不作为逾越权限或滥用权力者为限，行政法院得予撤销。

② 《立法法》第七十八至八十五条对上位法与下位法、一般规定与特别规定、前法与后法之间不一致时的适用问题作了明确。

方式，加大其不履行法院生效裁判的政治成本和舆论成本。其二，对不履行法院裁判的要适当加大罚款的额度。其三，确立上级机关协助执行制度。法院应当在合理期间内通知负有义务的一方当事人履行；逾期不履行的，由法院强制执行。法院也可以通知行政机关的上一级机关督促义务人依法履行。① 其四，追究刑事责任。对于拒不履行法院生效裁判构成犯罪的，应当明确追究其刑事责任的具体情形，防止这一规定虚化。②

14. 建立非诉行政案件的听证制度。根据《行政诉讼法》的规定，行政机关作出决定后，相对人在法定期间既不起诉又不履行的，行政机关申请法院强制执行。虽然此时相对人已经丧失了诉权和行政复议权利，但是丧失诉权和复议权的原因很复杂，有的还不是相对人的原因，仅仅从书面审查不利于案件的妥善处理。为了更有效地保障行政相对人合法权益，应当设置非诉行政执行的听证制度。对于依照听证程序作出的行政行为、一旦执行后会给当事人造成重大损害且难以补救、书面审查难以查清案件事实、涉及重大国家利益和社会公共利益的，应当进行听证，法院应当根据听证结果作出是否准予执行的裁定。

15. 确立非诉行政行为审查标准。《行政诉讼法》对于非诉行政行为的审查标准没有规定。最高人民法院司法解释对审查标准作了明确，即对于非诉行政行为实行“重大且明显”的无效行政行为的审查

---

① 这一做法已为我国台湾地区“行政诉讼法”第三百零五条第三款所明确：债务人为中央或地方机关或其他公法人者，并应通知其上级机关督促其如期履行。

② 《澳门特区行政诉讼法典》第一百八十七条对“违令罪”作了列举：负责执行有关裁判之机关之据位人有意不按法院所定之规定遵行裁判，而未有按情况提出缺乏款项或不符合预算中指定款项，又或不执行之正当原因；合议机关之主席未将有关问题列入议程。

标准。[①]《行政强制法》对此也作了类似的规定。[②] 这一标准已经比较成熟，应当在《行政诉讼法》修改时予以明确。

二、降低行政诉讼成本

行政诉讼的成本直接关系当事人请求权利救济的积极性，也在很大程度上决定了法院对行政行为监督的可能性，因此，只有降低行政诉讼成本（特别是隐性成本）才能有效提升行政诉讼的价值，充分发挥行政诉讼的作用。降低行政诉讼成本主要应当注意以下几个方面：

1. 增设紧急审理程序。在司法实践中，一些特殊案件如果按照一般的诉讼程序审理，即便最终获得胜诉的结果，也可能因已经造成无法挽回的结果导致当事人实际败诉。例如，在选举资格诉讼、考试资格诉讼中，选举日、考试日日渐临近，只有在前述日期之前获得胜诉裁判，其合法权益才能获得真正保护。“迟到的公正已经不再是公正。”因此，可以参照《民事诉讼法》关于特别程序和域外关于紧急程序的规定，对其予以明确。适用紧急程序的案件一般应当在立案之日起 15 日内审结。在紧急程序中，原告在提起诉讼时一并提出停止执行被诉行政行为申请的，人民法院经审查认为停止执行有利于保护原告重大利益，且不损害国家利益和社会公共利益的，应当在 48 小时内作出停止执行该行政行为的裁定。当然，紧急程序是一种特别程

① 《若干解释》第九十五条规定，被申请执行的具体行政行为有下列情形之一的，人民法院应当裁定不准予执行：（一）明显缺乏事实根据的；（二）明显缺乏法律依据的；（三）其他明显违法并损害被执行人合法权益的。

② 《行政强制法》第五十八条规定，人民法院发现有下列情形之一的，在作出裁定前可以听取被执行人和行政机关的意见：（一）明显缺乏事实根据的；（二）明显缺乏法律、法规依据的；（三）其他明显违法并损害被执行人合法权益的。

序，应当限定其范围。[①]

2. 增设预审程序。《行政诉讼法》没有规定预审程序，所有案件无论繁简，案件事实和法律问题一律在开庭审理时才能确定，有的学者称为“一步到庭”。这种程序设计往往导致庭审前准备不足，进而影响庭审质量和办案质量，导致庭审拖沓、开庭次数过多等弊端。因此，有必要增设预审程序。预审程序是指在正式开庭审理之前，为了确定争议焦点和相关法律问题，法官通过审查诉讼材料并采取相应措施使案件尽快处于可以判决状态的程序。预审程序的功能主要体现在固定诉讼请求和争点、交换和固定证据、促进纠纷和解等。笔者认为，应当明确除适用简易程序审理的案件外，一般行政案件都要经过预审程序。

3. 增设示范诉讼制度。在大陆法系国家，对于若干背景基本相同、行政行为基本相同的案件，采取了推选若干当事人起诉的方式，该案件审理裁判后对其他当事人具有既判效力。[②] 在我国，也可以参

① 法国紧急审理程序分为一般法上的紧急审理程序和特殊法上的紧急审理程序。前者包括暂停执行紧急审理程序（référé-suspension）、维护基本自由紧急审理程序（référé-sauvegarde）和保全性紧急审理程序（référé-conservatoire）；后者主要包括特别法和欧共体法律规定的程序，主要是税收紧急审理程序（référé-fiscal）、视听紧急审理程序（référé-audiovisual）和缔约前紧急审理程序（référé-provision）。参见金邦贵、施鹏鹏：《法国行政诉讼纲要：历史、构造、特色及挑战——区域行政立法模式前瞻》，载《行政法学研究》2008年第3期。《澳门特区行政诉讼法典》第六条规定紧急程序适用于：行政行为涉及公共工程承揽合同之形成、继续供应合同之形成及为直接公益提供劳务之合同之形成时，对该等行政行为提起之司法上诉程序；选举上之司法争讼程序；关于提供资讯、查阅卷宗或发出证明之诉之程序；与中止行政行为及规范之效力有关之程序；与勒令作出某一行为有关之程序；与预行调查证据有关之程序；与非特定之预防及保存措施有关之程序。

② 例如，《德国行政法院法》第93a条规定了示范诉讼，即以某项行政行为是否合法为诉讼标的的案件超过20个以上时，法院可以对其中的一个或者多个案件进行审理，其他案件中止。法院在其他案件的审理中，可以直接采信在示范诉讼中的证据。我国台湾地区“行政诉讼法”第二十九条规定，多数有共同利益之人得由其中选定一人至五人为全体起诉或被诉。诉讼系属后经选定或指定当事人者，其他当事人脱离诉讼。

考上述做法。例如，在征收国有土地上房屋案件中，若干当事人对于该幅地块的补偿标准都持有异议，可以采取个别当事人先进入诉讼，其他当事人先进行立案登记。进入诉讼后，补偿标准确定下来之后，该裁判对其他登记的当事人也同时适用。这对于减少行政诉讼成本，提高行政诉讼效率有积极意义。

4. 实行一次合法传唤的制度。《行政诉讼法》依据《民事诉讼法》（试行）的规定，确立了缺席判决的“两次传唤”制度，即经人民法院两次合法传唤，原告无正当理由拒不到庭的，视为申请撤诉；被告无正当理由拒不到庭的，可以缺席判决。1991 年制定的《民事诉讼法》已经取消了两次传唤制度。在司法实践中，有的行政机关利用本条规定不履行出庭义务或者等待两次传唤后才出庭，一定程度上损害了司法权威。①《行政诉讼法》应当对此予以修订。

5. 设立不答辩视为承认的制度。《行政诉讼法》规定了行政机关举证、答辩义务。对于行政机关的举证，《行政诉讼法》通过举证责任予以规范。但是，对于行政机关不答辩的，《行政诉讼法》没有作出规定。域外的做法是，行政机关不答辩的，视为承认原告的诉讼请求，被告提出反诉，原告不答辩也视为承认被告的主张。② 为了督促依法答辩，《行政诉讼法》应当明确这一制度。

① 根据司法实践中出现的问题，最高人民法院行政审判庭作出了《关于如何理解〈中华人民共和国行政诉讼法〉第四十八条的答复》（2008 年 11 月 17 日，〔2008〕行他字第 26 号）规定：“被告未在法定期限内向人民法院提供据以作出被诉具体行政行为的证据和依据，经人民法院一次合法传唤，被告无正当理由拒不到庭的，人民法院依法作出撤销被诉具体行政行为的判决并无不妥。”

② 例如，《澳门特区行政诉讼法典》第五十四条规定，不作答辩或不提出争执，视为自认司法上诉人所陈述之事实；但从所作之防御整体加以考虑，该等事实与所作防御明显对立者，又或该等事实系不可自认或与组成调查之用之行政卷宗之文件相抵触者除外。《前南斯拉夫行政诉讼法》第 33 条第 3 款规定，被告在规定的期限内应将与案件有关的全部材料送交法院，如果被告提出别的理由未将材料送交法院或表示不能送交，法院可以在无此种材料的情况下对案件作出裁决。

6. 建立科学的证据失权制度。证据失权的核心是当事人在规定的时间不提供证据的，即便之后提供证据也不能进入质证过程。当然，非因举证责任人主观原因造成的逾期举证应当排除在外。同时还要考虑在被告不举证的情况下，第三人提出证据能够证明自己主张或者人民法院依职权调取证据的，为了保护第三人合法权益，不应当一概视为行政行为没有证据。①

7. 增设委托调取证据制度。在行政诉讼中，被告可以依职权调取证据，而原告无此权力。虽然法院可以依照原告申请或者依职权调取证据，但是法院调取证据存在丧失中立立场的弊端，同时也不利于节约诉讼成本。因此，为了有利于获取证据，降低诉讼成本，有必要增加委托调取证据制度，即法院委托原告一方调查，同时赋予接受调查人予以配合的义务，以补强原告一方收集证据的能力。② 即人民法院可以根据原告的申请，委托其代理律师向有关机关、组织或者公民调取与本案有关的证据，有关国家机关、组织或者公民应当协助。

8. 确立自认和禁反言制度。在诉讼过程中，对于一方没有不同意见的事实，只要认可的，可以将认可记录在案，对于该事实予以认定，不必再行调查取证。③ 同时，为了防止当事人反言，提高行政

① 例如，《最高人民法院关于审理行政许可案件若干问题的规定》第八条规定，被告不提供或者无正当理由逾期提供证据的，与被诉行政许可行为有利害关系的第三人可以向人民法院提供……第三人提供或者人民法院调取的证据能够证明行政许可行为合法的，人民法院应当判决驳回原告的诉讼请求。

② 《荷兰行政法通则》第 8 章第 47 条规定，法院可以委托鉴定人进行调查，委托书中应当包括书面调查事项和期限。我国台湾地区“行政诉讼法”第一百三十八条规定，行政法院得嘱托普通法院或其他机关、学校、团体调查证据。

③ 《最高人民法院关于行政诉讼证据若干问题的规定》第六十五条规定，在庭审中一方当事人或者其代理人在代理权限内对另一方当事人陈述的案件事实明确表示认可的，人民法院可以对该事实予以认定。但有相反证据注意退房的除外。

诉讼效率，一般不能采取简单的默认，而应当建立相应的明示制度，即由表示认可的一方当事人通过书面文件、签字、盖章等方式予以固化。

9. 确立意定诉讼期限制度。目前《行政诉讼法》规定的各类期限均为法定期限，没有规定意定期限。为了节省诉讼期间和尊重当事人的意愿，如果各方当事人同意，可以缩短法定期限，尽可能在意定的时间内完成诉讼行为。

10. 明确当事人及时准确告知相关情况的义务。当前，一些当事人为了规避审判或者基于其他目的，有意错误告知住址或者法律文书邮寄地址，导致诉讼程序反复和拖沓。因此，有必要在起诉阶段和应诉阶段，明确其准确告知或者准确载明地址的义务（包括地址发生变更应及时告知法院的义务），并设定相应的法律责任，以便提高审判效率。

11. 裁判文书类型化处理。办理行政案件一般经历撰写审理报告、起草裁判文书、协调、制发裁判文书等若干环节。不同的案件繁简不同，裁判文书亦应当区别处理。提高诉讼效率应当从精简起草相关报告和裁判文书的环节入手。特别是对于当事人争议的焦点问题可以适当详写，没有争议的可以略写甚至不写；对于特定领域的行政案件有的法律文书也可以采取格式化的方式。

12. 确立再审不停止执行为原则的制度。《行政诉讼法》明确规定，当事人对已经发生法律效力的裁判，认为确有错误的，可以提出申请再审，但生效裁判不停止执行。在司法实践中，有的法院担心执行错误，一旦进入再审程序就一概停止执行，导致有的当事人通过向人民法院申请再审达到拖延执行的目的。应当按照不同的行政诉讼类型，确立以不停止执行为原则，以停止执行为例外的制度。

同时，规定在执行裁判可能造成无法弥补的损失的情况下，应当停止执行。

13. 建立严格的原告保护制度。在司法实践中，有的行政机关败诉后，利用其持续的行政管理职权，对原告进行打击报复，让原告“赢一阵子，输一辈子”，社会反响比较强烈。对于原告遭受被告打击报复的，原告可以对新作出的行政行为重新起诉，通过重新进入诉讼对行政机关打击报复的行为进行制约和监督。法院可以按照“滥用职权”的法定事由对其进行严格审查，必要时还要追究相关责任人的法律责任，以切实降低原告的隐性诉讼成本。

三、强化行政诉讼的解纷功能

我国行政诉讼多年来即存在“上诉率高、申诉率高、服判息诉率低”的现象，一个重要原因是因为没有充分发挥行政诉讼解决纠纷的功能所致。解决上述问题的关键是要做好以下几点：

1. 将解决行政争议作为行政诉讼的基本功能。行政诉讼的基本功能是保护行政相对人合法权益、监督和维护行政机关依法行使职权、解决行政纠纷。对于祛除“维护”行政机关依法行使行政职权的功能，前文已有阐述，此不赘述。笔者认为，行政诉讼的功能应当区分直接功能和间接功能、基本功能和衍生功能。解决行政争议应当属于直接功能和基本功能范畴。而保障当事人权益、监督行政机关的功能并非法院的独特功能，其他公权力机关也有该项功能，属于间接和衍生功能。因此，在《行政诉讼法》立法宗旨中明确了行政纠纷的功能，实践中要贯彻落实。

2. 构建和解促进机制。当前，通过和解解决纠纷不仅有利于构建社会主义和谐社会，也与域外盛行的通过非正式裁决解决行政纠纷的趋势不谋而合。[①] 据统计，英美法系国家的行政案件，真正进入到诉讼程序的只占 10%左右，90%的行政纠纷通过非正式的裁决程序得以消化。一般来说，和解制度主要通过当事人对于诉讼胜败的评估、诉讼的时间考虑、诉讼费用的承担、不履行判决的不利后果等多方面的判断，促使实现主动和解。当然，并非所有行政案件都可以采取和解方式，只有在自愿、合法的前提下，对行政机关依法享有裁量权的事项才能实行和解。

3. 进一步完善调解制度。《行政诉讼法》之所以规定行政案件不适用调解，主要原因有三：一是考虑到行政机关的公权力行为不具有处分性，且当时《行政诉讼法》是按照行政处罚模式构建的，而行政处罚的处分空间不大；二是担心在行政诉讼当事人地位不平等的情况下，被告利用优势地位造成调解不公的现象；三是调解可能导致行政机关败诉案件减少，社会效果不好。2014 年《行政诉讼法》虽然规定了有限制的调解制度，但有待进一步完善。从目前的实践来看，行政案件数量越来越多，且越来越多的案件涉及民事权益的处分，尤其是行政协议案件已纳入行政诉讼受案范围，可调解的范围应当进一步放宽。但是同时，也要看到调解的负面作用，要注意防止行政机关利用优势地位造成调解不公的倾向，注意不适宜调解的案件不能强行调解，同时，要注意调解的内容不得违反法律规定，不得损害国家利益、社会公共利益和他人合法权益。

4. 合理分配举证责任。合理的举证责任有利于减少和抑制行政纠

① 《德国行政法院法》第 106 条规定，只要当事人对和解的标的有处分权，为完成或者部分终结诉讼，参与人可以在法院作出笔录，或者在指定、委派的法官面前作出笔录以达成和解。

纷的产生，特别是对无理缠讼的行为也有一定的平抑功能。从这个意义上讲，举证责任包含了息诉止争的功能。《行政诉讼法》是按照行政处罚的模型构建的，行政机关在作出行政处罚时应当具有相应的证据支持，所以，在诉讼中行政机关对其作出的行政行为应当承担举证责任。但是，在行政行为种类越来越复杂的背景下，无论何种样态的行政行为均由行政机关举证，既不合理，也不科学。据统计，相当数量的行政案件是通过裁定驳回起诉和不予受理结案的，且比例高于民事诉讼，在一定程度上也反映了行政案件存在“滥诉”的问题。[①]可以说，合理分配举证责任是抑制滥诉的重要工具。

5. 进一步完善行政附带民事诉讼制度。1989 年《行政诉讼法》没有明确行政附带民事诉讼的主要原因在于当时的案件主要集中在行政处罚类案件，且法院内部对于行政案件是否可以附带民事案件存在争议，更有观点认为行政审判庭有超越职权之嫌。后来，随着行政案件越来越多地涉及民事权益的处理，行政审判庭和民事审判庭“各管一块”的做法已经受到了社会的广泛批评。最高人民法院通过司法解释和司法政策已经明确了这一制度，[②]2014 年也正式承认了行政附带民事诉讼的制度，但附带的范围需要进一步拓宽，相关配套制度也需要进一步完善。在民事或者刑事诉讼中对行政行为是否合法或者无效

① 例如，1989 年 ~2011 年全国法院一审行政案件数量为 1783272 件，裁定驳回起诉的案件达到 148114 件。

② 例如，《若干解释》第六十一条规定，被告对平等民事主体之间民事争议所作的裁决违法，民事争议当事人要求人民法院一并解决相关民事争议的，人民法院可以一并审理。《最高人民法院关于审理行政许可案件若干问题的规定》第十二条第二款规定，在行政许可案件中，当事人请求一并解决有关民事赔偿问题的，人民法院可以合并审理。《最高人民法院关于当前形势下做好行政审判工作的若干意见》明确，充分发挥行政诉讼附带解决民事争议的功能，在受理行政机关对平等主体之间的民事争议所作的行政裁决、行政确权、行政处理、颁发权属证书等案件时，可以基于当事人申请一并解决相关民事争议。要正确处理行政诉讼与民事诉讼交叉问题，防止出现相互矛盾或相互推诿。

有争议的，原则上应当在行政诉讼中处理。行政诉讼已经开始的，相关的民事或者刑事诉讼应当中止。行政诉讼裁判须以民事法律关系成立为前提的，而该法律关系属于民事关系且诉讼尚未终结的，人民法院应当裁定中止行政诉讼。

6. 扩大变更判决和课以义务判决的适用范围。在制定《行政诉讼法》时，是否赋予法院变更行政行为的权力，曾经争议很大。法院和行政机关持完全相反态度，法院从解决争议的角度主张规定变更权，行政机关从分工角度反对规定变更权，最后立法机关采取了折中的方案——对行政处罚显失公正的，人民法院可以判决变更。从国际范围来看，许多国家明确了法院的变更权。[①] 时至今日，大多数学者甚至行政机关都认为，法院对特定事项直接作出变更，不仅有利于节约行政成本，而且有利于案结事了，除新法规定的情形外，变更范围应当进一步扩大。法院变更判决应当增设的情形包括：其一，所有涉及民事法律关系处理的，例如行政裁决案件；其二，行政行为内容与数字有关且不属于羁束裁量权范围的；[②] 其三，行政合同案件；其四，在反倾销案件中，行政机关计算的倾销幅度或者征收的反倾销税的数额错误的，等等。

7. 科学规范申请再审的条件、理由、时间和路径。再审案件数

---

① 例如，法国行政诉讼中的完全管辖权之诉，法官可以撤销、变更、代替重新作出决定等。参见王名扬：《法国行政法》，中国政法大学出版社 1988 年版，第 694 页。在德国，根据《德国行政法院法》第 130 条的规定，当“裁量缩减为零”时，法院可以直接变更原行政行为。在英美法国家，涉及数额计算的案件（如罚款数目）等案件，法院都可以变更；至于附带的民事诉讼，几乎所有的案件都承认法院拥有变更权，不存在司法权侵害行政权的问题。

② 最高人民法院认为，对于社会保险费用和工人工资的金额认定，如果行政机关认定的基本事实成立，但在相关金额计算上存在错误的，人民法院可以依法确定相应数额。参见《最高人民法院关于当前形势下做好行政审判工作的若干意见》（2009 年 6 月 26 日，法发〔2009〕38 号）。

量逐年上升，客观上确实存在裁判不公的问题，但是当事人反复缠讼也是重要原因。这就说明再审制度中存在的“不加筛选”“不加区别”的立案方式有必要予以重新审视。科学构建再审制度，主要包括以下几个方面：其一，科学设置再审期限。目前申请再审的时间一律为2年。2年时间对于一般情况而言，存在过长的弊端。而对于发现新证据或者据以裁判的法律文书被改变等情况，又可能太短，应当分别作出规定。其二，限定再审理由。再审理由越明确具体，越有利于案件受理和审理。原有规定过于模糊导致再审准入条件随意性太大、立案人员裁量权过大，不利于降低行政案件申请再审率。建议参照《民事诉讼法》中关于再审事由的列举规定予以完善。其三，再审路径要予以限制。目前处理涉法上访的案件，呈现出申诉、上访人多头告状，人大、政府、法院、检察院等国家机关多头处理的状况。特别是国家机关对于案件处理意见经常不一致，导致申诉、上访人严重质疑法院生效裁判，给息诉罢访带来严重困难。因此，有必要对申请再审的路径进行重新设计，对于不服生效再审裁判的，申请再审人方可向检察院申请抗诉。

四、促进行政诉讼效果的最大化

当前行政诉讼的法律效果和社会效果还没有充分体现出来，行政审判的职能没有得到充分发挥。要解决这个问题，必须通过制度调整来促进效果的最大化。

1. 合理界定公法与私法调整的范围。目前，一些特定的公法纠纷是通过民事诉讼程序来解决的。但是，在司法实践中，由于公法和私法的规则完全不同，公法案件适用私法规则会导致实质上的不公平。

例如，村民自治组织与村民之间涉及资源分配问题，如果按照意思自治原则意味着分配随意和分配不公。这类案件有必要通过公法上的公平原则、平等原则、比例原则等来予以解决。事实上，采用公法规则调整相关争议既保证了案件处理的效果，也能有效维护公共利益和个人权益。同时，为了防止“法治国家的漏洞”，对于私法规则不能解决的争议，应当推定通过公法争议来解决。①

2. 进一步完善行政公益诉讼制度。当前，经济交往日益频繁，社会领域的冲突和矛盾日益激烈，一些侵权行为呈现出损害扩散、受害范围广泛、受害持续时间较长和受害者众多等特点。涉及公共利益保护的各类行政案件大量呈现。在行政管理领域，行政行为往往不仅仅涉及行政相对人的个体权利，在很多情况下还涉及国家利益和社会公共利益。目前，有关行政公益诉讼的案件主要集中于行政规划、行政公产、公共服务、国有资产保护、行业竞争、自然资源、公共工程建设、政策性行政垄断、产品质量监管、环境监管、医疗损害等领域。可以说，要在行政诉讼中真正贯彻科学发展观，不建立公益诉讼制度是很难实现的。行政公益诉讼首先要解决没有利害关系的或者没有直接利益关系的当事人的原告资格问题，现阶段可以采取以下两种方式：其一，由检察机关提起诉讼的方式。其二，由法律规定的特定团体提起诉讼的方式。2014 年《行政诉讼法》开了公益诉讼的口子，但是范围太窄，需进一步扩大范围，同时，也需要完善相关配套制度。

3. 科学定位和充分发挥审前程序的功能。在过去，行政诉讼审前

① 例如，德国的行政诉讼制度是一个兜底性的诉讼，对于非宪法的公法争议且争议并不被联邦法律和其他法院主管的，可以提起行政诉讼。我国台湾地区“行政诉讼法”第三条规定，公法上的争议，除法律另有规定外，得依本法提起行政诉讼。

程序没有得到重视，在定位和实施方面存在较大的不足。目前，审前程序目的是为了庭审作准备，即将审前程序完全作为准备程序。这种定位有其局限性，也浪费了宝贵的司法资源。笔者认为，审前程序既是准备程序，也是纠纷解决的促进程序。审前程序既要为开庭审理总结争点和焦点，也要以息诉止争为目标，进而降低或者消除开庭审理的成本。

4. 科学设计庭审结构。《行政诉讼法》规定的庭审程序与民事诉讼程序完全一致，没有关注到行政诉讼的特点。行政诉讼类型千差万别，有必要按照不同类型设置庭审结构。特别是要打破以往那种先法庭调查后法庭辩论的两阶段安排方法。要将庭审设计成以解决争议问题为目标的模式，对于同一争议问题，可以调查、辩论、陈述、申辩，逐个解决争议焦点。对于不作为与作为案件、不同诉讼请求的案件，应当分类处理，对同一类型的案件采取同一种审理模式。

5. 对涉及新的法律问题的案件可以采取飞越上诉或者移送管辖的制度。行政案件新情况、新问题层出不穷，而相对刑事审判、民事审判而言，行政审判的经验尚不丰富，解决问题的手段相对短缺。一些法院在遇到新的法律问题时，习惯于通过向上级人民法院特别是向最高人民法院请示来解决。无限期的请示，导致案件久拖不决，也给当事人带来严重讼累，同时，也有剥夺当事人上诉权之嫌。在国外，一些国家对于新的法律问题采取了移送管辖或者“飞越上诉”的方法，即法院可以上提一级管辖或者当事人申请越级上诉，上级法院对此作出裁判后，下级法院可以援引判例解决，既有利于当事人服判息诉，也有利于行政机关通过撤销、改变行为化解争议。最高人民法院司法解释针对受理问题，已经规定了越级起诉制度，应当按照这一思路拓宽其适用范围。[①]

6. 创造多元化裁判方式。《行政诉讼法》仅仅规定了维持、撤销、变更和履行判决四种判决方式，最高人民法院司法解释又增加了确认判决和驳回原告诉讼请求判决。2014年《行政诉讼法》吸纳司法解释的规定，进一步补充了裁判方式，但仍不完善。在确立行政诉讼类型之后，由于诉讼类型与判决的因应关系，相应地行政诉讼判决也应当逐步完善。此外，为了防止即将作出的行政行为给国家利益、社会公共利益和他人合法权益造成不可弥补的损害，还应当借鉴英美法系的阻止令制度，确立禁令诉讼。针对行政合同诉讼、规范审查诉讼，也应当借鉴域外经验和民事诉讼相关制度，确立相应的判决形式。

7. 司法建议法定化。《行政诉讼法》规定的司法建议制度是借鉴法国的经验确立的。但是，由于行政诉讼法对司法建议的效力规定得比较模糊，“建议”意味浓厚，法律文书意味淡薄。《行政诉讼法》虽然要求被建议机关将处理情况告知人民法院，但是没有规定告知期限、告知内容以及拒不告知的法律后果，被建议机关对人民法院的建议经常不予反馈，导致司法建议处于虚置和空转的状态，有必要对此进行法定化改造。

8. 建立非诉行政案件审执分离制度。非诉行政案件的审查和执行分开，是确保司法公正的重要方面。特别是涉及国有土地上房屋征收和补偿案件，社会各界对于由司法机关对强制征收行为进行规范的呼声很高。《行政强制法》对于人民法院对非诉行政行为进行合法性审

① 《若干解释》第三十二条第三款规定，受诉人民法院在7日内既不立案，又不作出裁定的，起诉人可以向上一级人民法院申诉或者起诉。上一级人民法院认为符合受理条件的，应予受理；受理后可以移交或者指定下级人民法院审理，也可以自行审理。

查也作了相应规定。目前，最高人民法院根据相关法律和法规，出台了《关于办理申请人民法院强制执行国有土地上房屋征收补偿决定案件若干问题的规定》。该司法解释明确了人民法院裁定准予执行的，一般由作出征收补偿决定的市、县级人民政府组织实施，也可以由人民法院执行。该司法解释在征收房屋案件中确立的裁执分离原则，也适用于其他非诉行政行为，应当在《行政诉讼法》中予以明确规定。

五、防止行政审判权怠用和滥用

《行政诉讼法》作为公法性质的诉讼法，必须注意防止行政审判权消极不作为和滥用。在这方面，主要应当注意以下几点：

1. 严禁法官与当事人不正当接触。经验表明，很多审判权滥用和怠用都是因为法官与当事人非法和不正当接触产生的。因此，《行政诉讼法》必须明确严禁审判人员与当事人私下接触。审判人员在审理案件时，必须保证不单方接触。法官不得私自会见当事人及其代理人。对于违反规定的，应当追究相关人员的法律责任。另一方当事人及其法定代理人有权要求该审判人员回避。

2. 适当限制法官对行政行为的审查强度。法官是适用法律方面的专家，在不涉及或者较少涉及专业性、技术性的领域，要适当放开对被诉行政行为合理性的审查。但如果涉及专业性技术性很强的领域，应当限制法官对行政行为的审查强度，特别是要注意不能用司法机关的自由裁量权代替行政机关的自由裁量权。

3. 强化对审判程序违法的监控。当前对于审判程序违法的监控存在着严重的“空转”问题。一些以违反审判程序为由进入再审程序的案件，经过审查后发现合法性和正当性并不存在问题。笔者认为，对单一的审判程序违法的问题不必通过再审程序来解决，而应当通过诉讼程序以外的监督程序来纠正。但是，对于既存在实体认定错误，也存在审判程序违法问题的，仍然可以通过再审程序予以监督。如此规定，既使当事人在实体权益上有所收获，也进一步提升了法院的程序公正意识。

4. 增加当事人诉讼权利以制约审判权。法官不是天使，也具有认识局限和人性弱点，也会在案件处理上出现失误。当事人由于其对自身权益的关注，必然对审判活动也非常关注。因此，与上级法院的监督、院长庭长的监督等内部监督相比，当事人的监督是最直接、最有效、最廉价的监督。当事人拥有的请求权、选择权、同意权、表达权、申请救济权足以监督法官的行为。域外行政诉讼制度中，没有像我国《行政诉讼法》一样设置许多监督渠道，而是重点加强当事人的监督权利，用诉讼权利监督审判权力。同时，运用当事人之间的权利义务的对称性和平衡性，保证监督的公平性。设置其他监督机制，必然也要设置对监督机制的监控机制，无形之中也会增加防控成本，而当事人监督则是零成本。因此，《行政诉讼法》的修改必须强化当事人对审判权的监督和制约。

5. 适当强化检察机关的法律监督。新一轮的司法体制改革成果加大了检察机关法律监督的力度，最高人民法院和最高人民检察院联合印发了《关于对民事审判活动与行政诉讼实行法律监督的若干意见（试行）》等司法文件。[①] 其中，最主要的是增加了“检察建议”的监督方式。实践表明，“检察建议”也可能被滥用，应当加以适当限制。

① 此外，还包括《最高人民法院、最高人民检察院关于在部分地方开展民事执行活动法律监督试点工作的通知》（2011 年 3 月 10 日，高检会〔2011〕2 号）。

此外，检察机关作为公益诉讼起诉人的内容，应当在修改后的《行政诉讼法》中有所体现。

六、提升行政诉讼法的科学化

进一步完善《行政诉讼法》，对于《行政诉讼法》中存在的一些技术问题，也应该加以解决。主要是：

1. 法律主体的名称应当科学表述。《行政诉讼法》规定的“公民”概念在字面意义上无法涵盖外国公民和无国籍人；《行政诉讼法》规定的“行政机关”的概念无法涵盖行使公共管理和服务的组织等行政主体。从目前来看，上述概念越来越受到局限，缺乏应有的科学性和概括性，应当适度修订，具体方法是，将“公民”表述为“自然人”，“行政机关”改为“行政主体”。具有公共管理和服务职能的企事业单位、社会团体等组织，适用行政主体的规定。

2. 对行政争议进行类型化处理。行政诉讼类型主要包括：形成诉讼（例如撤销诉讼和变更诉讼）、给付诉讼（例如一般给付诉讼、课以义务诉讼）和确认诉讼。不同的诉讼类型，在起诉条件、审理方式、裁判方式和执行都有其特点，应适用不同的规则。《行政诉讼法》对于属于不同诉讼类型的案件采取了单一的处理方式，既不利于案件及时有效处理，也不符合诉讼科学化的要求。当然，行政诉讼类型的设计需要很高的立法技术，既不能过于烦琐，也不能过于简略。为了防止可能带来的对当事人不便的问题，人民法院可以加大释明力度，就当事人起诉的事实理由和诉讼请求等进行释明，并可要求当事人作相应补充。

3. 受案范围采取概括式的规定。《行政诉讼法》采取的肯定式列举和否定式列举的方式，既不符合逻辑规范，也使受案范围出现了不明不白的中间地带，导致了对于受案范围的不同理解。修改《行政诉讼法》应当采取概括肯定加概括排除的方式，既逻辑周延，减少灰色地带，也有利于对受案范围的准确把握。当然，对于概括式的规定，可能存在解释空间较大，内容不够具体的弊端，但是，比起肯定式列举“挂一漏万”的缺陷而言，其更为科学。对于不够具体明确的弊端，将来可由最高人民法院进行司法解释予以解决。

4. 维持判决与撤销判决条件的表述要对称。《行政诉讼法》规定的维持判决的条件是，证据确凿、适用法律法规正确、符合法定程序。而撤销判决的条件却是主要证据不足、适用法律法规错误、违反法定程序、超越职权、滥用职权等五个条件。这是不符合逻辑规范的。从形式逻辑的角度，维持判决和撤销判决应当具有对称性。《行政诉讼法》对于维持判决的特定条件进行扩展解释才能与撤销判决的条件相对应。在完善《行政诉讼法》时，对于维持判决和撤销判决的条件应当按照逻辑要求进行对称规定。

5. 裁判效力的表述要科学。《行政诉讼法》规定，逾期不提起上诉的，人民法院的第一审判决或者裁定发生法律效力。也就是说，在上诉期间内，一审裁判的效力是待定的。而根据《行政诉讼法》有关裁判权的规定，原判决认定事实清楚、适用法律法规正确的，判决维持原判，而对于违法的行政行为可以判决撤销。无论是撤销判决还是维持判决其前提均是原判具有效力。这就在逻辑上出现了问题——同一部法律中对原审判决的效力作了不同的认定，显然是硬伤，应当予以完善。

6. 明确规定行政行为可撤销和无效的关系。可撤销和无效，是行政诉讼法学上两个重要的概念。一般认为，对于“重大且明显”的违法应当认定为无效，司法解释也对此予以明确；对于一般违法的应当认定为可撤销。但是，实体法上对于无效的概念规定的还比较混乱，与无效的确切含义还有较大差距。[①] 考虑到判决方式的选择，修订后的《行政诉讼法》应当注意厘清可撤销的行政行为与无效的行政行为的不同条件和标准。

7. 理顺《行政诉讼法》和其他诉讼法的关系。《行政诉讼法》制定之初，由于考虑多方面因素，仅对具有行政诉讼特征的内容作了规定，法条比较简略单一。司法解释明确在行政诉讼中可以参照《民事诉讼法》的规定，但对于如何参照和参照哪些条文没有明确，实际上导致了人民法院在审理行政案件时也无法参照《民事诉讼法》。[②] 为了强化《行政诉讼法》的内部逻辑性、连贯性，准确表达行政诉讼法的立法意图，应当改变参照《民事诉讼法》的做法。在法国，为了建立完整的行政诉讼法体系，立法机关相对减少了转引和参照民事诉讼法的做法，目前只剩下委托调查和时效规定参照适用。除此之外，《法国行政诉讼法典》尽可能地切断与民事诉讼法的关系。[③] 修改《行政诉讼法》应当尽可能根据行政诉讼需要吸收已经成熟的民事诉讼法条文，促进行政诉讼法的完整化、精密化和科学化。但如果立法者要节省立法资源，也可以参照民事诉讼法，但应当明确参考的范围和条款。

当然，修改《行政诉讼法》是一项涉及国计民生的大事，必须在慎重的前提下稳步推进。在修改过程中还应当注意以下几个关键

① 例如，《行政处罚法》第三条第二款规定，没有法定依据或者不遵守法定程序的，行政处罚无效。该款关于“无效”的规定实际上是“可撤销”的内容。

② 《若干解释》第九十七条规定，人民法院审理行政案件，除依照行政诉讼法和本解释外，可以参照民事诉讼的有关规定。

③ 张莉：《法国行政诉讼法典化述评》，载《法学家》2001 年第 4 期。

问题：

第一，要集思广益，兼顾各方诉求。在《行政诉讼法》修改中，既要关注行政相对人和律师界的诉求，也要关注被告行政机关的诉求，还要关注人民法院的司法实践诉求。从修改《民事诉讼法》的情况来看，社会各界的诉求都不相同，诉求的程度也千差万别。因此，要注意从全面推进依法治国的高度对各方诉求进行排序、析理和吸纳，同时注意行政诉讼本身规律，对行政诉讼法进行整体检视、补缺和完善。

第二，要关注重点，照顾一般情况。要坚持马克思主义哲学的“两点论”，既要照顾重点，也要关注一般。既要注意解决行政诉讼实践中的主要矛盾或者矛盾的主要方面，也要关注行政诉讼实践中的次要矛盾或者矛盾的次要方面。特别是注意从行政诉讼基本体系着手，着眼宏观架构，不能头痛医头、脚痛医脚，要做到重点性和一般性的统一和兼顾。

第三，要注重平衡，正确处理各种关系。在修法过程中，要注意坚持平衡理念，正确处理各种关系的平衡。处理好保护权利和履行义务的平衡，处理好纠纷解决与权利救济的平衡，处理好权利救济与监督行政机关依法行政的平衡，处理好行政行为合法性、合目的性与合正义性的平衡，处理好追求实体法和程序法目标的平衡。

第四，要适当前瞻，保持法律稳定。在修法过程中，也要注意防止出现由于问题研究不够深入，论证不够详细，出现解决一个问题又冒出另一个问题的“翻烧饼”甚至矫枉过正的情况。在制度设计时，对于可能出现的问题要充分考虑，既要关注积极意义，也要防止负面效应，保证制度完整、良善、稳定和有效，否则可能不利于行政诉讼制度的健康发展，损害人民群众对法治的信赖。

进一步完善《行政诉讼法》关乎世情、国运、民生，关乎民主、法治、和谐。因此，必须有大思路、大手笔，同时，也要关注实践中的重点、难点问题，在广泛征求各方意见的基础上，借鉴域外先进立法例和成功经验，创立科学、有效的行政诉讼制度。

第十五章
行政审判立案制度之再完善

立案问题是行政诉讼程序的起点和基础。立案不仅受制于行政诉讼案件的受理范围，也受制于司法机关对行政机关监督的程度和强度。做好行政审判的立案工作，对于保护公民、法人和其他组织的诉讼权利，监督行政机关依法行使职权，促进法治政府建设，提升司法权威和公信力都具有十分重要的意义。然而，行政诉讼领域长期面临“立案难”问题。为了破解“立案难”，2014年《行政诉讼法》对立案问题作了大量新规定，从受案范围、原告资格、起诉期限、受理条件、立案程序、审查标准等方面对立案问题作了进一步完善，并明确将“立案审查制”改为“立案登记制”，对于人民法院依法受理行政案件，实现有案必立、有诉必理，切实保障当事人诉权起到了重要作用。

但是立案登记制改革实施以来，人民法院的立案工作也出现了一些新情况、新问题，实践中对立案登记制改革还存在着一些不正确的认识，有待进一步澄清。此外，对如何做好立案工作仍然存在不同程度的困惑，有待进一步研究和解决。总之，行政审判立案制度有必要进行再完善。

一、准确把握立案登记制改革的目的

立案登记制改革的实质不是要取消受理条件，而是要取消不合法、不合理的限制性条件。立案登记制改革后，社会上有一种认识，认为立案登记制改革是取消所有立案条件，实现有案必立，有诉必理。其实立案登记制是有前提条件的，即符合法律规定的受理条件的案件必须立案，而不是取消任何受理条件。理由如下：

（一）2014年《行政诉讼法》对受理条件有明确规定

2014年《行政诉讼法》第五十一条规定，人民法院在接到起诉状时，对符合本法规定的起诉条件的应当登记立案。该条明确规定了立案的限制性条件，即“符合本法规定的起诉条件的”。这表明《行政诉讼法》在立案问题上明确规定有受理条件。虽然行政诉讼立案难问题在一些地方存在并且比较严重，但是不能从一个极端走向另一个极端。下大力气重点解决立案难问题是有必要的，但是完全取消行政诉讼的立案条件是不科学的，也是不理性的。因此，对“符合本法规定的起诉条件的”这一限制性条件要有正确的认识和理解，并要在实践中予以坚持。

（二）行政争议的受案范围规定具有特殊性

从世界范围来看，任何一个国家在民事诉讼中凡属于民事争议的，所有普通法院都具有概括性的管辖权，除非法律明确规定某些纠纷由其他机关或者组织解决，也就是说民事争议当然的属于司法机关管辖。但在行政诉讼方面，没有一个国家宣称可以把所有行政争议都交由法院来管辖，而是均存在不同程度的限制。不少国家对于具有高度政治性，不适合进行合法性判断的（比如国防外交行为），一般不纳入行政诉讼和司法审查范围，而是赋予行政机关最终解决争议的权力。还有一些国家对其他行政争议，比如内部争议、对行政规范性文件的争议等，都有不同程度的保留。这说明对民事争议可以作概括性规定都由法院受理，但对于行政争议的受理一般都给予一定限制。

（三）防止行政诉讼领域滥诉的需要

从现实情况看，目前我国行政诉讼领域虚假诉讼少而滥诉情况多。与民事诉讼中出现不少虚假诉讼不同，在行政诉讼领域虚假诉讼不多。这主要是因为虚假诉讼通常需要原被告双方互相串通，而行政机关与行政相对人互相串通进行虚假诉讼的可能性不大。但行政诉讼领域滥诉情况现在来看不在少数。如果不作出理性限定，会增加解决行政争议的成本，浪费公共资源。

（四）提高审判效率的需要

如果立案不讲条件，大量的前期工作或者应当在立案阶段处理的事项都要在审理环节来完成。而审理阶段有诉讼期间限制，如果在审理阶段辨别案件是否应当受理，实际上挤压了案件审理时间，事实上只是诉讼负担和压力的转移，即从立案庭转向审判庭。如此，负担和压力非但没有减少，反而还会增加。此外，对于审查起诉条件的案件，如果立案庭已经立案，而行政庭经过审理后发现不符合起诉条件裁定驳回起诉，容易导致当事人对法院法律适用标准的质疑。

（五）节约诉讼资源的需要

如果一味放开诉讼条件而不设限制，让案件都进入审理程序，经审查后案件又确实不具备受理条件，还是要裁定驳回起诉。而此时驳回起诉，一方面，原告可能已经多次往返法院，不仅缴纳了诉讼费，而且花费了大量时间，投入了大量精力，问题不但没有得到解决，还会增加当事人对法院的怨恨情绪，可以说得不偿失；另一方面，一旦进入诉讼程序，不仅要通知原告进行诉讼，还要通知被告和第三人。有些案件本来没有必要通知被诉一方，但一旦进入审理程序，就必须通知被告应诉，这样既给被告带来很多工作量，也给法院增加很大司法成本。

归纳来说，那种认为立案登记制完全不讲立案条件的观点不仅是非理性的，也是错误的。立案登记制并不是说要取消立案条件，在立案环节不作任何审查，而是对立案工作提出更高要求，要求进行更加精准的审查，防止不必要的审查和过度审查。

二、精准把握行政诉讼的立案条件

2014 年《行政诉讼法》第六章专门规定了起诉和受理问题，从第四十四条到第五十三条具体规定了受理案件的条件。但是，受理案件不能仅按照第六章规定的这几个条款，前面的“受案范围”“管辖”“诉讼参加人”这几章也均与立案和受理问题密切相关。也就是说，《行政诉讼法》规定的起诉条件是一个系统的条件，并非仅仅依托于某些特定的直接条款。

（一）要全面把握行政诉讼的立案条件

2014 年《行政诉讼法》第六章第四十九条明确列出了提起诉讼应当符合的四个条件。很多当事人甚至包括法院的法官都认为行政诉讼的立案条件仅仅是第四十九条规定的这四个条件。这是一种误解。其实 2014 年《行政诉讼法》第六章整章都是在规定受理条件，理解受理条件决不能局限于第四十九条。一定要综合地、系统地、全面地来看。进一步说，2014 年《行政诉讼法》关于受理的条件甚至可以延伸到第一章至第四章，这四章中的相关规定都与受理条件有关。

（二）要准确把握受理条件的内涵和外延

行政诉讼的立案问题最为复杂，是否立案应主要考虑以下几个受理条件：

1. 受案范围问题。受案范围表明的是行政行为的可诉性问题，所要回答的问题是哪些行政行为可以受到司法审查，可以被起诉到人民法院，或者说可以作为起诉的客体和对象。关于受案范围，2014 年《行政诉讼法》第二章专门作了规定，一方面从正面进行了列举，另一方面从反面进行了排除。由于列举和排除都不是很完整，留下了大量灰色地带，所以出现了很多有争议和不清楚的情况。笔者以为，要厘清受案范围问题首先要明确哪些是不能受理的案件。对于不能受理的案件，2014 年《行政诉讼法》第十三条作了明确规定，主要包括以下四类：

第一，国防、外交等国家行为。国家行为是基于国家主权并且以国家名义实施的行为。[1] 由于国家行为具有高度的政治性，其不同于一般的行政行为，不宜由法院来实施监督。从世界范围来看，各国法院对此类行为一般也都无权进行司法审查。因此，此类行为不属于行政诉讼的受案范围。

第二，行政法规、规章或者行政机关制定、发布的具有普遍约束力的决定和命令。通常称之为行政规范性文件，包括国务院行政法规、行政机关制定的规章及其他规范性文件。规范性文件之所以不能受理，因为其不是特指某一个人或某一件事，而是一般性规定。需要注意的是，2014 年《行政诉讼法》规定，如果具体行政行为牵涉规范性文件问题，当事人认为规范性文件不合法，可以对其附带提起诉讼，要求法院对规范性文件的合法性进行审查，但是不能直接对行政规范性文件提起诉讼。比如，当事人如果认为地方政府制定的关于拆迁的规范性文件中规定的条件明显和上位法有冲突，直接起诉规范性文件是不能受理的。但如果涉及对自己的拆迁决定，当事人在诉该决定的时候可以连带提起要求法院审查规范性文件的合法性。之所以排除对规范性文件进行单独审查，理由在于：一是根据我国《立法法》的规定，法规规章这类规范性文件需要按照《立法法》所规定的程序进行监督救济，没有授权法院进行直接处理。二是对于抽象性的规范性文件，涉及范围比较宽。规范性文件少则施行一两年，多则施行几十年。几十年的时间里根据规范性文件可能作出了成千上万的行政行为，如果撤销该规范性文件，就可能会导致大量行政行为无效的问题，继而引发大量赔偿，后果难以想象。所以将规范性文件直接作为诉讼客体会产生一系列问题。但附带审查可以不直接宣布违法，可以

① 袁杰主编：《中华人民共和国行政诉讼法解读》，中国法制出版社 2014 年版，第 46 页。

不予适用，可以建议行政机关予以废止，这样给整个社会带来的负面影响要小得多。

第三，对行政机关工作人员奖惩、任免等决定。行政机关对其工作人员的奖惩、任免等行为是行政机关的内部人事管理行为，属于内部行为。这种行为不同于针对行政相对人的具有外部性的行政行为，一般由行政机关自行处理，法院不宜干预，这是普通法院进行司法审查的通例。当然也有例外，如大陆法系的法国就可以由行政法院受理。但是法国有其独特之处，由于法国行政法院隶属于行政系统，本身就是行政系统的组成部分，所以行政法院可以处理行政机关的内部事务。除了法国外其他大陆法系国家都是不受理的。当然也有一些国家和地区正逐步将这类行为纳入行政诉讼受案范围，特别是德国和我国台湾地区，也在尝试将公职人员的招募和开除纳入行政诉讼受案范围。即从广义上理解行政行为的外部性，招录属于外部关系，开除则是将公职人员清除出去，也会变成外部关系。将这两类行为纳入行政诉讼受案范围，成为目前多数国家和地区的做法。但目前我国对于奖惩、任免、工资福利待遇、职权争议等等问题都看作是行政机关的内部事务，由行政机关进行内部处理。如果发生争议可以向原处理机关申请复核或向上一级行政机关提出申诉，但是不能进入行政诉讼程序。

第四，法律规定由行政机关最终裁决的行政行为。如果法律明确赋予行政机关最终裁决权，就不能再向法院提起行政诉讼，这被称为行政终局裁决行为。这样的法律规范在国外越来越少。目前，国外除了国防外交或者行政机关内部行为外，其他行政行为基本都纳入了行政诉讼范围。但在我国，《行政复议法》等法律规定当事人在某些情况下可以选择向行政机关复议或者提起诉讼，一旦选择复议，就不能再提起诉讼，只能由行政机关作出终局裁决。

以上四种行为是2014年《行政诉讼法》明确排除不能受理的行为，对其提起诉讼的，当场就可以不予立案。2014年《行政诉讼法》第十二条对可以受理的案件也做了正面列举，但是列举比较复杂，概念也很多，不容易掌握。简单来说，原则上除了第十三条列明的排除情形以外，其他都属于可以提起行政诉讼的行为。需要注意的是，有几种行为尽管法律没有明确规定不能受理，但基于司法解释的规定和实践中的普遍认识，也属于不能受理的行为，主要有以下几种：

第一，刑事侦查行为。公安机关既是刑事侦查主体，又是行政机关。在我国，刑事侦查行为被纳入《刑事诉讼法》的调整范围。实践中，对该类行为的救济一般把握以下几点：一是能够通过刑事诉讼程序救济的要通过刑事诉讼程序救济，不通过行政诉讼程序救济。二是法律对某些刑事侦查行为的救济途径和方式已作出明确规定的，遵从其规定。比如根据《国家赔偿法》的规定，公安机关扣押当事人财产，没有移送检察机关，也没有返还财产的，当事人可以向赔偿义务机关的上级机关申请复议，对复议决定不服的，还可以向人民法院赔偿委员会申请救济。三是有些行为从形式上看是刑事侦查行为，但实质上是行政行为，这类行为可以通过行政诉讼进行救济。这类案件特别是涉及侵占罪、合同诈骗罪时，不排除当事人可以通过行政诉讼途径进行救济。总的来说，对于刑事侦查行为需要把握的是，公安机关超出刑事诉讼法授权采取的一些行为，即使是在刑事侦查过程中出现的，当事人也有权向法院提起行政诉讼。这是因为，对于刑事侦查权的行使必须有刑事诉讼法的明确授权，如果没有刑事诉讼法的法定授权，其行为被当然视为行政行为，就可以对其提起行政诉讼。

第二，一事不再理行为。诉讼法上有一事不再理原则，即同一事项如果已经被生效法律文书所羁束，也就是说生效法律文书已对该事项作出处理，再就该事项提起诉讼，法院不能立案。因为立案后如果法院的处理结果与先前的处理结果一样，或者说与已经立案正在审理的案件处理结果是相同的，那么，这个诉讼是没有必要的，重新处理会造成司法资源的浪费。如果说法院的处理结果与先前的处理结果不一致，或者自相矛盾，就会造成法律文书之间的冲突，导致裁判无法执行。因此，在一事不再理原则下，这种情况也不予受理。

第三，还没有成立的行政法律行为。所有的法律行为都有一个成立和没有成立的问题。行政法律行为是行政机关对公民、法人或者其他组织作出的行政意思表示，这种意思表示的目的是要发生一定的法律后果，使行政法上的权利义务得以建立、变更或者消灭。如果一个行政法律行为还在作出的过程中，或者说行政法律行为还没有成熟，则该行政法律行为属于尚未成立的行为，或者说属于准备性、部分性行政行为。此类行为并未对公民、法人或者其他组织的权利义务产生实际影响，因此也不能被起诉。

第四，起诉时机还不够成熟的行政行为。有些行政行为在作出的过程中或者在实施的过程中需要作出一系列行为，比如作出处罚决定前需要调查、传唤，可能扣押财产，可能做证据保存，甚至可能拘留或者对人身采取限制措施等，也就是说一个行政行为由许多行政行为所组成。如果允许对其中一个行政行为提起诉讼，那么，一个行政行为的作出就有可能被起诉多次，行政行为的最终作出持续时间就可能特别长。这种情况不利于提高行政效率，也不利于维护公共利益。所以一个行政行为何时可以被起诉，涉及起诉时机是否成熟的问题。一般来说，一个行政行为最终的决定作出来以后才可以被起诉，中间的过程性行为可以诉，但不能受理，除非一个行政行为作出一半，长期不作出处理，超出法律期间，使当事人权利受到影响，这种情况下才可以被起诉和受理。

2. 原告资格的限制。原告资格也即提起诉讼的资格。判断一个人或者一个组织有没有资格提起诉讼，核心条件是看其与被诉行政行为有无利害关系。有利害关系的就有资格，没有利害关系的就没有资格。但是，认定是否具有利害关系又是一个非常复杂的、不好判断的过程。有些情况下，有的利害关系是直接的，有的是间接的；有的是权利受损，有的是利益受影响；有的是表面的利害关系，有的是实质的利害关系；有的是实际受到损害，有的是反射利益受到损害。过去有些地方对原告资格限制得太严，现在有些地方又放得太宽。所以利害关系如何把握对原告资格的判断影响很大。归结来说，如果一个被诉行政行为存在与否，影响到某一个人或者组织的权利义务的增减得失，则可以说存在利害关系。因此，判断是否具有利害关系，主要看权利义务是否有增减得失，即是否增加权利，是否增加义务，是否减少权利，是否减少义务，是否得到了或者失去了权利义务。凡是行政行为与相对人权利义务有增减得失关系的就是具有当然的原告主体资格，与权利义务有关的就是利害关系人。但有些利害关系不属于法律意义上的利害关系，比如张三借了李四 500 万，李四让张三还钱，张三正准备还款时，行政机关对张三进行处罚，认为其违反某规定，罚款 500 万。处罚行为导致张三无法还款，此时李四对该行政处罚行为是否具有利害关系，能否对其提起行政诉讼。笔者认为，此种情形属于间接利害关系，不属于法律上的直接利害关系，李四不具有原告资格。因为李四不是被处罚对象，不能针对该处罚行为提起诉讼。再比如征地拆迁，某甲的房屋处于征地范围内，该房屋租给某乙，该房屋不是公租房。由于征地拆迁致使某乙无法居住，那么，某乙与征地拆迁行为是否具有利害关系？我们认为有利害关系，但不属于法律上的直接利害关系。因为某乙不是补偿对象，没有法定的所有权，不属于补偿受益人，不论补偿多少，补偿款只能给某甲。因此，某乙对于征地拆迁行为不存在诉讼利益，某乙不具有原告诉讼主体资格。一般来说，判断是否具有原告主体资格通常从以下三方面考虑：第一，行政行为的作出是否与权利义务的增减得失有关；第二，提起诉讼后能否得到实际的诉讼利益；第三，诉讼完结后能否承担裁判确定的权利义务。

3. 前置程序的限制。前置程序就是当事人提起诉讼前必须完成法律规定的程序。例如，我国《行政诉讼法》明确规定了有些情况下必须经过行政复议，对行政复议决定不服才能到法院提起行政诉讼。有些国家和地区，例如我国台湾地区，在复议程序前还有“行政异议”程序，即行政机关作出行政决定后，当事人如果不服，要向作出决定的行政机关提出异议，要求作出决定的行政机关重新审查，重新作出决定。关于行政复议和行政诉讼的关系，不同国家有不同规定。有些规定部分案件通过行政复议解决，部分案件通过行政诉讼解决，选择行政复议就不能再提起行政诉讼；有些规定所有案件必须经过行政复议程序，不服复议决定的才能提起行政诉讼；有些规定对复议决定不服还可以经过再复议，才能提起行政诉讼。各个国家规定不一，我国的相关规定尤其是单行法的规定也非常复杂，刚才说的各类情形基本都有。对二者之间的关系笔者认为要注意从总体上去把握：第一，《行政诉讼法》总体上是倡导先向行政机关申请复议，再提起诉讼。最高人民法院也一直坚持这个立场和原则，即尽可能通过行政机关的自我监督和自我纠错，节省司法资源。但是如果当事人不愿意申请复议，而是直接到法院提起行政诉讼，就要分两种情况：一种情况是法律、行政法规明确规定有复议前置程序的，必须经过复议，此时法院不能受理，否则就是侵犯行政机关的复议权；另一种情况是当法律、行政法规没有明确规定有复议前置程序，此种情况下，当事人可以直接向法院提起诉讼。对于由行政复议机关处理更好的案件，可以建议当事人先向行政机关申请复议；如果当事人不同意，法院就必须受理，除非法律、行政法规明确规定有复议前置程序。

4.起诉期限或者说诉讼时效的限制。有人认为《行政诉讼法》没有规定诉讼时效，只规定了起诉期限。其实从广义来说，起诉期限也属于诉讼时效，就是说起诉必须要受时间的限制。法律之所以作出此种规定，一方面是考虑到行政法律秩序的稳定问题，或者法安定性的问题。行政机关作出行政决定后，有时会引发一系列法律关系的变化，如财产登记，所有权或者使用权会发生转移，转移后就可以开展一系列民事活动，如签订一系列合同。如果多年后当事人对财产登记行为提起行政诉讼，而法院要撤销的话就会带来一系列法律关系的变动，影响社会的安定和法律关系的稳定，造成社会财富的巨大浪费和损失。民事诉讼设定诉讼时效主要基于时过境迁，证据难以取得，不便于审理，而行政诉讼对起诉期限的规定还有一个重要考虑，那就是要维护行政法律关系的稳定，维护法的安定性，维护行政管理秩序，所以必须有起诉期限的限制。我国主要由单行法律法规规定起诉期限。由于行政领域不同，行政行为的性质不同，所以单行法律法规规定的起诉期限也有很大区别，主要有5天、7天、10天、15天、1个月、3个月等，有的还没有规定期限。由于目前对于期间的规定较多较乱，所以《行政诉讼法》规定了一般的诉讼期限，但同时规定，法律法规另有规定的要从其规定。就是说有特别规定的按照特别规定，没有特别规定的适用一般规定。归结来看，判断期限的一般规定是，经过行政复议的，收到复议决定起 15 日内提起诉讼；复议机关逾期不作决定的，期满之日起 15 日内提起诉讼，另有规定的除外。公民、法人或者其他组织直接提起诉讼的，应当自知道或者应当知道之日起 6 个月内提起诉讼，另有规定的除外。还有一些特别规定，如因不动产提起诉讼的案件，自行政行为作出之日超过 20 年，其他案件自行政行为作出之日起超过 5 年，不予受理。对于不作为案件，原则上当事人提出申请以后 2 个月内行政机关不作为的，就可以提起不作为诉讼。当然，这是不作为诉讼的起诉期限起算点，对于不作为诉讼案件，起诉期限也适用 6 个月的起诉期限。

5. 适格被告的限制。被告有合适不合适的问题，也就是行政相对人告的对象对与不对的问题。应当作被告的行政机关叫作适格被告。实践中，在被告确认上有时候也会产生争议。如何确定适格被告，笔者认为有以下几个方法可以遵循：第一，谁作出行为谁负责。如公安机关作出的行为由公安机关做被告，工商部门作出的行为由工商部门作被告。第二，适格的被告必须是能独立承担法律责任、法律后果或者诉讼后果的机关。能否独立承担法律责任，主要看其有无独立财政拨款，有无独立财政账户。也就是说，适格被告要求具备以下条件：一旦行政行为需要改变时自己有权力改变，一旦需要赔偿时自身有能力赔偿。第三，如果一个行为是基于其他机关委托作出的，这个行为应由委托人承担，受托方不承担责任。以上是确定适格被告的一般原则，另外还有一些特殊情形需要加以注意。如复议机关经过行政复议后，有的维持原决定，有的撤销或者改变原决定，如何确定复议机关是否作被告。按照修改前的行政诉讼法，复议机关维持原决定的，复议机关不作被告。按照 2014 年《行政诉讼法》，复议机关无论维持还是改变，都必须作被告。这是因为按照过去的方法，复议机关不愿意承担责任，往往故意推卸责任，把矛盾都推给法院。为了解决这一问题，强化行政复议机关的监督职能，2014 年《行政诉讼法》规定，不论是维持还是改变，复议机关都需要作被告。

6. 管辖的限制。受理案件的法院如果没有管辖权，也不能受理。管辖主要分为地域管辖和级别管辖。行政案件的地域管辖，原则上是由作出行政行为的行政机关所在地法院管辖，即原告就被告，由被告所在地法院管辖。级别管辖比较复杂。一般案件由基层法院管辖，某些特殊类型案件，如区县政府作出的行政行为，由中级法院管辖。当前为了解决地方干预问题，根据 2014 年《行政诉讼法》的明确授权，最近几年全国各地普遍开展了相对集中管辖权的改革，甚至实行异地管辖和跨区划法院集中管辖，有力推动了行政审判的发展和立案登记制的改革进程，成效明显。

7. 代理人资格的限制。没有行为能力的人，比如未成年人、精神病人，提起诉讼必须由法定代理人进行代理。如果没有法定代理人或者法定代理人不具有代理人资格，则不能受理。一个组织提起诉讼，原则上由法定代表人作为代理人。如果法定代理人不能参加诉讼，则需要委托诉讼代理人。对于这方面的规定行政诉讼与民事诉讼差别不大，不再赘述。

8. 要有具体的诉讼请求和事实根据的限制。起诉要有诉讼请求和事实根据，这是对起诉的基本要求。第一，要有明确的诉讼请求。如果当事人没有诉讼请求，法院则无法审理。诉讼请求应当明确，并且在法律上和事实上为法院力所能及。第二，还要有事实根据。起诉时如果没有事实根据，被告则无法准备，也无法答辩。如果对毫无事实根据的起诉进行受理，则无异于允许原告在庭审时对被告进行证据突袭，这有违正当程序规则，对被告也不公平。所以起诉时必须有适当的诉讼请求和事实根据。但要注意，对诉讼请求和事实根据在立案时只能作形式审查，不能作实质审查。因为法院不能在起诉环节要求当事人提出的诉讼请求必须正确，有理由和事实支持，更不要求其提出的事实根据都是真实的、合法的、有效的。当然，没有任何事实根据是不能受理的。诉讼请求和事实根据的真假虚实问题不应在立案环节进行判断，而应在审理阶段进行判断。

三、精准立案需要注意的其他问题

（一）准确区分民事案件和行政案件

目前争议较大的主要是行政协议类案件的受理问题。2014 年新修正的《行政诉讼法》明确规定行政协议属于行政诉讼的受案范围，但对行政协议的范围和种类，《行政诉讼法》并没有进行完全列举，只是作出原则规定，用了一个“等”字加以概括。2014 年《行政诉讼法》第十二条第一款第（十一）项规定：“人民法院受理公民、法人或者其他组织提起的下列诉讼：……（十一）认为行政机关不依法履行、未按照约定履行或者违法变更、解除政府特许经营协议、土地房屋征收补偿协议等协议的”。目前大家较为一致的意见认为是等外“等”，不仅仅局限于列举的两个协议类型。但是行政协议到底包括哪些范围目前还存在争议，特别是国有土地等自然资源使用权出让问题，政府采购合同问题等。涉及公共服务的案件，各国国情不一样，这方面政策也不一样。如何准确区分行政协议和民事合同，一个案件是否作为行政案件受理，一个合同到底是行政协议还是民事合同，笔者认为应主要从以下几个因素考虑：

1. 要考虑这个领域存在的主要问题。要从解决问题是采取行政诉讼更有效还是民事诉讼更有效这个角度去宏观考虑问题。比如国有自然资源使用权的出让问题，如土地使用权、采矿权的出让，目前存在的问题是：第一，出让方滥用权力，有时候拿公共资源、国家资产实现自己的利益；第二，国有资产大量流失，高价低估；第三，拥有权力的有关主管机关和工作人员，被合同的相对方所俘获；第四，大量掌握资源的行政机关工作人员，利用国有资产寻租。目前国有资产出让领域腐败问题频发，党政机关负责人利用手中权力寻租，受贿少则几千万，多则上亿。导致少数行政机关极不负责任，国有资产出让费用非常低，通过签订出让合同收取的费用有时还远远不够合同履行完以后的环境治理、土地整治、生态恢复的费用。由于合同明显不公平，让极少数人获取了巨额不当利益，加剧了社会不公，激化了社会矛盾，带来了一系列社会问题。另外，由于合同的不公平、签订合同不透明等问题，行政机关领导一旦更换，很容易出现政府难以履约，要求修改合同或者反悔等情形。而这些问题通过民事诉讼是不能解决的。民事诉讼首先尊重当事人意思自治，意味着政府愿意和谁签订合同就和谁签订合同；其次是信守合同，合同签订后哪怕不公平也要继续执行下去。如果在国有资产领域坚持采用民事审理的做法，必定会加剧国有资产的流失。在这个问题上，域外经验值得我们借鉴。在国外，涉及国有资产的出让基本上都是由公法调整，产生争议都要通过行政诉讼途径解决。大陆法系国家，例如法国、德国传统上均将此类合同纳入行政诉讼受案范围。即便是不强调公私法的英美法系国家，也注意到了这类合同的特殊性。例如美国是英美法系国家，其政府出让合同叫政府契约或者政府合同。调整政府契约的规范有很多，但有两条基本原则：第一，公共利益最大化；第二，必须选择最好的签约人。签约人必须实力最强，品行最好。只要有一点行贿记录或其他不诚信的行为，都无法作为政府契约的签约人。美国对政府契约有一系列限定，规定得非常详细，对保护国家财产和公有财产的力度非常大，对于我们目前加强对国有资产的保护非常有借鉴意义。

2. 要看具体案件中有没有行政权力的行使。如果合同中涉及行政行为，用民事合同思维便不好解决纠纷。涉及行政权力的行使，就必须对行政行为进行合法性判断，而按照民事诉讼程序对行政行为进行合法性判断是行不通的，必须通过行政诉讼程序来解决。

3. 要看行政协议中间有没有行政机关一方的特别权力存在。行政协议和民事合同的重要区别是，行政机关可以基于公共利益需要单方面解除合同。行政协议要遵循很多特殊规则，需要有别于民事合同的特殊规则来调整。

（二）坚决取消不合法不合理的限制

目前，不合法不合理的限制主要表现在以下几个方面：第一，对受案范围作出不适当限制。主要指不少地方以服务大局，支持中心工作或者案件具有政治性敏感性为由对行政诉讼受案范围进行不合理限制。第二，对原告诉讼主体资格作出不适当限制。主要是借利害关系的认定对原告主体资格进行不合理限定。第三，强迫当事人进行复议。主要是指在法律没有规定复议前置的情况下，强迫当事人先进行复议程序。第四，对诉讼期间只作形式上的理解。主要是指对于那些不能归责于当事人自身原因导致超过期限的，不给予救济和延长诉讼期间，不考虑客观情况，简单认定超过起诉期限。第五，对事实证据作过度审查。不能在起诉阶段就要求当事人提出的诉讼请求都是正确的，所提交的证据都是真实客观且具有可采性的，这些问题应当在审理阶段来判断，而不能在起诉阶段进行审查。

（三）加强起诉阶段的指导和释明工作

新修改的《行政诉讼法》对这方面作出明确要求，特别是对以下事项要向当事人进行解释说明：第一，当事人诉错被告要建议其替换被告，当事人坚持不予更换才可以驳回起诉。在没有作出释明前，不能不予立案。第二，受诉法院没有管辖权时，要告知当事人直接到有管辖权的法院起诉，或者直接将诉讼材料转给有管辖权的法院。只有当受诉法院没有管辖权，而当事人又坚持到受诉法院起诉时才能不予立案。第三，对于代理人资格，要向当事人讲明哪些必须有法定代理人，代理人条件是什么，要求其选择正确的诉讼代理人和法定代理人。第四，对于表述不清的或者表述错误的，应当及时要求当事人修改、补正，对确属民事诉讼案件的，应告知当事人提起民事诉讼。

总的来说，对于不符合法定条件的起诉，必须向当事人解释清楚，做好指导和释明工作，尽量使其起诉符合法定条件，避免当事人走上信访之途。此外，对于要求当事人具备的条件，必须一次性告知，不能让当事人往返劳顿。有些法院探索通过制订起诉清单等方式方便当事人诉讼，这种经验值得总结和推广。

（四）尽可能将受理的问题解决在立案环节

对于案件是否受理的问题，正确的做法应是尽可能在立案环节解决，只有在特殊情况下才能够交由审判庭解决。《行政诉讼法》目前规定的立案时间为 7 天。严格来说，所有对立案条件的审查都应该在这个阶段判定，不能不经过审查就把案件移交至行政审判庭。因为把案件简单移送行政审判庭会增加很多司法成本，同时，也增加了当事人的诉讼成本和对立情绪。如果在立案阶段对立案条件无法查清，特别是是否有不可抗力发生或者其他特殊情况耽误诉讼期间，有无可归责于行政机关的事情发生等，这些情况较难判断，可以移送行政审判庭作进一步判断。如果涉及必须开庭，或者需要被告到场后有关立案条件才能查清的，必须先立案，然后移送行政审判庭审理。由行政审判庭审理查明事实后，应继续审理的继续审理，不应该继续审理的裁定驳回起诉。除了上述几种情况外，原则上对立案条件的审查都应当在立案环节解决。

（五）注意防止滥诉情况的发生

保障当事人诉权是人民法院的基础职责。当前，通过对《行政诉讼法》的修改和立案登记制改革的实施，对当事人诉权的保障力度得到了空前加强。同时，行政诉讼也出现了一定的诉权滥用问题，既造成了司法资源的浪费，也削弱了司法权威。主要表现在以下几个方面：第一，大量起诉过程性行为。由于一个完整的行政行为通常由很多过程性行政行为组成，有的当事人通过大量起诉过程性行政行为的方式达到向行政机关施加压力的目的，严重影响了行政效力，浪费了司法资源。针对这种情况，立案时须告知当事人坚持成熟原则，即起诉时机成熟的原则，尽可能一次性解决问题，有问题一起起诉，一起审理。第二，重复起诉。有的当事人对管辖不了解，就向原被告所在地法院或多层级法院重复起诉，造成重复立案、重复受理等问题。当然，解决这个问题最好的办法是全部实现网上立案，建立统一的诉讼管理平台，这需要在信息化、网络化建设上进一步下功夫。第三，大量提起信息公开诉讼。在信息公开问题上，动辄向行政机关提出不合理要求，造成信息公开类案件滥诉情况比较多。解决这个问题的关键是要在立案环节解决好申请人与申请的政府信息之间是否具有工作、科研、生活“三需要”问题。如没有“三需要”，就是与自身合法权益无关，就属于公益诉讼。根据法律的规定，公益诉讼有严格限制，只有特定机关或组织才可以提起行政公益诉讼，不是任何人都可以提起。过去由于行政诉讼案件不多，将其作为实体问题放在了审理阶段解决，现在我们主张放在立案环节来解决，作为立案条件，而不是作为实体胜诉的条件，这样就可以减少大量的行政案件。第四，不作为案件。起诉行政机关不作为案件是行政审判工作新的增长点。当前行政机关不作为、不履行法定职责、懒政怠政的问题仍然存在，中央也在要求加强这方面的监督力度，国务院反复要求行政机关积极履责。所以，在这类案件上行政审判大有可为。但是这类案件也容易出现滥诉问题。曾经有一个真实的案例，社会上有一种提法叫“有事找警察”，也就是什么事都可以找警察。有一个爱睡懒觉的年轻人，早上打电话让警察帮他买饭，警察没买，该年轻人就提起诉讼，认为警察不履行法定职责，不履行公开的承诺。这类案件很明显不能受理。在处理此类案件时需要首先明确行政机关有没有法定职责，如果没有法定职责，则不能受理。另外，需要事先提出申请的，如果没有提出申请，也不能受理，紧急情况除外。这些问题都需要尽可能在立案阶段就要查清，而不能拖到审理阶段作为实体问题来审查，从而尽量减少司法资源的浪费。

由上述内容来看，行政诉讼的立案问题涉及问题比较多，也比较复杂。笔者认为，当前在立案问题上总的原则应是一方面充分保护公民、法人和其他组织诉权，使应当受理的案件都能进入诉讼程序。但另一方面也要尽量防止浪费公共资源、司法资源的情况出现，要把司法资源用在真正应当或者值得救济的案件上，而不要花费在无谓的、毫无价值的、甚至是负面价值的事情上。所以，要准确把握立案登记制改革的实质意义和价值，坚持法定条件，进行适度的、合理的审查，把好立案关，从而在一方面能够有效解决行政诉讼告状难问题，另一方面又能有效防止行政诉讼滥诉问题的发生。

第十六章 行政纠纷解决机制之建构

只要有社会，就必然有冲突和纠纷。而国家权力和公民权利之间的冲突和纠纷，更是社会冲突的一种常态表现。与立法、司法权相比，行政权因其渗透到社会的每一个角落，因而与民众的纠纷和矛盾最多，行政纠纷种类也最为复杂。实际上，在现代社会，人们的权利已经与政府行为紧密地联系在一起，公民权利所受到的每一种侵害，都或直接或间接地与政府的失误有关：一是政府机关违法侵犯人权，二是政府机关在第三方侵权时未能提供足够的保障，三是政府未能对人权发展提供必要的条件和帮助。与之相对应，政府机关与行政管理相对人之间必然会产生三种类型的矛盾和纠纷，即政府“积极”侵权引发的行政纠纷、政府保护不力引发的行政纠纷和政府未履行服务扶助职能而引发的行政纠纷。这些行政纠纷能否得到及时、有效的解决，实际上直接反映并体现着一国的人权保障水平，直接影响社会的安宁和国家的稳定。正所谓“官民关系定则天下定，官民关系乱则天下乱”。

当我们不得不接受一个无处不在的行政权，并寄希望于这一“必要的恶”（necessary evil）[①]来保护我们时，最好的办法就是设置一系列程序和制度来捍卫我们的权利。而要真正落实国家尊重和保护人权这一宪法原则，我们就不能仅仅强调维持公民权利和国家权力间的平衡，也不应当是单纯强调要限制行政权，更不在于不赋予行政机关必要的行政权力，而在于有一个完善、妥适的权利救济机制，以便在公民和国家机关发生争议时，提供经济、高效、便捷和制度化的行政纠纷解决方案。这也是现代国家必须履行的一项义务。

一、现阶段行政纠纷基本状况

现阶段，中国特色社会主义进入新时代，我国社会主要矛盾已经转化为人民日益增长的对美好生活的需要和不平衡、不充分发展之间的矛盾。随着社会经济的发展，人们对美好社会的需要日益广泛，除物质文化以外，对民主、法治、公平、正义、安全、环境等都提出了更高的要求，但发展不平衡、不充分，发展质量和效益不高、发展利益分配不合理、不公平、发展红利难以共享等问题很突出，制约了人民群众对美好生活日益增长并不断多元化的追求。具体到行政领域，当前，行政纠纷多发、高发和群体性发生的原因是多重的：

1. 政府职能定位不准。十八大以来，国家在深化行政体制改革、推动政府职能转变、加大简政放权方面迈出了坚实的步伐。但不能否

① 参见［英］潘恩：《潘恩选集》，马清槐译，商务印书馆 1981 年版，第 5 页。

认的是，在计划经济体制下形成的政府包办一切、“政府全能”[1]等思想意识仍然存在，政府容易成为矛盾的焦点。由于政府长期以来视自身为公民的“保姆”，政府首长以“青天”“父母官”自许，直接导致人们习惯于所有的矛盾都交由政府机关来解决。全能政府观念之下，政府对社会事务管制过度、干预过多，政府放权于社会的动力不足，社会中介组织、社会团体、非政府组织等发育不良，社会自治能力较弱，与公民社会难以协同发展。其必然后果就是一切社会矛盾和社会纠纷都可能与政府有关，任何社会矛盾在未得到有效的解决前，都会转化为与政府间的纠纷。出面维护秩序的政府，却反而成为一切社会不满和矛盾的出气口。一旦政府未能及时有效地满足相对人的要求，必然会引发不满。即使是平等的民事主体间引发的矛盾和纠纷，也会最终引发老百姓和政府机关间的对立和抗争，有的甚至酿成针对当地政府的重大群体性事件。

2. 政府治理理念陈旧、手段单一。党的十八届三中全会提出，将推进国家治理体系和治理能力现代化作为全面深化改革的总目标。可以说，从国家层面实现了从“管理”向“治理”的理念转变。但个别政府机关，特别是基层执法机关仍然习惯于“管、控、稳”的三板斧措施，仍然满足于运用行政命令、行政许可等传统强制性手段、仍然依赖于运用行政处罚和行政强制等事后监管措施。在行政职权的行使中，忽视沟通、协商、听取当事人意见，不擅长运用行政指导、行政协议等柔性手段，不注重事前监管和风险预防，致使行政纠纷的发生

① 全能型政府的特征是，政府的行政权力不受限制地渗透并控制社会的全部领域和各个层面，行政机构包揽了政治、经济、社会的绝大部分事务，在国家生活中政府是万能的，权力是无限的，政府垄断一切资源，成为整个社会生活的主角。参见何晓洁：《论政府角色的定位与转换——构建“有限政府”的前提》，载中国期刊网，中国优秀硕、博士论文全文数据库。

概率明显增加。

3. 政府权力运作模式不透明、权力行使神秘主义色彩较浓，行政程序不可知，实体结果可预测性差。目前，在许多管理领域，民众缺乏知情权。行政机关的权力边界和相对人的权利边界都比较模糊。纠纷理论告诉我们，权力越是透明行使，当事人对自身权利、义务的边界认识就越是清楚，发生行政纠纷的概率就越低。在纠纷的命名（Naming），归咎（ Blaming ）和主张（Claiming）的任一阶段，当事人都可能由于认识到自身主张和请求的不足，而主要避免纠纷从“单向”到“双向”再到“三向”的发展。

4. 政府权力异化直接造成官民利益冲突。“国家权力部门化、部门权力利益化、部门利益私人化”。在一些部门和执法人员的意识里，“执法就是罚款，管理就是收费”，部分政府及其职能部门与民争利的现象十分突出。土地征用和房屋拆迁领域的官民矛盾，本质上就是权利人、用地单位与政府机关三者间权利义务的失衡。

5. 政府自身解决纠纷能力不足，陷入诚信危机。孔子云：“其身正，不令而行；其身不正，虽令不从。”由于种种原因，民众普遍缺乏对政府机关的尊重和信任。这种不信任表现在法律制度的实施上，就是民众和政府官员“有法不依”。而“有法不依”的背后表面上看似是由于国民没有建立起对法的信仰和对法治的尊重，“但事实上对法律和规则的视而不见的背后，所折射出的本质是民众对支撑着它们的各种权力缺乏足够的认同、信任和忠诚感。”① 当老百姓发现政府经常带头违法，自然会逐渐失去对政府依法行政承诺的信心，政府也就逐渐丧失了解决纠纷的权威和道德上的说服力，因此，大量纠纷难以

① 郑永流:《法的有效性与有效的法——分析框架的建构和经验实证的描述》，载《法制与社会发展》2002 年第 6 期。

化解在行政程序内部，且基层化解、属地化解极不理想，造成解纷主体不断升级、影响不断扩大、成本不断增加。

6. 当事人权利意识的提高与法律意识的相对淡薄。由于市场经济的发展，人们开始“认真对待权利”。公众的法治意识和权利意识因为政府的普法运动、法治教育、媒体报道等多种渠道得到增强，人们时刻准备着“为权利而斗争”。但对应着权利意识的高涨，不少民众的法治意识、义务意识相对淡薄，忽视了权利与义务的对等性。公民、法人或者其他组织的法律意识和法律认知有所欠缺，不服从、不执行合法合理的行政行为的现象，时有发生，从而导致行政纠纷的产生。

7. 媒体宣传和网络报道的推波助澜。网络时代，信息获得迅速传播和高度共享，一方面，为公众监督畅通渠道、提供媒介；另一方面，失实报道和不负责任的报道传播也会成为酿造舆情事件、激化行政纠纷的助推器。个别媒体和网站通过情节渲染放大行政相对人的冤屈，求关注、博同情，引发民众对政府的质疑和不满，而一旦政府在这种巨大的社会舆论压力面前，出于维护稳定的考虑而放弃原则地让步妥协，就很可能被视为纠纷当事人的胜利，反过来又刺激强化了其他相对人的信心，最终导致法律判断不停地被社会舆论所绑架。

8. 社会保障机制不完善，社会安全感不足。教育、医疗、住房、养老等社会保障体制的不完善，导致社会弱势群体，甚至是中产阶级抗风险能力普遍较弱。在社会救助措施不完善或者不存在的情况下，利益受损的公民只能寄希望于通过与政府间的“纠纷”来解决自己的实际困难。不少行政纠纷中，行政相对人即使意识到自己的损失并不是违法的行政行为造成的，但仍然希望通过“缠住”政府而获得补偿或者救济。而在社会转型期，社会群体分化和社会利益分配格局的变化，部分人群的相对剥夺感更为突出，诱发了这些人群的“利益相对受损”心理。[①] 他们更多只能寄希望于政府来解决利益损失问题。

9. 行政机关工作人员法治意识和法治水平有待进一步提高 。目前行政机关依法行政能力随行政层级自上而下衰减；公务员队伍特别是一线执法人员法治意识、法律素养仍不能完全适应建设法治政府要求，不善于运用法治思维、法治方式深化改革、推动发展、化解矛盾、维护稳定；以言代法、以权压法、徇私枉法的现象仍未消除；程序观念较为薄弱，不尊重相对人程序权利的情况也相对普遍；片面追求行政效率，随意践踏法律，逾越法律底线的事件仍有发生，这些违法侵权的行为直接引发了行政纠纷，造成官民矛盾。

总之，造成现阶段行政纠纷日益增多的原因是多方面的。这一增多趋势客观上反映了社会利益格局日益多元化和复杂化，体现了群众依法维权的意识不断提高，也说明行政机关在行政执法过程中还存在问题，执法水平仍有一定的提升空间。而能否有效预防和妥善解决行政纠纷，既关系到群众的切身利益，也关系到社会的和谐稳定，更直接影响到执政党执政地位的稳定。

二、行政纠纷解决机制的不足与成因

与日益增加的行政纠纷相比，现行行政纠纷解纷机制并不完善，各种解决纠纷的机制皆有缺陷，防范、控制及处理冲突（尤其激烈冲突和群体性突发事件）的能力较弱，难以公正、及时、有效地化解行

① 社会学理论指出，利益被相对剥夺的群体可能对剥夺他们的群体怀有敌视和仇恨心理。当弱势群体将自己的不如意境遇归结为获利群体的剥夺时，社会中就会潜伏着冲突的危险，甚至他们的敌视和仇恨也可能扩散开来。

政纠纷，具体表现为：

第一，行政机关不注重从源头上预防和减少行政纠纷，行政执法的严格规范公正文明程度有待提高，对话、协商和沟通意识不强，预防和解决纠纷的能力较弱，大量纠纷难以化解在行政程序内部，特别是难以化解在当地和基层，纠纷上移、纠纷进省进京的现象十分突出。行政行为复查、复核机制不健全、渠道不畅通，纠错动力不足。

第二，被学者称为“现代国家解决行政纠纷的两大扛鼎之作”[①]的行政复议和行政诉讼制度，实际效果也并不如我们所设想的那样乐观。行政复议体制不科学、机构不健全、人员不充足的问题十分突出，特别是地方上复议工作长期不受重视，在行政机关中处于“边缘化”地位。行政复议专业性、便捷性、高效性等制度优势非但未能凸显，反而是其中立性、权威性、公正性饱受质疑，解纷职能难以发挥，客观表现为复议案件数量少、维持率高、纠错率低。

第三，2014年《行政诉讼法》及立案登记制实施以来，行政案件呈井喷式增长，“立案难”问题得到基本解决，行政诉讼化解行政争议的能力大幅提升。2016年全国各级法院共受理一审、二审和再审行政案件331549件，同比上升10.6%，2017年全国各级法院共受理一审、二审和再审行政案件361699件，同比增长9.09%，行政诉讼制度的完善引导越来越多的行政争议通过法治化方式得以解决。但我们也应注意到，在审结的案件中仍然普遍存在“两高四低”的现象，即上诉率高、申诉率高，实体裁判率低、被告败诉率低、发回重审和改判率低、原告服判息诉率低。例如2016年人民法院以判决方式结案的，仅占结案总数的29.17%（结案数225020，判决数65648）；一审

① 李东生：《行政复议制度重构》，2006年中国政法大学博士学位论文。

裁判上诉率高达 71.79%，申诉率为 11.15%。与高上诉率、高申诉率形成鲜明对比，行政机关直接败诉率仍然保持低位，而赴省进京上访数量持续走高。2016 年到最高人民法院登记申诉上访的案件数量达 9411 件。上下级法院收案数量上的“倒金字塔”格局十分明显。行政审判“两高四低”的现象说明行政诉讼实质性解决纠纷的能力仍然不足，这直接影响了行政诉讼目的的实现和作用的发挥，影响了人民法院的司法权威和司法公信力。

总之，面对社会转型期和“矛盾凸显期”的双重压力，现行纠纷解决体制无法有效化解行政纠纷，不断攀升的上访数字也反映出了现行解纷机制的失灵。导致我国现行行政纠纷解决机制功能不彰、陷入困境的原因是多样的，但根本原因在于以下几点：

1. 引发行政纠纷原因复杂，难以通过单一模式处理。不少行政纠纷实际上是改革中的各种不同利益、矛盾相交织的产物，背景甚为复杂。这种行政纠纷即使表现形式是法律纠纷，但本质上不是由于法律原因造成，因而无法通过法律途径得到有效解决。有的行政纠纷则是由法律规定不科学或者不完善直接导致的，所引发的矛盾也很难通过个案来解决。还有的行政纠纷涉及利益团体间利益调整问题，甚至是地方党委机关造成的。这样的行政纠纷，现有体制难以通过完全法律化的途径对其进行彻底解决，相对人也不愿意选择复议和诉讼途径，只能是通过上访等机制来解决。

2. 行政权自身解决行政纠纷的优势未充分发挥，对通过行政程序解决纠纷作用认识不足。现代纠纷解决理论未能运用到行政纠纷解决机制的制度设计中去，行政纠纷主体间的纠纷解决机制的建设未受重视。行政法学不注意吸收现代治理理论的研究成果，行政机关仍然迷信高权行政，忽视对话、协商机制和平台的建设。在行政纠纷产生后，行政机关与相对人之间缺少制度化的沟通、协商平台，无法通过对话解决纠纷。

3. 对司法权在解决行政纠纷中的作用和地位认识不准。法院在纠纷解决体系中没有合理的角色定位，司法权经常游走于扩权与限权之间，选择性司法现象较为突出。在社会走向法治化过程中，法院的地位与作用得到迅速提高。一方面，法院积极增编补员，改善法院设施和工作条件；另一方面，则努力提高业绩，扩张管辖范围，以进一步提高法院的权威和社会地位。但由于立法在过多地将纠纷司法化处理的同时，却并未赋予司法足够的权力，使得法院解纷能力不足，也忽视了其他解纷机制的完善。中国的行政诉讼制度虽然说主要是由法院来执行，但与其他任何一部法律一样，“如果没有政治上的跟进、公民支持以及守法的动因，法律本身并不能够带来重大的社会变革。”[①]

4. 解纷机构受到诸多方面的干预。古希腊历史学家修昔底德曾说：“公理只有在双方相等时才谈得上，强者做他们能做的一切事情，弱者受他们必须受的苦难。”[②] 同理，当行政权过于强大时，它往往难以受到有效控制。而不论是复议、诉讼还是信访，处理机关本身都缺乏必要的权力和权威。从一般意义上而言，一个制度如果缺乏应有的权威，其施行必然是困难重重。尤其是在案件涉及所谓的地方“大局”案件，被认为可能会影响社会稳定的案件，以及涉及地方政府切身利益的案件，解纷机构经常受到来自各方面的压力，不能真正对行政权进行有效监督。

---

① See Gerald L.Horowitz，the Courts and social policy，the Hollow Hope：Can Courts Bring About SocialChange，The Brookings Institution，pp.39~41. 转引自汪庆华：《中国行政诉讼：多中心主义的司法》，载《中外法学》2007 年第 5 期，第 516 页。

② 参见［美］威尔·杜兰特：《哲学的故事》，金发荣译，三联书店 1997 年版，第 31 页。转引自韩秀桃：《近代中国对司法独立的价值追求与现实依归》，载《中国法学》2003 年第 4 期。

5. 各种纠纷解决机制之间未实现有效协调与衔接。目前各种纠纷解决机制之间缺少统一性的规划，未能通盘考虑，从纠纷解决角度来总体把握各个解纷机制间的分工、协调和合作，相互之间脱节严重，缺少应有尊重和沟通。如行政诉讼与行政复议程序衔接上，不遵守穷尽行政救济原则；而信访又时常挑战生效裁判的权威性，不尊重司法最终原则。一些行政纠纷历经各种解纷模式反复处理，却没有终点，各个解纷机制不能发挥各自优势，也无法形成制度合力，不能实现效益的最大化。

因此，如何立足于现阶段基本国情，构建和完善行政纠纷的多元化解决机制，是我们迫切要解决的一个问题，这既是法治建设的需要，也是和谐社会建设的需要。

三、重构行政纠纷解决机制的基本原则

从法社会学的角度看，纠纷解决，特别是行政纠纷解决机制不只是一个法律问题，也不仅是一个制度建构的问题，更是一个实践问题，是一个需要放在整个社会的政治、经济、文化等大背景下审视的问题。探寻符合我国国情的行政纠纷解决机制不能仅仅建立在预设的理论模型基础上，也不可能仅去描绘建立在沙滩上的宏伟蓝图。我们不但要从理论上大胆假设纠纷解决模式，更要在实践中小心求证，更多地考虑哪一种解纷机制更适合当事人和时代的实际需要。“什么样的法律补救措施更为当事人接受，制度更为理性，什么样的法律才能得以存在。”[①]

---

① 郑尚元：《侵权行为法到社会保障法的结构调整—— 以受雇人人身伤害之权利救济的视角》，载《现代法学》2004 年第 6 期

在新的历史时期，探寻行政纠纷多元化解纷机制，必须坚持也应当坚持研究角度和途径的多样化。构建社会转型期的多元化行政纠纷解决机制，要求我们既要探求行政纠纷与行政纠纷解决机制的客观规律，也要充分认识到现代法治理论从“自治型法”向“回应型法”的嬗变，行政管理科学从“管制”至“善政”又到“善治”的模式转变，还要兼顾行政法从“秩序行政”到“服务行政”、公法从“硬法”向“软硬兼施”的转变以及契约理论在行政法学中的运用。而在建设有中国特色的社会主义法治国家这一特殊的时空背景下，探求行政纠纷多元化解决机制的路径选择和构建，就必然始终体现时代特征并反映法治初级阶段这一基本国情。而当代中国最大的国情，莫过于必须把“坚持党的领导、人民当家做主和依法治国”有机统一起来。在这样的背景下讨论法治建设的进路和纠纷解决机制，就必须准确、科学、全面地认识法律、法院在解决社会纠纷中的地位和作用，积极发展反映这一特征的多元化的解决机制。

我们认为，重构行政争议解决机制，建立全面、协调、多元和可持续的行政纠纷解决机制，应当坚持以下原则：

1. 解纷主体应当多元、中立、公正。纠纷类型的多样化，决定了纠纷解决机制也应是有层次的、多元的，而不是单一的。针对不同的纠纷，需要提供不同的解决路径，包括不同的预防和解决纠纷的场所、机构以及相应的规则和处理方式。从各国有关解纷机制的经验来看，解决行政纠纷的主体主要有：引发纠纷的行政机关、上级行政机关，复议机关、独立行使职权的司法机关。解纷主体在解决纠纷过程中，应当坚持中立原则，并保持自身的独立性。同时，还应公正地解决纠纷，公正认定事实、适用法律，不能区别对待、厚此薄彼，歧视任何一方当事人。

2. 解纷方式应当高效、便捷并与纠纷性质相适应。所谓高效，是指权利救济应当程序简便，效率较高，并能及时为相对人提供有效的救济。所谓便捷，则不仅指公民只需支付少量成本（包括经济成本、时间成本、智力成本和情感成本等），即可获得权利救济，而且指公共机构在提供权利救济时应当依据比例原则进行利益衡量，即纠纷解决方式与纠纷的类型、大小相适应，避免诉讼成本大于诉讼收益的现象经常出现。[①]

3. 解纷过程应当开放、透明。从纠纷产生的理论看，化解纠纷的最好阶段，或许是在纠纷的命名、归咎和主张阶段，在行政管理程序中更多地引入当事人的参与、沟通和协商，既有利于提高行政管理效率和效果，也能促进纠纷的预防和解决。这就要求整个解纷机制的设计应保持开放、透明，有关主体都应当被授权旁听或者以其他方式参与到解纷过程中，将解纷过程塑造成为一个通过公平博弈营造共识的平台，相关主体无障碍的参与和表达，既能增加解纷行为的可预测性和可接受性，也有助于信息共享，防止暗箱操作影响处理结果的公正。

4. 解纷机制间应当协调一致，并坚持“穷尽行政救济”原则。解决纠纷的各种机制之间应处于有序、稳定与协调的状态之中，各种机制相互补充，共同编织一张无缝的网，以便及时有效地解决纠纷。各机制之间不是竞争关系，而应当是协同关系。行政机关内部的异议复查制度、独立于原行政机关的行政复议制度、人民法院的司法审查制度以及信访制度，应当各有侧重，针对不同类型的纠纷，明确各自职

① 诉讼成本高昂是一个长期以来许多国家面临的世界性问题。如美国的私人诉讼成本和国家司法成本极高。参见［意］莫诺、卡佩莱蒂等：《当事人基本程序保障权与未来的民事诉讼》，徐昕译，法律出版社 2000 年版，第 128~129 页。

能和分工，强化其呼应性、衔接性与功能整合，确保各种救济方式的各展所长。要避免解纷机制间的不平衡而出现纠纷“扎堆”的现象，合理引导和分流当事人选择不同的纠纷解决机制。在树立司法终局原则的同时，要防止大量的行政纠纷越过行政环节而直接涌向法院，强调必须先“穷尽行政救济”。

5. 解纷机制应当实体与程序并重。解纷机制既要注意实体权利的保护，更要重视程序权利的赋予和实现。行政主体与行政相对人不仅在实体权益上发生纠纷时要及时解决，在程序权利救济中也当如此。美国和日本的心理学调查结果还显示，纠纷解决过程中的程序性公正是对当事人接受结果、自觉遵守影响最大的要因。[①] 传统解纷机制偏重于对实体结果的处理，而忽视对程序权利的救济。而有效的解纷机制，则是应当更多地关注程序正义，强化程序性权利救济。要拓展、细化参与性程序权利救济机制。只要是法律赋予相对人的程序权利，就应当有一定的救济渠道，如是否有权参与、参与权是否平等、参与的深度与广度、诉求表达是否充分、公共机构是否听取意见和建议，是否记录在案、是否依笔录作出决定、是否说明理由、是否告知救济权利等等都要有相适应的救济体制。只有注重对相对人程序权利的保障，才可能真正落实公民的参与权、知情权、表达权和监督权。

四、行政纠纷解决机制重构方案

行政纠纷的性质排斥了私力救济的可行性，解决行政纠纷只能通过国家权力来进行。由于立法权并不适合来处理大量的、经常发生的

① ［日］小岛武司、伊藤真编：《诉讼外纠纷解决法》，丁婕译，中国政法大学出版社 2005 年版，第 32 页。

行政纠纷，因此，解决行政纠纷的主要方式只能是行政机关的行政权力和人民法院的司法权力。如根据解纷主体进行分类，多元化的行政纠纷解决机制则可分为以下几种：

（一）通过行政机关自身的纠错机制解决行政纠纷

从费斯蒂纳尔等学者的纠纷产生的三阶段理论来看，行政机关实施行政管理的过程本身就是预防和化解行政纠纷的最佳时机。特别是考虑到我国的行政权事实上处于国家权力的核心，行政机关在解决行政纠纷中的地位和作用应当是第一位的、主要的，司法机关解决行政纠纷只能是补充性的和最终的。任何纠纷解决机制的设计，都不能无视政府自身解决纠纷的能力，不能忽视行政程序是“现代行政控权机制中最积极、最有效的一种控权制度”。[①] 因此，在构建行政纠纷解决机制时，我们应当始终坚持“行政程序解决纠纷优先”和“穷尽行政救济”原则，并且应当把通过原行政机关的行政程序解决矛盾，作为其后的行政复议和行政诉讼的前置条件。即在一般情况下，针对绝大多数行政争议，应当先进入行政机关的自我纠错程序，然后才能被赋予申请行政复议和进行行政诉讼的权利。

通过行政机关自我纠错机制解决行政纠纷，具有以下几个优点：

一是行政程序阶段解决纠纷、化解矛盾的成本最小、对相对人维权最便捷。行政程序的自我纠错机制应当包括以下两个不同的组成部分：一方面，行政相对人在具体的行政行为作出之前，认为行政机关所实施的程序性行为，严重侵害了自己的程序性权利（如申请听证权、陈述权等），其可以就此程序性权利被侵犯向行政机关提出纠错

① 姜明安：《新世纪行政法发展的走向》，载《中国法学》2002 年第 1 期。

申请，由行政机关进行复查并答复；另一方面，行政相对人在行政行为作出后，认为实体结果侵犯了自己的合法权益，向行政机关提出纠错申请，由行政机关受理后并给予答复。

二是行政机关具有广泛的自由裁量权，能够更加妥帖地找出替代性的处理方案。相对于复议机关和法院有限的裁决方式而言，行政机关握有更多的行政资源与相对人"在法律的阴影下讨价还价"（bargain in the shadow of law）。此为协商行政和现代合作治理理论的应有之义。在行政机关自我纠错过程中，行政机关与相对人通过双方直接的协商、对话和交涉，共同协商双方都可能接受的处理方式。这就避免了复议机关和法院在处理纠纷时，经常会出现的对合法但合理性存在争议的行政处理决定难以进行有效救济的情形，也解决了只能对原行政行为作出评价但无法通过其他替代性方案来解决纠纷的问题。韦德和福塞斯说："一个没有偏见，并且充分考虑了利害关系人意见的行政决定将不但更具有可接受性，而且还将具有更高的质量。"[①]

三是有利于形成良性的行政管理关系，关口前移，可以预防纠纷发生。一方面，行政机关自我纠错便于及时发现自身行政管理中存在的不足，及时改进，完善相应的行政管理制度，提高行政执法水平；另一方面，自我纠错容易获得相对人谅解，钝化矛盾，避免无谓的复议、诉讼和信访，从而形成良性的官民互动机制，增进互信，真正实现从源头上减少纠纷。

（二）通过上级行政机关的纠错机制解决行政纠纷

如原行政机关的自我纠错程序无法解决行政纠纷，相对人可继续

① H.W.R.Wade & C.F.Forsyth: Administrative Law,Ninth Edition, Oxford University Press, p440.

使用行政程序内的救济机制，即通过向上级行政机关申请纠错来解决纠纷，由上级机关根据相对人的申请，对下级机关所作的行政处理决定进行审查，并给予答复。

上级行政机关纠错作为行政机关内部的纠纷解决机制，实际上具有原行政机关自我纠错的优势，同时也有着自身的特点：一是上级行政机关对下级机关行政管理中的行政纠纷制度化解决，有利于上级机关全面掌握下级机关的行政管理现状，有针对性地发现问题。由于行政机关上下级业务的同质性，也便于上级机关对下级机关行为合法性和合理性进行全面复查，加强监督的广度和力度，提高行政管理质效。二是有利于统一执法的标准和尺度。通过上级机关的层级监督，能够统一本辖区、本部门对同类事项的类似处理标准，以实现法治的统一。三是上级机关的层级监督较为便捷，成本较低，且在形式要求上较为简单，有利于保护相对人的合法权益。

（三）通过行政复议解决行政纠纷

理论上，行政复议在解决纠纷方面的优势主要集中在以下几点：一是行政复议能够结合行政权和司法权的优势且不违背权力分立原则。由于现代行政日趋专门化，法官在审理行政领域的专业性、技术性问题时常常显得力不从心，另外，受制于司法权与行政权的关系，法官对于许多专业性问题应当保持克制，止于浅表性审查，避免造成对行政权的过分干预。因此，行政诉讼在化解争议时具有局限性，而行政复议却恰恰具有专业性优势，而又不涉及权力关系问题。二是行政复议可以提供类似司法的解纷方案。在中国，行政权解决纠纷具有悠久的历史和传统，纠纷解决从来就不是法院的专利。为保证纠纷处理的公正性，行政复议可以吸收司法程序中的一些元素，只要行政复议机构有相对独立的地位、有职业化的人员、有基本正义的程序设计，就完全可以提供类似司法的解纷方案。三是行政复议较为便捷、经济。对比法院司法审查制度的繁琐、昂贵与耗时，行政复议由于不收费，并且不拘泥于申请形式，以及相对较为简便的程序要求，可以更加快速地解决纠纷。

但实践中，现行行政复议制度功能不彰是由制度设计不科学、不合理导致的，而最根本的问题是复议体制的缺陷。近年来，各地对行政复议体制改革进行了有益的探索，特别是近年来后一种实践模式优势开始凸显，有效解决复议机构分散、人员不足、案件分布不均、专业能力不足等问题，行政系统内部一定程度实现了中立，强化了复议的社会公信力。同时，与“复议机关作共同被告制度”相协调，避免与诉讼的功能重复，应当以修法之契机总结实践经验，上升为法律制度。

（四）通过法院的司法审查方式解决行政纠纷

通过法院的司法审查来解决行政纠纷是整个行政纠纷解决机制中最核心的环节，发挥着其他解纷机制所无法比拟的作用和功能：一是监督公权、保障私权的功能。从世界范围看，司法审查制度自诞生那天起，就被视为同政府滥用权力行为斗争的工具。司法审查因其特有的公正性、独立性、权威性优势，纠正违法行为，促进依法行政，成为公民权利救济的最后一道防线；二是阐释法律规范的功能。“现代法院的功能确实已经从原先的纠纷解决日益转向通过具体的纠纷解决而建立一套旨在影响当下案件当事人和其他人的未来行为的规则……

法院可以说是提供‘公共产品’的而不是私人产品的一个机构。”[①] 行政案件的审理可能影响的不仅是个案权利义务的增减予夺，还可能影响一个行政机关的执法理念和方式、一个行政管理领域的规则确立或调整，甚至会影响整个行业的发展和走向，从这个意义上讲，司法起到了为立法拾遗补阙的功能。[②] 三是通过法院的判例，指导非诉解纷机制的运作。“司法是纠纷法律解决的典型形式，它所提供的是一种法律的标准答案，因此也是其他非诉讼纠纷解决方式的参考系数。在这个意义上，司法制度正好也为现代非诉讼解决方式的存在提供了前提，这就是所谓的在法律的阴影下协商所指的意义之一。”[③] 因而，法院的司法审查制度不但直接解决行政纠纷，而且通过释明法律来避免行政纠纷，并且通过司法判例来指导行政机关的自我纠错机制和行政复议机制。司法与非诉讼纠纷解决方式唇齿相依，也就是说，非诉讼纠纷解决方式只有以强大的司法权威为后盾，才能有所依托。也只有获得司法的支持和认同，才能真正发挥实效。

在通过司法审查解决行政纠纷时，我们也应当注意以下几个方面：一是必须始终坚持司法最终原则，除非通过法律的特别规定，所有的行政纠纷都不应被排除在法院的审查范围之外。二是要认识到司法审查的局限性，主要表现在解决纠纷数量的有限性、程序的复杂性、成本的高昂性。三是要正确认识司法审查功能的发挥与案件数量之间的关系。司法审查的作用不仅仅是取决于行政诉讼案件的数量。单纯以案件数量来衡量司法审查的效果和地位，也是一种机械的法治观。我们更应该关注的是司法解决纠纷的实效以及司法对其他解纷机

---

① 苏力：《农村基层法院的纠纷解决与规则之治》，载《北大法律评论》（第2卷第1辑），法律出版社1999年版，第80~81页。

② 何兵：《现代社会的纠纷解决》，法律出版社2003年版，第117页。

③ 范愉：《非诉讼纠纷解决机制研究》，中国人民大学出版社2000年版，第468页。

制发展的保障和推动。四是要正确认识“法治化”与“法院化”的关系。司法作为一种“法治化”的制度象征，成为培养公民法治意识，建立社会法治秩序的主要进路，诉讼率的提高也被视为公民权利意识增强的一种表现。但“法治化”决不能等同于“法院化”，一个良性的法治环境也决不应当过分依赖司法这种社会终端的解纷机制。那样不仅会使其他解纷机制萎缩乏力，也会产生巨大的操作障碍，使纠纷化解陷入困境。

（五）通过信访的监督救济方式解决行政纠纷

可以预见，信访在中国未来很长时间内仍将继续存在，并可能被部分当事人，尤其是因法律和政策本身的非正义甚至是违宪而造成损失的当事人，作为优先选择的一种权利救济手段。但信访机制在解决行政纠纷方面的最大局限，在于信访机关从来就没有、也不可能被授予直接“裁断”行政纠纷的权力。因而，从制度设计本身来看，信访机关既不能对当事人所反映的问题作出判断，更无法作出裁决，也不可能命令行政主体改变处理决定。所有的信访最终仍然是要通过制定法所规定的“有权机关”——而非信访机关——来解决。因此，信访制度与其说是解决行政纠纷，不如说是为行政纠纷的解决提供一个或隐或现的机会。解决纠纷不应当是信访的主要职能，信访机构的真正生命力应当在于和监察机构、民意机构以及社团组织的合作，通过对原有行政规范的反思，对行政机关形成压力，来促进纠纷的最终解决。因此，信访解决行政纠纷的思路应当转变，它不应当是对个案中具体权利的救济，而应当是对制度建设的建言献策。因此，信访制度的完善方向是应逐渐向类似于一些国家的监察专员方向的转变，并考虑和现行监察机关的职能进行一定的重组。

多元化的行政纠纷解决机制构建，就不可能是法院司法审查的独幕戏，而应当是包括多种解纷机制在内的一场情景剧。多元化的行政纠纷解决机制，应当更加符合现代纷繁复杂的纠纷的解决和不同当事人的需求。对于构建行政纠纷多元化的解决机制而言，“现有的问题已不再是该不该设立某种纠纷解决制度，而是如何完善已有的各种纠纷解决制度，如何扩展各种纠纷解决制度的适用范围，以及如何对现在所有的纠纷解决制度进行通盘考虑组建出一个完善的纠纷解决制度体系，让每一种纠纷解决制度都能充分发挥其优势，各尽其用。”[①]

建立行政纠纷多元化的解决机制，要把握以下几点：一是要建立行政异议复查、复核制度，为原行为机关自我纠错提供空间，关口前移，理顺官民关系，加强行政争议的前端预防和化解；二是尽快修改《行政复议法》，增强行政复议的权威性、公正性，使其成为纠纷化解的主渠道；三是深化司法体制改革，提高行政审判质效，增强行政审判实质性解决纠纷的能力，同时，加强非诉解纷机制与诉讼机制的良性衔接，发挥司法对非诉解纷机制的保障和引领作用；四是回归信访制度定位，使其成为制度建设的发生源。

① 应松年：《构建行政纠纷解决制度体系》，载《国家行政法院学报》2007年第3期。

第十七章
行政审判申诉上访难题之破解

近年来，全国各级人民法院和广大行政审判法官，忠实履行行政审判职责，自觉坚持为大局服务、为人民司法，依法受理、审理行政案件，努力协调化解行政争议，在依法保护公民合法权益、助力法治政府建设、维护社会和谐稳定等方面取得了不少新突破、新发展、新成绩。同时，我们也要清醒地看到，行政审判工作还面临许多困难和问题，距离党的要求、人民的期待还有不小的差距，其中，最突出的表现就是行政案件申诉上访率居高不下，形势严峻。

一、高度重视行政案件申诉上访难题的破解

行政案件申诉上访率高，是长期困扰人民法院的一个老大难问题，其成因十分复杂。从客观方面来看，当前我国正处于重要的战略

机遇期和社会矛盾凸显期，呈现出特有的新旧矛盾、长期性和阶段性矛盾、可预料和难以预料的矛盾相互交织的复杂局面。行政案件申诉上访率高，就是这种复杂的大环境在行政诉讼领域的集中体现。此外，也有行政诉讼的功能定位及制度设计方面的因素，这些因素是法院自身难以掌控的。同时，我们也不能一味地强调客观，回避自身工作上确实存在的一些问题。要站在大局和全局的高度充分认识解决这个难题所具有的社会意义、政治意义和法律意义。

1. 此问题事关国家和社会的和谐稳定。“官”民关系的和谐稳定在国家和社会中具有极端重要性，正所谓“‘官’民关系定而‘天下’定”。行政诉讼作为国家通过法律管理社会的重要途径，是“官”民关系的调节机制。行政案件申诉上访率居高不下，不仅是对社会管理有效性的巨大挑战，而且反映了“官”民矛盾的大量累积和扩散。及时有力地解决这个问题，有利于提高国家的社会治理能力，引导各个利益群体以理性合法的方式表达诉求；有利于将矛盾控制在法律框架内，避免人民内部矛盾的激化；有利于妥善排查化解矛盾，降低社会稳定风险，使国家和社会更加安定，更加和谐。

2. 此问题事关党和政府的形象与执政基础。行政诉讼是国家通过监督制约机制确保政府权力良好运行的科学制度设计，只有切实做好这项工作，才能更有效地预防和纠正行政机关的违法和失范行为，为各级政府和行政部门的形象增加光彩；才能真正做到“案了”“事了”“官了”“民了”，避免当事人到处申诉上访甚至围攻冲击党政机关，造成恶劣的社会影响；才能维护和促进党群关系和干群关系的改善，更好地取信于民、凝聚人心。

3. 此问题事关司法权威和法律尊严。行政诉讼作为国家通过人民法院对行政机关执行法律情况进行审查的“复审”程序，是民主法治的重要体现，对于促进依法行政、推进依法治国方略的全面落实具有不可替代的作用。如果畏惧于压力，退缩于阻力，不敢依法行使司法审查权，或是明知行政行为违法，却违心裁判，矛盾上交，就会使老百姓产生“官大于法”“官官相护”的疑虑，严重损害人民群众对法律制度的信心，进而出现“信访不信法”的非正常现象，最终会严重损害司法的权威和法律的尊严，甚至动摇法治的基础。

4. 此问题事关行政审判的前途和命运。行政诉讼通过司法渠道保障公民、法人和其他组织合法权益，是人民权利的“守护神”。人民群众作为国家的主人，作为中国特色社会主义伟大事业的参与者和受益者，对权利的珍视和敏感前所未有，对政府的依靠和期待前所未有，对公正、高效、权威的司法需求也是前所未有。切实把人民群众的合法权益保护到位，是对行政审判能否坚持人民性和群众路线的考验，也是对行政审判能否沦为“名存实亡”的前途和命运的考验。

二、调整处理行政申诉上访的思路

工作上的不足，源于思想观念上的偏差。要想尽快解决当前行政案件申诉率高的问题，必须在思想观念和工作思路上作出调整。

一要正确处理好公正司法与发展稳定的关系，树立依法办事是第一要求的观念。在行政申诉上访案件中，绝大多数申诉上访人都是行政相对人，行政机关申诉上访的情况很少。其中，非常重要的一个原因在于有的法院领导和审判人员以维护发展稳定为名勉强维持违法的行政行为，没有处理好公正司法与发展稳定的关系。中央反复强调：“发展是第一要务，稳定是第一责任”。为发展稳定的大局服务是人民法院的工作主题，也是行政审判义不容辞的责任，这是毋庸置疑的。

同时，也必须防止那种把“大局”地方化、把“服务”庸俗化，并以此为借口排斥司法监督的倾向。必须看到，离开法治的发展和稳定，不可能是全面协调可持续的发展和真正持久的稳定；放弃公正司法的底线，勉强维持违法的行政行为，只是一种没有理清眼前利益与长远利益、局部利益与整体利益关系的近视和短期行为。从这个意义上说，把依法办事作为第一要求，是人民法院对发展稳定大局最好的保障和服务，也是在审判工作中贯彻实现各种价值平衡的重要体现。我们还应当看到，主动创造的稳定比被动维护的稳定更有价值。主动创造稳定，简单说就是坚持依法办事不动摇，在行政审判领域就是坚持公正司法不动摇。消极设防、穷于应付甚至花钱买平安，都是高成本低收益甚至是负收益的行为，不仅限制了行政诉讼制度的发展空间，亵渎了法治，也破坏了社会的合理秩序和公平正义标准。

二要正确处理支持与监督的关系，树立及时有效合法的监督才是最可靠支持的观念。行政审判的一个重要功能就是通过依法审查被诉行政行为的合法性，维护行政机关依法行政，监督纠正行政机关的违法行为，它是权利救济和权力控制的有机统一。无论是维护还是监督，目的都在于保证和促进依法行政；只有确保行政机关依法行使职权，才是人民法院对行政机关最真实、最有力，也是最可靠的支持。有的法院领导和审判人员在办案过程中，该撤销的不撤销，该纠正的不纠正，看似支持了行政机关，实则是好心帮倒忙，不仅使案件的当事人申诉上访不止，而且使解决问题的成本大大增加，使政府形象和司法形象双双受损。处理好支持与监督的关系，要求我们坚决摒弃“让行政机关胜诉是支持，让行政机关败诉是添乱”的错误认识，努力做到既敢于监督，又善于监督；既不降低司法审查标准，不姑息和迁就违法行政行为，不迎合或屈服于各种非法干预，又注意充分挖掘利用各种政治资源，发挥社会各方力量与运用必要合理手段相结合，努力营造尊重司法、自觉接受监督的良好司法环境。

三要正确处理依法纠错与维护裁判权威性的关系，树立有错必纠才能真正赢得人民群众信赖的观念。权威性是司法的重要属性之一。没有权威的裁判，其终局性和严肃性都得不到保证，必然造成终审不终，这是应当极力避免的。同时，我们也要看到，审判是一项主客观相统一的诉讼活动，现行法律制度的不完善，个案相关或不相关因素的影响，法官司法能力和素质的有限性等等，都或直接或间接地决定审判活动的质量与效果，使案件的处理出现瑕疵、不足或者偏差。正视和纠正这些错误并不会影响裁判的权威，相反，为了维护裁判的权威而维持错误的裁判，无异于“抱薪救火”，不仅矛盾得不到消解，而且会使问题变得更加复杂，裁判的权威性更无从谈起。可见，依法纠错是维护司法裁判权威性的必然要求，也是赢得人民群众信赖的唯一选择。要注意克服“纠错不利于维护裁判的权威性、稳定性”的错误认识，坚持有错必纠的原则，敢于正视和修正错误，避免因讳疾忌医而付出更为沉重的代价。

四要正确处理依法裁判与多渠道救济的关系，树立在不创造违法先例前提下力求从实质上解决行政争议的观念。实践证明，依法裁判是了结个案争执、强化规则意识、发挥司法一般教育功能的最为有效的方法。但从目前情况看，行政诉讼的受案范围和司法手段的有限性，与处理纷繁复杂的行政纠纷和满足人民群众对司法的各种不同需求之间，还存在着不小的差距。这就要求各级人民法院和审判人员在依法受理和审理行政案件过程中，积极探索更多的权利救济渠道，充分发挥依法裁判和其他救济途径的作用，实现行政纠纷的实质性解决。要达到这个目标，首要的任务是恢复行政机关与行政相对人的和谐关系，不能使原告因败诉而充满怨气，也不能使原告因“赢一阵子”而“输一辈子”。其次，在法律上必须要有一个明确的说法，明断是非。不仅为当事人解决个案争议提供标准，也为社会其他人处理同类问题树立标杆。再次，当争议在法律范围内无法解决而原告的诉求又有合理性的时候，要强化能动司法理念，创造性地开展工作，通过案外工作以及引导、宣传、释明、协调等多种手段，关注和解决行政案件的合理性问题。最后，要避免以创造违法先例为代价平息纠纷，使行政审判陷入恶性的、难以为继的发展轨道。不得鼓励当事人“小闹小解决、大闹大解决、不闹不解决”，对于原审裁判合法合理、当事人无理缠讼缠访的，绝不能放弃原则、牺牲司法公正去违法迁就。

五要正确处理依法审判与改善司法环境的关系，树立依法审判与改善司法环境并重的观念。人民法院开展行政审判工作，与司法环境关系极为密切。关起门来办案，仅靠法院单枪匹马，很多工作是难以奏效的。因此，必须改善司法环境。改善司法环境，要靠我们自身的努力，要靠我们自己去创造。既要坚持依法审判，又要多做工作，多汇报，说明道理。我们越是拿原则做交易，越是不依法办事，行政审判的外部司法环境就越无法改变。要理性对待有关部门和领导关注和批转的案件，在坚持依法裁判原则的前提下，主动与有关部门和领导沟通、汇报案件情况，必要时请主管副院长甚至院长“一把手”出面，依靠党委统揽全局的政治优势，多做协调工作，争取政府和社会各方面的理解与支持，形成规范化的化解行政争议互动联动机制，有效化解相关争议。要高度重视涉及维稳、可能引发群体性事件、政治敏感性案件的受理和审判工作，在充分考虑社会稳定和国家利益的同时，严格执行法律、法规规定的受理条件，依法作出裁判，即使是撤销违法行政行为的案件，裁判中也要充分肯定行政行为中合法、正确的方面；维护相对人合法权益时，要同时告知其应当履行的义务，努力实现行政审判法律效果与社会效果的统一。

三、不断完善行政审判科学发展长效机制

破解行政案件申诉上访难题，必须标本兼治，重在治本。要坚持“边查边改、边改边建”的原则，把集中治理申诉上访问题的过程转化为促进行政审判科学发展的过程。

第一，要继续关注诉权保护问题。诉权保护是人民群众最为关切的问题之一，也是导致行政案件申诉上访率高的原因之一。强调诉权保护，不仅是对人民群众关切的回应，也是人民法院服务大局、司法为民的必然要求。立案登记制实施以来，起诉难的问题得到了基本解决，未来行政庭要与立案部门相互协调、配合，严格执行《行政诉讼法》和司法解释的规定，特别是有关诉权保护的法律和政策精神，正确把握行政诉讼受案范围和起诉条件，不得随意限缩受案范围和违法增设受理条件。要坚决抵制和清除一些地方在受案方面的各种“土政策”，严禁为了维护地方利益、部门利益或者以其他任何不正当理由，拒绝受理依法应当受理的案件。要严禁把是否同意协调和解当作受理案件门槛的做法。要善于运用提级审理、异地指定管辖等手段，从制度上为诉权保护创造有利条件。要强化便民措施，简化立案环节，创新立案方式，方便群众诉讼。对于一些政府处理起来优势明显而法院较难处理的案件，不能因为畏难而一拒了之，要充分发挥司法的能动作用，依靠当地党委，协调好各部门的关系，真正解决当事人的实际问题。对于立即受理确实有困难的，可以先给行政机关一个缓冲期，

敦促行政机关先行处理，行政机关置之不理或者协调不成的，符合法定受理条件的，人民法院要及时受理，依法作出判决。对于一些不以维护自身合法权益为目的，而是具有不良政治企图、别有用心的人提起的诉讼，要与党委政法委、人大、政府做好沟通协调和风险规避工作，高度重视、周密部署、精心安排，符合法定受理条件的案件也不是一律不予受理就是最好的处理方式，很多情况下，不受理不出裁定恰恰给有些人抨击我国司法制度留下口实，影响司法的形象和权威。

第二，必须坚持严格司法。行政案件申诉上访率居高不下，其中很重要的原因，就是有些地方法院和审判人员不能做到严格司法、审判质量不高、审判效率低下。各级人民法院要通过开展专项治理活动，认真分析总结造成申诉上访的原因和教训，深刻反思在案件质量和效率方面存在的问题，对于违法办案或者失职渎职情节严重的，应当给予责任人员必要的处分。要坚决防止那种置人民群众利益于不顾、对违法不当的行政行为一味迁就让步的做法，坚决杜绝“关系案”“人情案”和“权力案”，坚决纠正“官官相护”和“权权交易”的行为，坚决改变结案了事的不负责任态度。要进一步强化效率意识，努力缩短办案周期，最大限度地减轻当事人讼累，力争以最低的成本实现司法公正。

第三，力求行政争议的实质性解决。老百姓打官司重实体、讲实惠，不能实质性解决行政争议，就不能真正维护老百姓的权益，也就得不到老百姓的认同。行政争议的实质性解决，要求人民法院在办案过程中着眼当事人的实质诉求，以践行能动司法为手段，以实现案结事了为目标，力求实质正义与形式正义的统一。因此，在审查确认被诉行政行为合法性的同时，必须关注和解决案件的合理性问题，对实质诉求作出积极回应。要充分体现行政审判的特点和规律，在审判方式上可以适当增强职权主义色彩，充分运用协调、疏导、释明等多种手段，全面发挥审判职能作用。要通过程序的公正性和实体处理的适当性，增强审判结果的说服力和可接受性。

任何一个纠纷和案件的初始处理都是最重要的，就法院而言，第一审程序的质量和效果如何，直接关系到争议是否能够得到有效化解，也直接关系到当事人上诉、申诉和二审、再审程序的启动。因此，破解行政案件申诉难题，必须把保证和提高基层人民法院和中级人民法院一审案件的质量作为重点，从基础上、源头上减少上诉和申诉率。最高人民法院确定的联系点法院，应当在降低行政案件申诉上访率、提高行政审判工作综合水平方面作出表率。要紧紧围绕行政争议的实质性解决，优化庭审程序，努力提高庭审的效率和效果。

第四，下功夫抓好协调化解工作。尽管《行政诉讼法》规定人民法院审理行政案件适用调解的范围有限，但这条规定并不排斥和禁止当事人之间在自愿的基础上可以和解撤诉。各地法院的实践证明，许多行政案件通过协调和解，不仅有利于化解矛盾、促进和谐，而且也符合我国特定国情和发展阶段的需要。要把行政案件的协调化解纳入中央推动的“大调解”工作格局和“多元化解行政争议”框架之中，不断强化协调化解意识，善于发挥协调化解对裁判手段的补充作用，力争通过争议双方当事人的互谅互让形成共识。要积极推进行政案件协调化解工作的规范化建设，把查明事实、分清责任，不损害国家利益、社会公共利益或者他人合法权益作为开展协调化解工作的基本前提。对没有协调余地的案件，或者当事人明确表示不接受协调的，也要当断则断，不能久拖不决或者强迫当事人接受协调和解。要大力倡导和推进行政机关负责人出庭应诉，积极探索邀请人大代表、政协委员等参与庭审，努力寻求社会各界对行政审判的理解、配合与支持。

要通过巡回审判、庭审直播、裁判文书上网等方式，提高行政审判的公开透明度和公信力。

第五，坚持和完善绩效考评制度。近年来的实践表明，建立科学的绩效考评体系以加强对行政审判工作的管理，是保证和提高行政审判质量与效率的有效措施，应当继续坚持并不断完善。要把矛盾纠纷调处成功率、服判息诉率、裁判主动履行率等反映工作效果的指标，纳入考评体系或为其设定较大的权重。要高度重视和加强考核当事人的申诉上访情况，特别是赴省进京申诉上访、非正常申诉上访、重复申诉上访、越级申诉上访案件的绝对数、平均数和增减比例。要高度重视和加强考核申诉上访案件的办理情况，特别是最高人民法院、上级人民法院交办和要求复查案件的办结率、案件终结率，长期申诉上访案件的息诉罢访率及增减比例。要高度重视和加强考核申诉上访工作机制建设情况，特别是领导接访、办案情况，救助资金管理使用情况，因办案不公、息诉罢访工作不到位导致申诉上访引发重大恶性案件及其责任追究情况。要把化解矛盾情况的考核纳入审判管理体系，特别是以司法公正为核心的案件质量监督管理体系和以提高效率为核心的案件流程管理体系中。要把绩效考评情况纳入政绩考评体系，与评先评优、晋级晋职联系起来。要建立申诉上访情况的专项排位通报制度。申诉上访率长期偏高的地方，要分析原因、提出措施，书面向最高人民法院报告。问题比较严重的，长期得不到解决的地方，最高人民法院要派驻工作组帮助其分析原因、研究对策。仍无效果的，可召开现场会，邀请全国法院的行政审判法官代表去当地，对问题进行会诊，帮助其解决问题。

第六，进一步强化监督指导。行政案件申诉上访率高，很大程度上与审判监督指导不到位有关。各级法院的领导特别是上级法院要切实负起对本院和下级法院行政案件监督指导的职责，真正做到发现问题及时、指导监督有力、工作富有成效。要通过办理上诉和申诉案件、案件评查、业务培训等途径，强化对下级法院办案情况的监督和司法能力的指导。最高人民法院也要通过及时制定有关司法解释、司法政策、编辑指导性案例、召开工作会议等方式，强化监督指导的力度。对于发现的问题要及时采取措施加以解决，应当改判纠正的案件决不能姑息迁就；对于案件质量效率屡次出现问题且不思改进，包括上级法院要求重新复查报告结果却消极对待的，要通报批评并建议有关部门严肃处理。要按照最高人民法院加强基层基础建设的要求，重点加强对基层人民法院和中级人民法院审判质量和效率的管理，要深入调查研究，随时发现掌握信息动向，增强监督指导的针对性和有效性。上级法院在强化监督作用的同时，也要不断增强服务意识，充分理解关注下级法院的困难和需求，尽可能给下级法院以更多的帮助、指导和支持，为下级法院排难解忧。

第十八章 构建科学的行政审判绩效考评机制

近年来，人民法院开展了行政审判绩效考评工作。尽管此项工作开展时间不长，但工作卓有成效，直接推动了行政审判质量效率和社会效果的提高，促进了行政审判工作的科学发展。

一、构建科学的行政审判绩效考评体系意义重大

行政审判绩效考评体系是司法绩效考评体系的重要组成部分。构建科学的行政审判绩效考评体系具有十分重要的意义。

第一，构建科学的行政审判绩效考评体系是落实三项重点工作的重大举措。为政之本，要在得人；审判之基，重在管理。科学的绩效考评体系有助于增强行政审判法官社会主义法治意识，提高司法能力，妥善化解官民矛盾；有助于行政审判工作机制建设，提高司法水

平，促进社会管理创新；也有助于推进行政审判队伍建设，提高司法公信力，确保公正廉洁司法。

第二，构建科学的行政审判绩效考评体系是实现“公正、廉洁、为民”司法核心价值的客观需要。公正是司法工作赖以存在的基础，廉洁是司法公正的前提和保障，为民是社会主义司法的本质要求。科学的绩效考评体系能够使每个法院和法官准确地进行自我教育、自我定位和自我调整，自觉履行审判职责，促进案件质量和效率的不断提高，最大限度地实现社会主义司法的核心价值。

第三，构建科学的行政审判绩效考评体系是强化审判管理的重要工具。绩效考评体系是一个标准体系和管理体系。通过实行科学的绩效考评制度，可以客观准确地甄别法官的良莠，可以实现审判管理的严而不死，活而不乱，可以进行横向纵向比较，实现奖罚分明。

第四，构建科学的行政审判绩效考评体系是加强队伍建设的有效途径。建立科学的绩效考评体系，有利于各级法院领导关心和重视行政审判工作，有利于充实和加强行政审判力量，有利于鼓励法官积极进取、争优创先，有利于遏制极少数法官的渎职腐败行为。

第五，构建科学的行政审判绩效考评体系是提升司法公信力的必然要求。我国当前正处于社会转型时期，各种矛盾冲突越来越多地被诉诸法院，司法裁判受到社会各方面的关注。如果没有科学的考评标准，社会公众难免会从个案着眼，以偏概全地考评整体工作的好坏。否定性的考评会动摇司法权威，动摇人们对法治的信心，从而影响司法的公信力。

总之，构建科学的行政审判绩效考评体系不仅意义重大，影响深远，而且从各地的经验来看，益处良多，收效明显。全国各级人民法院都应当高度重视这项工作，普遍开展、扎实推进、不断深化、务求实效，争取在较短时间内普遍建立起“组织考察有充分依据、个人努力有正确方向、群众考评有明确标准、监督指导有统一尺度”的科学的行政审判绩效考评体系。

二、全面把握行政审判绩效考评的内容和重点

就当前而言，行政审判绩效考评的主要内容和重点应当包括以下几个方面：

一是要科学设定审判质量和效率指标，促进司法公正和高效。当前，要按照最高人民法院的要求，重点将上诉率、改判发回重审率、生效案件再审改判发回重审率、申诉率作为重要指标，着力解决“上诉率高、改判发回重审率高、申诉率高”的问题。要将二审再审开庭率、当庭宣判率、申诉复查听证率作为质量指标，借以强化程序公正意识。要严格执行最高人民法院关于行政案件管辖的规定，将提级管辖率、交叉管辖率纳入指标体系，破除地方保护，维护司法公正。要充分运用审判管理系统，提高办案效率，将结案率、平均案件审结时间与法定审限比率、普通审限内结案率、批准延长审限内结案率、未结案件超普通审限率等纳入指标，保证当事人获得最充分、及时的司法救济；要将办案离散率[①]、案件审理周期、全员人均结案数、案件及时移送、委托宣判（送达）完成平均时间等指标纳入考评范围，加快法官办案进度，避免“迟到的公正”。

二是要正确把握考核指标权重，引导法官自觉追求案结事了。要按照《最高人民法院关于进一步加强行政诉讼当事人诉权保护的意

① 办案离散率是指各月结案率相对平均结案率的波动幅度，反映案件受理后依法及时审理的程度。

见》的要求，加大行政案件受案数、行政案件人口比、裁定不予受理和驳回起诉率等正向指标考核权重，确保各级人民法院依法受理行政案件，切实解决“行政诉讼告状难”问题。要将行政机关改变行政行为后撤诉的指标作为正向指标，设定较大的权重，鼓励倡导通过协调化解行政争议；为防止个别法院和法官违反《最高人民法院关于行政诉讼撤诉若干问题的规定》，违背当事人自愿、平等、合法原则，违法协调和解，强迫当事人撤诉，应当区分自愿撤诉与改变具体行政行为后撤诉的案件，对自愿撤诉案件设置较低的考核指标。树立正确的政绩观，不仅要以提高结案率、执结率、调解率为政绩，更要以胜败皆明、止争息诉、案结事了为政绩，将涉诉重复信访率、到省上访率、到京上访率、上诉抗诉率、媒体曝光造成负面影响的案件量等指标纳入考核负向指数，督促法官注重办案效果；要把受到院内外立功、表彰以及党委等机关对行政审判工作的肯定评价作为正向指数，提高人民法院化解纠纷的能力。

三是要强化审判业务素质指标，进一步提高法官司法水平。通过设置裁判文书获奖篇数、裁判文书评查得分、裁判文书错误发生率等指标，引导法官增强裁判文书的说理性、一致性和规范性，发挥裁判文书息诉功能，提升人民法院公信力。要大力倡导学习型法院和学习型法官建设，根据调研课题和发表刊物等级，把调查研究成果数、调研成果转化数等作为法官考核的重要指标，切实增强法官调研、总结和解决实际问题的能力。

四是要重视行政审判队伍建设指标，大力提高人民法院司法能力。要按照“公正廉洁执法”的要求，对法官腐败坚持零容忍的态度。通过设定违法违纪自查率、投诉举报查实率、法官和工作人员职务违法率、法官和工作人员职务犯罪率等考核指标，加大廉洁自律指标权重，切实加强廉政建设。要将司法礼仪纳入考评指标，提高司法文明水平，防止冷漠、粗暴和庭审不严肃、不专注等现象的发生；要高度重视全国人大代表和政协委员交办事项的办理工作，设定相应指标权重，提高提案、议案和交办事项的办理水平。要将人民法院主要领导重视行政审判工作的情况分解、量化，作为对下级法院行政审判工作的考评指标，切实保障行政审判“一把手工程”要求得到落实。

五是要优化司法环境指标，推动行政审判工作良性发展。要将开展行政审判“白皮书”活动、行政机关败诉率、行政首长出庭应诉率、司法建议反馈情况等，纳入正向考核指标体系，切实推动司法和行政的良性互动，促进行政机关依法行政。要努力优化司法环境，将向当地党委和人大专题汇报、争取党委和人大发文、党委和人大主要领导正面批示、人大代表专题视察等作为行政审判工作的正向考核指标，坚持党的领导、自觉接受人大监督，努力争取各级政府、政协和社会各界对行政审判工作的支持。

三、努力提高行政审判绩效考评的质量和效果

行政审判绩效考评工作是一项开创性的、探索性的工作，没有现成的经验可以照搬。为防止绩效考评内容不完善、考评重点不突出、考评数字不准确、考评程序不客观、考评方法简单化等问题的出现，必须高度重视以下五个方面的问题：

（一）要不断提高考评的科学性

考评指标是否科学、完善，影响到考评结果的准确性、权威性，影响到考评结果的正确运用，影响到不同部门、不同领域和不同项

目之间的比照平衡。一个科学的绩效考评体系，能够激励先进，鞭策后进，而不当的绩效考评体系，则会导致能者止步观望，庸者安于现状。要严格按照法律规定和法律精神设定考评指标，客观全面地评价行政审判工作。要注意分析考核指标反映出来的问题，及时完善指标设置体系和权重分配，防止产生不公正评价和负面导向。对于上诉率等中性考核指标，要适当降低其考核权重；要尽可能保证两个以上指标相对独立（例如原告胜诉率和被告败诉率），尽可能避免出现重复考评指标；要按照指标的不同等级，划分一级指标、二级指标和三级指标，并保证同级指标之间的可加性；要尽量使指标明确化、简明化，保证其可操作性；要在使用数学公式的同时，尽量增加文字说明，增强考评事项的可读性和清晰度。

（二）要高度重视考评的客观性

考评数据的客观性是绩效考评的关键，只有真实的考评数据，才能客观反映行政审判工作实际。以往有的法院在填报司法统计报表过程中，出现数据的错报、漏报、虚报，尤其是临时性统计指标的填报，上述问题更加突出，严重影响了绩效考评的准确度和客观性。今后，要充分利用计算机网络技术，通过案件审判流程网络系统，自动生成指标数据，切实解决绩效考核基础数据失实问题，确保考核数据来源的可靠性；要严格数据审核制度，相关指标数据必须由庭长亲自核实签报；要建立辖区内统一、规范的绩效考评数据统计台账，实行定期检查、不定期抽查和违规举报制度，经核实，上报数据与实际数据误差达到5%的，确定为虚报数据，并可以依法追究相关人员的责任。

（三）要努力提高考评的针对性

各地要以人民法院案件质量评估体系为基础，针对本地区行政审判特点，适当增加指标或者调整其比重。在设定统一的综合性指标的同时，也要注意把行政审判工作的重点、难点问题作为针对性指标予以设定。行政案件数量长期低位徘徊的，要适当增加受案数和人均受案比的指标权重；维持率较高，权利保护不力，对行政行为监督不到位的，可以相应增加行政机关败诉率等考评指标的权重。地方干预较大，司法环境不佳的，可以适当调整提级管辖、指定管辖的指标权重。行政审判队伍建设比较落后，合议庭没有达到“三、二、一”标准、庭长没有进入审委会的，应当加大这些项目的负向指标权重。

（四）要不断提升考评的权威性

绩效考评是否具有权威性，要看指标数据是否客观，主要领导是否重视，考评数据是否实际运用，考评结果是否为人民群众认可。为增强绩效考评的权威，要倡导考评程序公开。考评数据的采集、汇总和计算，要尽可能通过计算机网络生成并公开。要主动向一把手报告考评结果，特别是其中反映出来的突出问题。要注重目标管理和考评结果的转化，认真分析考评结果，及时总结推广好的经验和做法。要在评优、晋级时以绩效考评结果为主要依据。要通过绩效考评体系，使有限的奖励资源得到合理配置，使法官努力通过工作取得的审判业绩得到充分认可，实现从消极被动接受绩效考评到积极主动追求精品审判的转变。要通过向社会公开绩效考评结果，展示司法成效，使人民群众在体验司法服务的同时感受公正司法和阳光司法。

（五）要充分体现行政审判的特点

与民事、刑事审判相比，行政审判工作具有自身的特点和规律，因此，相应的绩效考评工作也应当体现这种特殊性。受体制、机制、司法环境等方面的影响，作为专门处理行政纠纷的诉讼制度，行政审判所反映出来的问题更多，困难更大，这也是我国特定历史发展阶段各种矛盾和因素交互作用的综合反映。我们既要积极推进行政审判绩效考评工作，同时也要充分注意行政审判工作的特点和实际，对行政审判工作给予客观公正的评价，尤其不能简单地以案件数量多少来评价行政审判庭和行政审判法官的工作实绩，而是尽可能为他们开展工作创造有利条件和给予及时有力的支持。